获四川省哲学社会科学重点研究基地"青藏高原经济社会与文化发展研究中心"项目（QZY1722）、中国博士后科学基金特别资助项目（2017T100711）、四川省博士后特别资助项目（2016年）、西南民族大学中央高校基本科研业务专项资金重点项目（2018SZD17）资助

多重维度视阈下藏族聚居区全面小康社会的实现路径

The Realization Path of Tibetan Inhabited Regions All-round Well-off Society from Multiple Dimensional Perspective

唐剑　张埕　著

中国财经出版传媒集团
经济科学出版社
Economic Science Press

图书在版编目（CIP）数据

多重维度视阈下藏族聚居区全面小康社会的实现路径/唐剑，张埜著．—北京：经济科学出版社，2017.12
ISBN 978 – 7 – 5141 – 8968 – 1

Ⅰ.①多… Ⅱ.①唐… ②张… Ⅲ.①藏族-民族聚居区-小康建设-研究-中国 Ⅳ.①F124.7

中国版本图书馆 CIP 数据核字（2018）第 003052 号

责任编辑：王 娟 凌 健
责任校对：隗立娜
责任印制：邱 天

多重维度视阈下藏族聚居区全面小康社会的实现路径
唐剑 张埜 著
经济科学出版社出版、发行 新华书店经销
社址：北京市海淀区阜成路甲 28 号 邮编：100142
总编部电话：010-88191217 发行部电话：010-88191522
网址：www.esp.com.cn
电子邮件：esp@esp.com.cn
天猫网店：经济科学出版社旗舰店
网址：http://jjkxcbs.tmall.com
北京季蜂印刷有限公司印装
710×1000 16 开 13.75 印张 240000 字
2018 年 3 月第 1 版 2018 年 3 月第 1 次印刷
ISBN 978 – 7 – 5141 – 8968 – 1 定价：49.00 元
（图书出现印装问题，本社负责调换。电话：010-88191502）
（版权所有 翻印必究 举报电话：010-88191586
电子邮箱：dbts@esp.com.cn）

引 言

　　小康社会是中国古代思想家描绘的理想社会，成为历代政治家和广大民众对宽裕、殷实理想生活的追求。小康社会从基本小康到全面小康的建设中，与中国特色社会主义事业同频共振，不断增添发展新内涵，从改革开放初期邓小平同志首次提出建设小康社会战略构想，到党的十六大首次提出"全面建设小康社会"，到党的十八大首次提出"全面建成小康社会"，经过了漫长的探索、总结和升华阶段。2014年12月，习近平总书记提出了"四个全面"的战略布局，即"协调推进全面建成小康社会、全面深化改革、全面推进依法治国、全面从严治党，推动改革开放和社会主义现代化建设迈上新台阶"，第一次将全面建成小康社会定位为"实现中华民族伟大复兴中国梦的关键一步"，表明全面建成小康社会是实现社会主义现代化和中华民族伟大复兴中国梦的阶段性战略目标，是现阶段党和国家事业发展的战略统领。

　　综观相关研究成果，广大学者对于小康社会建设的研究集中体现在四个方面，即：小康社会的内涵及小康社会的界定问题、小康社会基本特征的研究和分析、对于小康社会建设水平及其发展程度的相关研究、关于如何顺利推动全面建成小康社会的相关研究，这些研究成果有助于新形势下探索小康社会建设的基本规律，并为推动全面建成小康社会伟大战略目标的顺利实现奠定理论基础。但在某些方面还需要展开进一步的经验分析和理论拓展：一方面，学界对于小康社会建设水平及其发展程度进行了一般意义的研究，更多地侧重于某些经济指标的评价手段，广义研究多，狭义研究少，较少立足于特定区域在不同要素约束情况下的小康社会发展程度的考查和评价。另一方面，部分学者针对全面建成小康社会的具体措施提出了建议，但主要是偏重于某一方面的具体分析，较少从宏观层面进行系统研究，尤其是在新形势下，如何有效整合新理念、新思想，结合广大少数民族地区的基本特征，从宏观、中观、微观等多重维度对广大民族地区全面建成小康社会的理念、路径、举措等多方面进行梳理和研究的成果则更少。

　　立足于广大藏族聚居区的实际，科学处理好藏族聚居区综合协调发展路径、新型城镇化建设路径、精准扶贫三大路径之间的辩证关系，从藏族聚居区经济发展现状及问题、藏族聚居区文化资源开发利用与文化产业发展现状及问题、藏族聚居区生态环境的现状及问题、藏族聚居区和谐社会建设等多个要素对藏族聚居区全面小康社会建设进行深入系统分析，具有重要的理论和现实意义。

中国藏族聚居区是指以藏族为主的少数民族自治地区，主要包括西藏自治区、青海省、甘南藏族自治州、阿坝藏族羌族自治州、甘孜藏族自治州、迪庆藏族自治州等"两省区四州"。近年来，国家不断颁布少数民族扶持政策，并且从各个方面大力支持援藏建设项目，极大地推动了藏族聚居区经济的发展，不仅如此，藏族聚居区人口素质与之前相比，也有了很大提高。但是也应该看到，在自然因素、历史因素的影响下，藏族聚居区处于国家偏远地带，交通不便，再加上信息不通畅，藏族聚居区与其他地区的交往较少，信息传递迟缓。藏族聚居区工业发展水平比较落后，市场发育不够完善，再加上地理位置偏远，藏族民众过着一种与外界基本隔绝的生活，由于生活方式相对封闭，客观上有利于社会系统的稳定。在包括自然环境、社会环境、民族分布、经济类型、文化发展以及产业结构类型等在内的诸多因素的影响下，藏族聚居区社会系统的封闭化程度进一步加深。为了改变藏族聚居区落后面貌，使藏族聚居区以更快的步伐向全面小康社会迈进，我们必须加大藏族聚居区建设力度，制定并严格落实新的西部大开发战略，推动藏族聚居区经济的发展，更重要的是，藏族聚居区全面建成小康社会这一伟大工程关系着中国特色社会主义事业的战略大局，它的实现不但有利于我国经济、政治以及国防等方面的发展，而且会促进我国可持续发展能力的提高，有利于更好地构建社会主义和谐社会。

与其他地区相比较而言，广大藏族聚居区全面建成小康社会，既有共通性，也有其特殊性。共通性就在于，藏族聚居区的全面小康社会统一于社会主义现代化和中华民族伟大复兴的战略大局之中，具有中国特色小康社会的一般性特征。一是包容性，即：惠及全国所有地区、所有民族和所有人群；二是协调性，即：着眼于中国特色社会主义事业五位一体的总布局，经济、政治、社会、文化、生态的综合协调发展；三是同步性，即：到2020年，全国发达地区、欠发达地区和贫困落后地区均能同时步入小康社会的生活水平，也表明了中国共产党为了让全体人民共同享有经济社会建设伟大成就的坚强意志和决心。藏族聚居区全面建成小康社会的特殊性就在于：一方面，虽然自然资源丰富，但是生态条件脆弱，难以通过一般意义的工业化模式实现全面小康社会建设的经济目标；另一方面，受到主客观因素的影响，城市化进程相对滞后，对藏族聚居区全面小康社会的目标实现也有较多约束。

就一般意义而言，全面小康的基本要素包括经济、社会、文化、生态等多个方面，但从藏族聚居区的特殊情况来看，立足于宏观、中观、微观三重维度，我国藏族聚居区全面小康社会的实现需要选择适合自身特色的发展路径，即：综合协调发展路径、新型城镇化建设路径、精准扶贫路径。虽然三大路径涉及不同维度和不同层面，但三者之间相互渗透、相互交融，构成相对完备的系统，无疑是藏族聚居区全面小康社会综合目标的多维通道。依托三大路径，围绕五个要素，实现区域经济的持续发展、和谐社会的有序推进、特色文化的合理开发、生态环境的科学保护，最终促进我国藏族聚居区全面小康社会的早日实现。

目　　录

导　　论 …………………………………………………………………… 1

第1章　全面小康社会的理论分析 ………………………………… 4
1.1　相关研究概况及综述 …………………………………………… 4
1.2　小康思想的提出及其新发展 …………………………………… 9
1.2.1　小康思想的提出 …………………………………………… 9
1.2.2　小康思想的新发展 ………………………………………… 12
1.3　发展理念的变革与全面小康社会的实现 ……………………… 17
1.3.1　推进创新发展理念，促进全面小康社会顺利建成 ……… 18
1.3.2　推进协调发展理念，促进全面小康社会顺利建成 ……… 19
1.3.3　推进绿色发展理念，促进全面小康社会顺利建成 ……… 20
1.3.4　推进开放发展理念，促进全面小康社会顺利建成 ……… 21
1.3.5　推进共享发展理念，促进全面小康社会顺利建成 ……… 22

第2章　藏族聚居区全面小康社会建设的基本路径 ……………… 24
2.1　综合协调发展路径 ……………………………………………… 24
2.1.1　综合协调发展的时代背景及其战略意义 ………………… 24
2.1.2　藏族聚居区综合协调发展的推进策略 …………………… 27
2.2　新型城镇化建设路径 …………………………………………… 28
2.2.1　新型城镇化建设的时代背景及其战略意义 ……………… 28
2.2.2　藏族聚居区新型城镇化建设的推进策略 ………………… 30
2.3　精准扶贫路径 …………………………………………………… 35
2.3.1　精准扶贫的时代背景及其战略意义 ……………………… 35
2.3.2　藏族聚居区精准扶贫战略的推进策略 …………………… 39

第3章 藏族聚居区民主政治建设工作分析 ……………………………… 43

3.1 藏族聚居区民主政治建设的现状及成就 …………………………… 43
3.1.1 藏族聚居区人民代表大会制度的建设及民主政治的完善 …… 43
3.1.2 藏族聚居区共产党领导的多党合作与政治协商制度实施现状 …………………………………………………………… 44
3.1.3 藏族聚居区民族区域自治制度的实践发展及法制建设 …… 47
3.1.4 藏族聚居区少数民族干部队伍不断壮大 …………………… 49

3.2 藏族聚居区民主政治建设的基本经验 ……………………………… 51
3.2.1 坚持以科学发展观指导藏族聚居区民主政治建设 ………… 51
3.2.2 以长治久安为基本原则 ……………………………………… 53
3.2.3 牢固夯实党和人民政治主体的重要地位 …………………… 56
3.2.4 坚定贯彻落实法治精神，坚持依法自治方针 ……………… 60

3.3 完善藏族聚居区民主政治建设的建议 ……………………………… 63
3.3.1 依托科学发展观引领新稳定观 ……………………………… 64
3.3.2 稳步推进三项基本政治制度 ………………………………… 65
3.3.3 坚定实施依法治藏的基本方略 ……………………………… 66
3.3.4 扎实推进藏族聚居区民族团结实践工作 …………………… 67

第4章 藏族聚居区经济发展现状及问题 ………………………………… 69

4.1 西藏产业结构升级面临的问题及对策 ……………………………… 69
4.1.1 西藏产业经济发展的总体情况及主要成就 ………………… 69
4.1.2 西藏产业发展及其结构调整 ………………………………… 70
4.1.3 西藏产业结构优化面临的主要问题 ………………………… 72
4.1.4 西藏产业结构优化升级的对策及建议 ……………………… 74

4.2 中国藏医药产业的发展问题 ………………………………………… 77
4.2.1 藏医药产业发展的现状 ……………………………………… 78
4.2.2 藏医药产业发展面临的困难及问题 ………………………… 80
4.2.3 推动藏医药产业科学发展的政策建议 ……………………… 83

4.3 青藏高原藏族牧区畜牧业发展问题 ………………………………… 85
4.3.1 畜牧业发展现状分析 ………………………………………… 86
4.3.2 畜牧业发展面临的主要困难和问题 ………………………… 88
4.3.3 全面科学规划，制定系统发展战略 ………………………… 90
4.3.4 推进青藏高原藏族牧区畜牧业科学发展的政策建议 ……… 91

  4.4 藏族聚居区交通运输与区域经济的互动发展 …………………… 94
    4.4.1 交通运输与区域经济互动发展的理论分析 …………… 95
    4.4.2 藏族聚居区交通运输与区域经济互动发展实证分析：
       基于阿坝州的经验数据 ……………………………………… 97
    4.4.3 藏族聚居区交通运输与区域经济发展的现状及问题：
       以阿坝州为例 …………………………………………… 100
    4.4.4 促进藏族聚居区交通运输与区域经济互动发展的
       政策建议 ………………………………………………… 103

第 5 章　藏族聚居区文化资源开发利用及文化产业发展现状及问题 …………………………………………………… 106

  5.1 西藏民族文化旅游资源的保护性开发 ………………………… 106
    5.1.1 西藏民族文化旅游资源开发的现状及问题 …………… 107
    5.1.2 引入产权经济模型对西藏民族文化旅游资源开发的
       分析 ……………………………………………………… 108
    5.1.3 国内外经验总结 ………………………………………… 111
    5.1.4 西藏民族文化旅游资源保护性开发体系的构建 ……… 114
  5.2 藏族聚居区民族文化资源的保护利用与新型城镇化建设的
    协调发展 ……………………………………………………… 118
    5.2.1 文化资源保护利用与新型城镇化协调发展机制 ……… 120
    5.2.2 四川藏族聚居区城镇化建设和民族文化资源开发的
       现状及成就 ……………………………………………… 125
    5.2.3 四川藏族聚居区城镇化建设与民族文化资源保护利用
       面临的问题 ……………………………………………… 131
    5.2.4 促进藏族聚居区民族文化资源保护利用与新型城镇化
       建设协调发展 …………………………………………… 132
    5.2.5 典型案例分析 …………………………………………… 134

第 6 章　藏族聚居区生态环境现状及问题 ………………………… 140

  6.1 藏族聚居区草原生态的保护与建设 …………………………… 140
    6.1.1 四川藏族聚居区草原的基本特点 ……………………… 140
    6.1.2 四川藏族聚居区草原保护所取得的成就 ……………… 141
    6.1.3 四川藏族聚居区草原保护建设所面临的"一大挑战"和
       "四大问题" ……………………………………………… 143

  6.1.4　四川藏族聚居区草原保护建设的典范——若尔盖 …………… 144
  6.1.5　藏族聚居区草原保护建设的对策措施 …………………………… 146
 6.2　藏族聚居区生态环境保护体系的构建：以西藏为例 ………………… 148
  6.2.1　西藏地区生态环境的现状及问题分析 …………………………… 148
  6.2.2　约束机制在西藏生态环境保护体系中的作用机理 ……………… 150
  6.2.3　藏族生态和谐思想与藏族聚居区生态环境保护 ………………… 155
 6.3　双重约束机制在西藏生态环境保护体系中的实现路径 ……………… 160
 6.4　构建西藏生态环境保护体系的政策建议 ……………………………… 162

第7章　藏族聚居区的和谐社会建设 ………………………………………… 164

 7.1　藏族聚居区社会发展与社会和谐问题分析 …………………………… 164
  7.1.1　藏族聚居区的社会公共事业建设 ………………………………… 165
  7.1.2　藏族聚居区社会和谐的约束条件 ………………………………… 166
  7.1.3　藏族聚居区和谐社会建设的对策建议 …………………………… 167
 7.2　藏族聚居区社会综合治理体系分析 …………………………………… 174
  7.2.1　藏族聚居区治理体系和治理能力现代化的理论分析 …………… 175
  7.2.2　藏族聚居区治理体系和治理能力现代化的现实分析 …………… 185
  7.2.3　藏族聚居区社会治理长效机制的构建：以四川为例 …………… 187

第8章　结论及展望 …………………………………………………………… 197

 8.1　研究主要结论 …………………………………………………………… 197
 8.2　研究的主要创新点 ……………………………………………………… 199
 8.3　研究展望 ………………………………………………………………… 199

参考文献 ………………………………………………………………………… 201
后　记 …………………………………………………………………………… 206

导　　论

　　全面建成小康社会是实现社会主义现代化和中华民族伟大复兴中国梦的阶段性战略目标，是现阶段党和国家事业发展的战略统领。立足于广大藏族聚居区的实际，科学处理好藏族聚居区综合协调发展路径、新型城镇化建设路径、精准扶贫三大路径之间的辩证关系，从藏族聚居区经济发展现状及问题、藏族聚居区文化资源开发利用与文化产业发展现状及问题、藏族聚居区生态环境的现状及问题、藏族聚居区和谐社会建设等多个要素对藏族聚居区全面小康社会建设进行深入系统分析，具有重要的理论和现实意义。

　　理论意义在于通过运用和借鉴民族学、经济学、管理学、系统科学等多学科理论体系，基于宏观、中观、微观三大维度原则，构建有效实现藏族聚居区全面小康社会综合目标的理论分析框架，对我国藏族聚居区全面建成小康社会的理念、路径、举措等多方面进行系统梳理和深入研究，从而弥补了相关研究成果的不足。现实意义则体现为，广大藏族聚居区全面小康社会的实现是我国全面建成小康社会这一伟大战略的重要组成部分，由于特殊的自然条件、社会情况和文化习俗，藏族聚居区的全面小康社会既有一般性含义，更有其特殊含义，不仅涉及经济、文化、社会、生态等诸多方面的建设和完善，而且需要选择符合广大藏族聚居区特色的科学实现路径。通过深入分析综合协调发展路径、新型城镇化建设路径、精准扶贫路径三者之间从宏观到中观，再从中观到微观的协同互补机制，有助于推动我国藏族聚居区区域经济持续发展、特色文化不断繁荣、生态环境日益改善、社会更加和谐，最终实现藏族聚居区全面小康社会的伟大战略目标。

　　本书立足于三重维度分析了藏族聚居区全面建成小康社会的实现路径，并运用系统分析法分析了三者之间相互交融、协同互补的辩证关系，为深入研究藏族聚居区全面小康社会综合目标的实现构建了合理的理论分析框架。同时，依托三大路径，围绕五个要素，对藏族聚居区全面建成小康社会有关问题提出相应的对策建议。逻辑思路和主要内容主要体现如下：

　　首先，从四个方面对国内外广大学者关于小康社会建设的研究成果进行了梳理和述评，分析了本书的研究视角、理论意义和现实意义。并从思想演化的角度分析了我国小康思想的提出及其新发展，同时分析了新形势下发展理念的变革与全面小康社会实现的新思路。

其次,通过比较分析,总结了藏族聚居区全面建成小康社会的一般性含义和特殊性含义。藏族聚居区全面建成小康社会的特殊性就在于:一方面,虽然自然资源丰富,但是生态条件脆弱,难以通过一般意义的工业化模式实现全面小康社会建设的经济目标;另一方面,受到主客观因素的影响,城市化进程相对滞后,对藏族聚居区全面小康社会的目标实现也有较多约束。

再其次,立足于宏观、中观、微观三重维度,将我国藏族聚居区全面小康社会的实现概括为综合协调发展路径、新型城镇化建设路径、精准扶贫路径三个方面,并运用系统分析法分析了三者之间相互交融、协同互补的辩证关系,为深入研究藏族聚居区全面小康社会综合目标的实现构建了合理的理论分析框架。

最后,依托三大路径,围绕五个要素,分别分析了藏族聚居区区域经济发展、和谐社会建设、特色文化开发、生态环境保护等方面的成就、现状及面临的问题和挑战,并针对有关问题提出了相应的对策建议,以期为我国藏族聚居区全面小康社会的早日实现提供智力支持,见图1所示。

```
民族学、经济学、管理学、系统科学
          ↓
小康思想的历史演进及当代价值
          ↓
藏族聚居区全面小康社会的一般含义及特殊含义
          ↓
基于三重维度的藏族聚居区全面小康社会实现路径
          ↓
藏族聚居区全面小康社会的基本要素分析
          ↓
藏族聚居区全面小康社会建设的现状、问题及对策
```

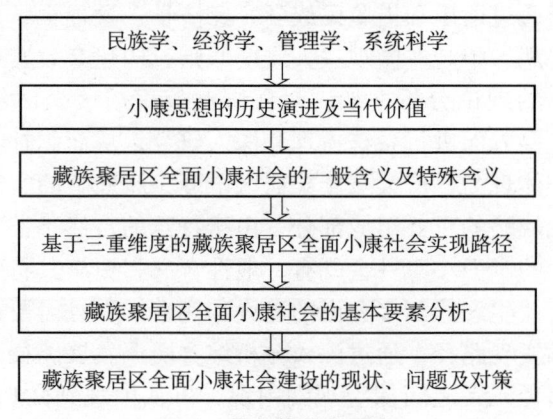

图1 本书的基本思路

具体的研究方法主要包括三个方面。其一,主要采用文献梳理、抽样调查与典型调查相结合的方法进行资料收集;其二,采用系统动态分析、定性与定量相结合以及典型案例研究等方法对藏族聚居区全面小康社会的实现路径及推进机制进行深入研究;其三,采用统计分类法、荟萃分析法、社会网络分析法、数量模型法对资料进行加工分析,探寻藏族聚居区经济、文化、生态、社会等诸多要素在藏族聚居区发展的现状、问题及对策。

总体而言,本书可能的创新主要包括理论创新、应用创新、视角创新、方法创新。理论创新体现为从多学科交叉应用的角度,应用和借鉴民族学、经济学、管理学、系统科学等多学科理论体系,立足我国藏族聚居区全面小康社会建设的

一般性和特殊性含义，基于宏观、中观、微观三大维度原则，构建有效实现藏族聚居区全面小康社会综合目标的理论分析框架。应用创新体现为对藏族聚居区全面小康社会的基本要素进行系统分析，为藏族聚居区经济有序发展、文化资源合理开发、生态环境保护、和谐社会建设提供科学参考，针对藏族聚居区实际，提出科学的、操作性强的对策建议，为各级政府部门提供决策支持。视角创新体现为基于宏观、中观、微观三重维度分析藏族聚居区全面建成小康社会的实现路径，依托三大路径，围绕五个要素，对藏族聚居区全面建成小康社会有关问题展开深入研究。方法创新体现为将社会网络分析法、系统动态分析法、演化博弈分析法等研究方法相结合，深入剖析藏族聚居区全面小康社会建设进程中取得的成就和经验，以及藏族聚居区经济、文化、社会、生态等要素面临的问题及挑战，进而构建较为完善的符合藏族聚居区实际的全面小康社会建设机制。

第1章

全面小康社会的理论分析

1.1 相关研究概况及综述

小康社会是我国人民一直以来追求的理想生活，也是我国古今思想家所追求的社会理想。20世纪末，我国完成了现代化建设"三步走"战略的第一步和第二步目标，人民生活总体上实现了小康水平。党的十六大确立了全面建设小康社会的奋斗目标，从此，小康社会已经成为广大专家学者的研究热点，而且还取得了非常丰厚的研究成果，主要包括有以下几方面。

其一，关于小康社会的内涵及小康社会的界定问题。杨超、毕岚（2005）将小康社会视为中国特色社会主义初级阶段的必经发展过程，他们认为小康社会其实就是坚持社会主义道路，不断完善社会主义本质的体现，是中国特色社会主义逐步成型的必经过程。[1] 乌东峰（2003）认为小康社会其实就是一种发展模式，是社会各方面协调发展、共同进步的社会，是不断进行改革和完善的社会模式。就发展目标而言，党的十六大报告明确指出小康社会的发展目标就是建设社会主义物质文明、政治文明、精神文明和生态文明。就发展战略来说，将中国现代社会经济发展的总体发展战略概括为建设小康社会，是我国建设中国特色社会主义的具体体现。[2] 吕书正（2002）认为小康社会其实就是一种社会理想，是经济发展、政治民主、社会和谐、文化繁荣、环境优美、生活富足、民众安居乐业、综合国力得到大幅度提升的社会，是促进中国民族的伟大复兴的关键阶段。党的十六大明确提出全面建设小康社会之后，相关研究学者的研究重点将会放在小康社会的确定标准、小康社会的衡量指标上。[3] 李君如（2003）提出小康社会是自我

---

[1] 杨超，毕岚. 论小康社会 [J]. 毛泽东思想研究，2000（5）.
[2] 乌东峰. 中国现代"小康"之发轫 [N]. 人民日报，2003-04-11.
[3] 吕书正. 全面建设小康社会 [M]. 北京：新华出版社，2002.

国进入社会主义初级阶段以来，政治经济文化全面发展，并致力于把我国建设成为一个富强、民主、文明、和谐的社会主义现代化国家的必经过程。① 胡鞍钢（2002）提出全面小康的标准包括恩格尔系数、贫困人口比例、人均收入指标以及人类发展指标（包括可持续发展指标、技术进步等）等。② 陆学艺（2002）提出衡量小康社会既需要经济指标又需要社会指标。③ 乌东峰（2003）提出社会学的指标很广泛，而且弹性十足，主要体现在社会结构构成、社会生活质量、城市化进程以及教育与科技水平等方面，并将全面小康社会的标准概括为以下几个方面：一是全面建成小康社会的根本标准是人均国民总收入超过 3 000 美元；二是城镇居民人均可支配收入到 2020 年达到 18 000 元；三是恩格尔系数维持在 40% 以下；四是农村居民家庭人均纯收入 8 000 元；五是医生数保持在每千人 2.8 个医生；六是城镇化率达到 50%；七是大学入学率达到 20%；八是城镇人均住房建筑面积达到 30m²；九是城镇居民最低生活保障率超过 95%；十是居民家庭的计算机普及率 20%。④

其二，关于小康社会基本特征的研究和分析。向德平、陈琦（2003）提出全面建设小康社会其实就是得实现经济政治文化环境间的协调发展，是物质文明、政治文明、精神文明和生态文明共同发展，实现人与社会的全面发展全面进步的过程，它适应了我国生产力的发展，体现了我国社会主义的基本原则，除了包括人民物质生活的改善之外，还包括精神生活的充实以及社会民主政治的发展。⑤ 顾春明（2002）提出我国社会主义现代化建设其实是一个渐进的、历史的发展过程，而小康社会就是这个过程中的必经阶段。其中，基本小康是一个低标准的小康，属于初级阶段。而全面建设小康社会则是要建立一个高标准的小康，在这个阶段，人们的生活会更加富足，它的目标是几十年后基本实现现代化。⑥ 赵长茂、曹立（2002）提出小康社会必须注重社会，经济，文化以及生态的全面均衡发展。要衡量一个社会是不是小康社会，现在已经不再只看经济指标了，而是要对经济、社会、文化，环境等因素进行综合考察得出结论。小康社会区别于中国其他社会发展阶段的最为显著的特征就是均衡性。⑦ 周运清、张蕾（2003）提出全面建设小康社会最终目的就是为了全面提高人的综合素质，

---

① 李君如．十六大与全面建设小康社会［J］．新华文摘，2003（3）．
② 胡鞍钢．中国如何全面建立小康社会［N］．中国经济导报，2002-11-21．
③ 陆学艺．全面建设小康社会：社会指标难于经济指标［N］．中国经济时报，2002-11-15．
④ 乌东峰．论中国小康社会［J］．新华文摘，2003（3）．
⑤ 向德平，陈琦．小康社会：社会发展的目标整合与模式创新［J］．中南民族大学学报，2003（3）．
⑥ 顾春明．全面建设小康社会二题［J］．理论与实践，2002，（12）．
⑦ 赵长茂，曹立．解读"全面建设小康社会"［N］．解放军报，2002-11-18．

获得自由和解放，实现人的全面发展。其实人的发展和社会的发展是密切相关的，一方面人的发展是由社会发展导致的一种结果或者说所需达到的目标；而另一方面社会的发展又必须得依靠人的发展。人与社会的和谐统一在全面建设小康社会的发展过程中得到了充分体现。全面建设小康社会最根本的特征就是以人为本。[1]

其三，对于小康社会建设水平及其发展程度的相关研究。李振明等（2002）指出全面小康相对于总体小康来说，可总结为三个"更"，它们分别是"更全面""更高水平"和"更平衡"。更全面是指在满足我国居民温饱的前提下，到2020年掌握更完整的发展资料，实现更丰富的政治和文化生活，建设更良好的生态环境和完成更自由的个性展示；更高水平是指我国的经济总量和人均国民收入要在2020年更进一层楼，实现一个更高的水平，用一个更坚实的物质基础来为我国的小康社会建设奠定基础；更平衡是指我国当前所呈现的日益扩大的城乡差别、地区差别以及社会阶级差别等现象要在2020年得到缓解并慢慢减小，增加中等收入者的比重，带领全国人民逐步获得共同富裕。[2] 贺铿（2002）从范围和标准两个角度对总体小康水平和全面小康社会进行了比较。就范围而言，前者侧重于解决温饱问题，促进物质文明水平的提高，而后者除了致力于物质文明建设之外还会涉及精神文明建设和政治文明建设。相较基本小康，全面小康的社会和谐程度更好，经济发展速度更快，文化更加繁荣，民主制度更加健全，科教更加进步，人民生活更加富足。而就标准而言，全面小康的标准更新、更全面、更具体，如到2020年，国内生产总值要比2000年翻两番，人均GDP应该超过3 000美元，基本符合世界银行在2000年制定的关于世界各国收入水平四类划分标准当中的中上收入国家的水平。[3] 赵长茂、曹立（2002）进一步丰富了小康社会的内涵，它主要是从时间、空间、质量三个方面来对其进行把握的。就时间角度而言，全面小康是一个从起点向终点不断靠近的过程。全面小康社会的起点是人均国民生产总值为800美元，人民生活总体达到小康水平，而终点则是到21世纪中叶，人均国民生产总值达到4 000美元，基本实现现代化。就空间范畴而言，全面小康社会可以分为两个层次：空间布局以及空间结构。从空间布局上来将，全面小康社会是一个发展均衡，城乡差别，工农差别，地区差别逐步减小，城镇化率在50%以上，拥有健全的社会保障体系，家庭财产增加，人民群众生

---

[1] 周运清，张蕾. 全面小康建设的新观念研究［J］. 中南民族大学学报，2003（3）.
[2] 李振明. 论小康社会［N］. 光明日报，2003 - 02 - 18.
[3] 朱剑红. 全面小康什么样——访国家统计局副局长贺铿［N］. 人民日报，2002 - 11 - 18.

活水平不断提高，安居乐业的一种状态。就空间结构而言，它是一个促进政治、经济、军事、文化、环境等全面发展的目标。就质量而言，全面小康社会是一个由低水平向高水平不断迈进的过程。[①]

其四，关于如何顺利推动全面建成小康社会的相关研究。小康社会的建设一直以来都是我国进行社会主义建设的一大目标，其建设过程较为复杂。吕书正（2002）认为小康社会的建设应该坚定不移地跟着党的领导，推动党的建设这项伟大的工程；加强社会主义文化的发展，从精神文明层面推进社会主义建设；不断完善和推动社会主义政治建设，提升政治文明的发展；在经济建设方面，利用改革开放所创造的新机遇和新局面对经济体制进行改革和建设，始终坚持邓小平理论、三个代表等重要思想。[②] 赵长茂、曹立（2002）提出，小康社会的建设应该从目前我国小康水平的总体情况进行判断：在教育文化的水平来看，重心在于人才的培养和文化素质的提高；从小康社会的实现范围来看，重点在于让农民富裕起来；在社会环境和自然之间，应该用可持续发展观念予以平衡两者；产业结构的调整和城市化的改革是进行结构转换的重心；从地区的发展状况来看，藏族区域的小康社会建设是核心内容。[③] 王梦魁（2003）认为建设和发展小康社会的第一个重要任务是发展经济，要想把小康社会建设好，就必须把经济建设当作重心，促进生产力的发展，进一步加深改革开放，对体制进行改革和创新，从而实现整个国家人民的生活质量和水平达到一个相对较高的状态。[④] 向德平（2003）认为，全面建设小康社会，要抓住发展这个第一要务，促进先进生产力发展；要加强社会主义文化建设，促进先进文化发展；要代表最广大人民的根本利益，促进人的全面发展。[⑤] 李忠杰（2002）提出从各个方面建设小康社会，这不止是个目标，也是一个系统工程，为了把这个工作做好，应该在三个代表和邓小平理论的指引下，把稳定、发展和改革三者的关系处理好，把各种措施、政策和战略落实到位，促进我国各个方面的发展和建设。在这个过程中，还必须坚持六点：第一，要切实把经济和社会的发展作为我国第一重大任务。第二，要想实现小康社会的目标，就必须走改革的道路，通过改革发展经济。第三，在全球化的背景下进一步加深和发展我国对外开放的程度，促进小康社会的建设和发展。第四，协调各区域的发展，确保全国人民的生活到达到相对发达的小康水平。第五，确保社会和经济的协同发

[①][③] 赵长茂，曹立. 解读"全面建设小康社会"[N]. 解放军报，2002-11-18.
[②] 吕书正. 全面建设小康社会[M]. 北京：新华出版社，2002.
[④] 王梦魁. 全面建设小康社会的宏伟纲领[J]. 新华文摘，2003（2）.
[⑤] 向德平. 中国社会发展的理论创新[N]. 光明日报，2003-05-05.

展，保证小康社会的全面发展。第六，注重城市和农村的和谐发展。① 赵曜（2003）的观点是人和社会的全面发展才是实现小康社会的方式和办法，社会主义的发展包括精神文明、政治文明、物质文明和经济文明的发展，其中，经济发展是重点。一方面，人的各方面的发展需要社会和经济提供条件和基础；另一方面，人的全面发展又能带动社会的和经济的不断前进。② 李振明等（2003）指出，建设全面的小康社会必须走经济发展为核心的道路，只有这样才能促进生产力的发展，在这个过程中，首先要坚持四项基本原则，只有把政治体制的改革事业做好，发展社会主义法制和民主，才能确保小康社会的全面发展，因为小康社会的发展动力是社会主义精神文明，所以要把社会主义文化建设和发展好。③

综上所述，广大学者对于小康社会建设的研究集中体现在四个方面，即：小康社会的内涵及小康社会的界定问题、小康社会基本特征的研究和分析、对于小康社会建设水平及其发展程度的相关研究、关于如何顺利推动全面建成小康社会的相关研究，这些研究成果有助于新形势下探索小康社会建设的基本规律，并为推动全面建成小康社会伟大战略目标的顺利实现奠定理论基础。但在某些方面还需要展开进一步的经验分析和理论拓展：一方面，学界对于小康社会建设水平及其发展程度进行了一般意义的研究，更多地侧重于某些经济指标的评价手段，广义研究多，狭义研究少，较少立足于特定区域在不同要素约束情况下的小康社会发展程度的考查和评价。另一方面，部分学者针对全面建成小康社会的具体措施提出了建议，但主要是偏重于某一方面的具体分析，较少从宏观层面进行系统研究，尤其是在新形势下，如何有效整合新理念、新思想，结合广大少数民族地区的基本特征，从多重维度对广大民族地区全面建成小康社会的理念、路径、举措等多方面进行梳理和研究的成果则更少。因此，立足于广大藏族聚居区的实际，科学处理好藏族聚居区综合协调发展路径、新型城镇化建设路径、精准扶贫路径之间的辩证关系，从藏族聚居区民族政治建设的经验及现状、藏族聚居区经济发展现状及问题、藏族聚居区文化资源开发利用与文化产业发展现状及问题、藏族聚居区生态环境的现状及问题、藏族聚居区和谐社会建设及社会综合治理等多重维度对藏族聚居区全面小康社会建设进行深入系统分析，具有重要的理论和现实意义。

---

① 李忠杰. 序二 [A]. 吕书正. 全面建设小康社会 [M]. 北京：新华出版社，2002.
② 赵曜. 全面建设小康社会的理论思考 [J]. 中国特色社会主义研究，2003（1）.
③ 李振明. 论小康社会 [N]. 光明日报，2003-02-18.

1.2 小康思想的提出及其新发展

1.2.1 小康思想的提出

小康是一个中国式的概念，产生于中国。"小康"一词，最早出自距今大约2500年前《诗经》中，《诗经·大雅·民劳》中写："民亦劳止，汔可小康。"意思是说老百姓终日劳作不止，最大的希望就是过上小康生活。这是一种劳动小康的概念。西汉学者戴圣在《礼记·礼运》中对小康社会做了最早也是最全面的界定。他写道："今大道即隐，天下为家，各亲其亲，各子其子，货力为已。大人世及经为礼，城郭沟池以为固，礼仪以为纪，以正君臣，以笃父子，以睦兄弟，以和夫妇，以设田里，以贤勇知，以功为已。"从以上描述可以看出，"小康"是与"大同"相对的一种社会状态和理想，是按儒家思想来解释的，即是以维系"礼义"关系为主，自然的、崇尚原始的田园牧歌式的生活方式，没有对劳动人民应当过怎样的"小康"生活作出明确而具体的回答。到了近代，康有为用资产阶级价值观对古代小康社会思想进行了有积极意义的改造。康有为在《大同书》中指出："据乱之后，易以升平\太平，小康之后，进以大同。大同之道，至平也，至公也，至仁也，治之至也，虽有善道，无以加此矣。"他认为人类历史是不断发展的并必然按照拨乱、小康、大同三个阶段的顺序而进化。他认为"乱世"是人类社会的原始形态，"太平"即大同社会是人类社会发展的最高形态，"升平"亦即小康社会，是居于这二之间的社会形态。这种社会形态的经济特征是"大工之世"，政治特征是"人主垂拱无为"，文化特征是"渐有文教"。他还说，"大约据乱世尚君主，升平世尚君民共主，太平世尚民主矣。"可见，康有为的小康社会思想具有明显的资本主义社会特征，英国君主立宪制度是他理想的小康社会的政治制度。孙中山先生受到了儒家社会思想的影响，他提出了"天下为公"的思想，提出了"三民主义"和在中国建立资产阶级民主共和国的方案。可见，小康作为一种社会理想，有着广泛的社会基础和浓厚的文化底蕴。

20世纪70年代末期，邓小平赋予"小康"以新的内涵，使其成为一个具有中国特色的社会主义的新概念。邓小平在1978~1979年初，相继出访缅甸、尼泊尔、朝鲜、日本、泰国、马来西亚、新加坡等周边国家及美国之后，清醒地认识到中国与世界现代化水平的巨大差距，非常感慨地说："出去看了一下，越看越感到我们落后，什么是现代化？50年代一个样，60年代不一样了，70年代就更不一样了。"① 他认为我们经济上的差距不止是10年，可能是20年、30年，有的方面可能是50年。他在日本参观了先进的日产汽车公司后，说了一句寓意深刻的话："我懂得什么是现代化了。"② 党的十一届三中全会后，全国上下情绪高涨，希望在20世纪末实现四个现代化，当时的提法是"建设现代化的社会主义强国，"邓小平经过调查研究及认真思考，明确提出了一个新的发展目标——中国式的现代化。他在1979年3月21日会见英中文化协会执委会代表团时第一次提出这一概念，他说："我们定的目标是在本世纪末实现四个现代化，我们的概念与西方不同，我姑且用这个新说法，叫做'中国式的四个现代化'。"③ 不久，他在"坚持四项基本原则"的著名讲话中，郑重使用了"中国式的现代化"这一新概念。

"中国式的现代化"是邓小平对中国现代化的发展目标的新思考，新定位，实际上是实事求是地降低了20世纪末要达到的现代化的水平。什么是"中国式的四个现代化"呢？同年12月6日，前来中国访问的日本首相大平正芳向邓小平提出了这个问题。邓小平沉思了大约1分钟的时间，然后才向客人解释说："我们的四个现代化的概念，不是像你们那样的现代化的概念，而是'小康之家'。到本世纪末，中国的四个现代化即使达到了某种目标，我们的国民生产总值人均水平也还是很低的。要达到世界第三世界中比较富裕一点的国家的水平，比如国民生产总值人均一千美元，也还得付出很大的努力。就算达到那样的水平，同西方来说，也还是落后的。所以，我只能说，中国到那时也还是一个小康的状态。"④ 在这里，邓小平使用了一个重要的概念——小康。以后，邓小平又多次使用这一概念。提法上，有的叫小康之家，有的叫小康的中国，小康社会、小康生活等。意思大致差不多，讲的都是2000年中国式的四个现代化实现后的景象，形象地说明广大人民群众对经济繁荣、生活富裕、政治昌明、教育发展、社会稳定的向往或追求，并把"小康社会"作为一个带有综合性和整体性的核心概念。1986年月6月18日，邓小平在接见荣氏亲属的谈话中，进一步阐述小康社会的思想。邓小平说："我们的目标，第一步是到2000年建立一个小康社会，雄心壮志太大了不行，要实事求是。所谓小康社会，就是虽不富裕，但日子好过。我们是社会主义国家，国民收入分配要使所有的人都得益，没有太富的人，也没有太穷的人，所以日子普遍好过。更重要的是，那时我们可以进入国民生产总值达到一万亿美元以上的国家的行列，这样的国家不多。有了本世纪末的基础，再花三十年到五十年时间，人均国民生产总值再翻两番，我可以肯定的

---

①②③④ 邓小平文选第二卷 [M]. 北京：人民出版社，1994.

说，中国将更加强大。"①

邓小平不仅提出了"小康社会"的新概念，而且还借助社会生活中的典型事例，形象而具体地描绘了"小康社会"的各方面应当呈现的面貌和状态。1983年3月2日，他在与中央的几位负责同志的谈话中，以苏州为例，谈到了人均接近800美元后，社会是一个什么状况的问题：第一，人民的吃穿用问题解决了，基本生活有了保障；第二，住房问题解决了，人均达到20平方米；第三，就业问题解决了，城镇基本上没有待业劳动力了；第四，人不再外流了，农村的人总想往大城市跑的情况已经改变；第五，中小学教育普及了，教育、文化体育和其他公共福利事业有能力自己安排了；第六，人们的精神面貌变化了，犯罪行为大大减少。②1992年，邓小平在"南方谈话"中强调："广东20年赶上亚洲'四小龙'，不仅经济要上去，社会秩序，社会风气要搞好，两个文明建设都超过他们，这才是有中国特色的社会主义，新加坡的社会秩序算是好的，他们管得严，我们应当借鉴他们的经验，而且比他们管得更好。"③由此可见，邓小平所设计的小康社会，是一个吃穿不愁、人民安居乐业的社会，是一个经济、政治、文化全面发展的社会，是一个中国特色社会主义的社会。它既不同于中国历史上儒家所设计的小康社会，也不同于康有为所设计的小康社会。儒家设计的小康社会，是一个建立在小农经济和私有制基础之上，实行等级制的和世袭制的封建社会；康有为所设计的小康社会，是一个建立在大工大商和私有制基础之上，实行君主立宪制的资本主义社会；而邓小平所设计的小康社会，则是一个以公有制经济为主体、共同富裕为目标，经济、政治、文化全面发展的中国特色社会主义的社会。

"小康社会"这一概念发端于邓小平对"在本世纪末实现四个现代化"这一雄心壮志的现实思考，脱胎于"中国式的现代化"这一新目标。"小康生活"是中国共产党人在20世纪末的奋斗目标。邓小平关于建立小康社会的思想提出之后，一直是指导我国经济和社会发展的战略指导思想。党的十二大、"六五"计划、"七五"计划和党的十三大，都对小康社会作了设计。1987年，党的十三大把实现小康社会正式确定为我国现代化建设的第二步战略目标。1990年，在全国绝大多数地区解决了温饱问题的历史背景下，党的十三届七中全会正式作出了奔小康的战略决策。此后，奔小康成为我国经济社会发展的主题曲。1995年，在我国国民生产总值提前5年实现翻两番的情况下，党的十四届五中全会绘制了我国跨世纪发展蓝图，强调21世纪的前十年我国"还是处于小康阶段"。这表明，小康不仅是第二步战略目标的终点，而且是以此为起点的社会历史发展阶

---

①③ 邓小平文选第三卷 [M]. 北京：人民出版社，1995.
② 张高臣. 解读全面建设小康社会 [J]. 山东经济，2004（1）.

段。1997年，在我国人均国民生产总值又提前实现翻两番的情况下，党的十五大不失时机地提出了"使人民的小康生活更宽裕"的历史任务，并且根据邓小平小康社会思想及其提出的第三步战略目标，第一次提出了21世纪前半叶我国社会主义现代化建设的新的"三步走"战略部署。2000年10月召开的党的十五届五中全会，第一次明确提出了"全面建设小康社会"的历史任务。2001年江泽民在庆祝中国共产党成立80周年大会的讲话中指出："我国已进入了全面建设小康社会、加快推进社会主义现代化的新的发展阶段"，"要尽快地使全国人民都过上殷实的小康生活"，并提出了建设小康社会、推进社会主义现代化在各方面的要求和任务，使得全面建设小康社会思想进一步丰富和完善起来。2002年召开的党的十六大，进一步明确了今后二十年全面建设小康社会的任务和目标，并作出具体的战略部署。至此，形成了比较系统的全面建设小康社会的思想。①

1.2.2　小康思想的新发展②

党的十八大以来，习近平总书记围绕全面建成小康社会提出了许多新思想、新论断、新要求，科学回答了全面建成小康社会面临的诸多重大问题。习近平将全面建成小康社会放在中华民族伟大复兴中国梦的大格局中进行思考，鲜明揭示了全面建成小康社会之于中国梦实现的战略意义，是对全面建成小康社会历史方位作出的新的重要判断。

2013年6月，习近平在接受金砖国家媒体联合采访时指出："中国梦的本质是国家富强、民族振兴、人民幸福。我们的奋斗目标是，到2020年国内生产总值和城乡居民人均收入在2010年基础上翻一番，全面建成小康社会。到本世纪中叶，建成富强民主文明和谐的社会主义现代化国家，实现中华民族伟大复兴的中国梦。"③ 这就将全面建成小康社会与实现中国梦结合起来，揭示了全面建成小康社会是实现中国梦必经的承上启下的发展阶段。2014年6月，习近平在中阿合作论坛第六届部长级会议开幕式上的讲话中进一步明确强调，"实现全面建成小康社会目标是实现中华民族伟大复兴中国梦的关键一步"④。这一论述，内涵深刻，意义深远。一方面，把全面建成小康社会目标升华成中华民族伟大复兴中国梦的重要里程碑，必将极大地调动人民群众投身全面建成小康社会的主动性、创造性，为实现中华民族伟大复兴中国梦奠定坚实基础。另一方面，把全面

---

① 吕书正. 全面建设小康社会 [N]. 新华出版社，2002：68 - 70.
② 郝潞霞，韩建新. 习近平全面建成小康社会思想探析 [J]. 思想理论教育导刊，2015 (12).
③④ 习近平接受拉美三国媒体联合书面采访 [N]. 人民日报，2013 - 06 - 01 (1).

建成小康社会看作实现中国梦的阶段性目标，使中国梦的目标更加清晰、更容易让人们看得见、摸得着、感受得到，有利于增强人民群众实现中华民族伟大复兴中国梦的信心。对此，习近平充满自信地指出："现在，我们比历史上任何时期都更加接近中华民族伟大复兴的目标，比历史上任何时期都更有信心、更有能力实现这个目标。"[1]

建成全面小康与实现中华民族伟大复兴中国梦相互激荡，成为凝聚全党全国各族人民团结奋斗的精神旗帜。以习近平为总书记的党中央提出并形成了全面建成小康社会、全面深化改革、全面依法治国、全面从严治党的战略布局。"四个全面"的战略布局是"从我国发展现实需要中得出来的，从人民群众的热切期待中得出来的，也是为推动解决我们面临的突出矛盾和问题提出来的"，[2]它开辟了我们党治国理政的新境界。

习近平把全面建成小康社会放在"四个全面"战略布局中来把握，对全面建成小康社会的历史方位作出又一新的判断。2015年2月，习近平在中央党校省部级主要领导干部专题研讨班上的讲话中明确指出："全面建成小康社会是我们的战略目标，全面深化改革、全面依法治国、全面从严治党是三大战略举措。"[3]这一论述，把全面建成小康社会置于"四个全面"战略布局之首，强调了全面建成小康社会是奋斗目标，具有战略统领和目标牵引作用，从而为新形势下党和国家各项工作指明了方向。同时，强调全面深化改革、全面依法治国、全面从严治党在全面建成小康社会进程中的支撑作用：全面深化改革为全面建成小康社会提供不竭的发展动力，全面依法治国为全面建成小康社会提供有力的法制保障，全面从严治党为全面建成小康社会锻造坚强的领导核心，从而进一步明确了新形势下党和国家各项工作的重点领域和主攻目标。"四个全面"战略布局以全面建成小康社会为目标，相辅相成、相互促进、相得益彰，为开创中国特色社会主义事业新局面提供了重要的思想理论指导。2013年11月，习近平在党的十八届三中全会上指出："当前，国内外环境都在发生极为广泛而深刻的变化，我国发展面临一系列突出矛盾和挑战，前进道路上还有不少困难和问题。"[4]具体而言，

---

[1] 习近平. 在纪念中国人民抗日战争暨世界反法西斯战争胜利69周年座谈会上的讲话[N]. 人民日报，2014-09-04 (2).

[2] 习近平同党外人士共迎新春代表中共中央向各民主党派工商联和无党派人士向统一战线广大成员致以新春的祝福[N]. 人民日报，2015-02-13 (1).

[3] 习近平在省部级主要领导干部学习贯彻十八届四中全会精神全面推进依法治国专题研讨班开班式上发表重要讲话强调：领导干部要做尊法学法守法用法的模范带动全党全国共同全面推进依法治国[N]. 人民日报，2015-02-03 (1).

[4] 十八大以来重要文献选编（上）[M]. 北京：中央文献出版社，2014.

这些困难和问题主要表现为：发展中不平衡、不协调、不可持续问题依然突出，城乡区域发展差距和居民收入分配差距依然较大，教育、就业、社会保障、医疗、住房、生态环境、食品药品安全、安全生产、社会治安、执法司法等关系群众切身利益的问题较多，一些领域消极腐败现象易发多发，反腐败斗争形势依然严峻，等等。能否克服和解决这些困难和问题，直接关系到2020年能否如期实现全面建成小康社会的宏伟目标。有鉴于此，2014年6月，习近平在中阿合作论坛第六届部长级会议开幕式上明确指出："中国已经进入全面建成小康社会的决定性阶段。"① 2014年10月，习近平在党的十八届四中全会上再次强调："全面建成小康社会进入决定性阶段，改革进入攻坚期和深水区，国际形势复杂多变，我们党面对的改革发展稳定任务之重前所未有、矛盾风险挑战之多前所未有"。② 2015年1月，习近平在云南考察工作时强调："现在距离实现全面建成小康社会只有五六年时间了，时不我待"。③ 以上论述，进一步强调了全面建成小康社会的重要性和紧迫性，是对全面建成小康社会历史方位的又一崭新定位。习近平强调："消除贫困、改善民生、实现共同富裕，是社会主义的本质要求"④，全面建成小康社会，不仅要从总体上、总量上实现小康，而且要特别注重贫困地区、老区苏区、广大少数民族聚居区的小康建设，逐步缩小这些地区同发达地区的差距，让小康惠及全体人民。

针对我国还处于社会主义初级阶段，仍存在为数不少的困难群众这一现实，2012年12月，习近平在河北阜平看望慰问困难群众时指出："全面建成小康社会，最艰巨最繁重的任务在农村、特别是在贫困地区。没有农村的小康，特别是没有贫困地区的小康，就没有全面建成小康社会。"⑤ 他多次强调："小康不小康，关键看老乡"⑥，"全面建成小康社会，不能丢了农村这一头"⑦。针对一些老区发展滞后、基础设施落后、人民生活水平不高的矛盾依然比较突出的现状，

---

① 习近平. 在中阿合作论坛第六届部长级会议开幕式上的讲话 [N]. 人民日报，2014-06-06 (2).
② 中共中央关于全面推进依法治国若干重大问题的决定 [N]. 人民日报，2014-10-29 (1).
③ 习近平在云南考察工作时强调：坚决打好扶贫开发攻坚战加快民族地区经济社会发展 [N]. 人民日报，2015-01-22 (1).
④ 习近平在首个"扶贫日"之际作出重要批示强调：全党全社会继续共同努力形成扶贫开发工作强大合力 [N]. 人民日报，2014-10-18 (1).
⑤ 习近平到河北阜平看望慰问困难群众时强调：把群众安危冷暖时刻放在心上把党和政府温暖送到千家万户 [N]. 人民日报，2012-12-31 (1).
⑥ 习近平在海南考察时强调：加快国际旅游岛建设谱写美丽中国海南篇 [N]. 人民日报，2013-04-11 (1).
⑦ 习近平在福建调研时强调：全面深化改革全面推进依法治国为全面建成小康社会提供动力和保障 [N]. 人民日报，2014-11-03 (1).

2015年2月,习近平在赴陕西看望慰问广大干部群众时指出:"全面建成小康社会,没有老区的全面小康,没有老区贫困人口脱贫致富,那是不完整的。"①2015年3月,习近平在参加十二届全国人大三次会议江西代表团审议时又强调:"要着力推动老区特别是原中央苏区加快发展,决不能让老区群众在全面建成小康社会进程中掉队。"②

针对一些少数民族地群众困难多,困难群众多,同全国一道实现全面建设小康社会目标难度较大的问题,习近平提出必须支持广大藏族聚居区加快经济社会发展,强调"全面实现小康,一个民族都不能少"。③ 以上一系列新论断,反复强调了全面小康是不分地域、不分民族、不分群体的小康,是不让一人一地掉队的小康,充分体现了我们党把13亿多人全部带入全面小康的坚定决心。

全面建成小康社会,就是进一步解决经济社会发展不协调问题,实现现代化建设各领域各方面协调发展。习近平强调:"中国特色社会主义是全面发展的社会主义",全面建成小康社会,就是集中精力着重解决发展进程中出现的不协调问题,"协调推进政治建设、文化建设、社会建设、生态文明建设以及其他各方面建设"。④ 习近平高度重视全面建成小康社会的全面性。2012年11月,他在党的十八届中央政治局常委同中外记者见面时的讲话中,用"十个更",即"更好的教育、更稳定的工作、更满意的收入、更可靠的社会保障、更高水平的医疗卫生服务、更舒适的居住条件、更优美的环境","孩子们能成长得更好、工作得更好、生活得更好",⑤ 生动描绘了"全面"小康是涉及领域"全面"的小康。习近平指出,随着经济社会的发展,人们对生活品质的追求将不断提高,全面建设小康社会的内涵也因此变得更加丰富,"没有全民健康,就没有全面小康",⑥"小康全面不全面,生态环境质量是关键"。⑦ 习近平强调,如果建成的小康社会在某一方面、某一领域缺失,存在短板,那么,就不能说建成了全面小康。我们要建成的全面小康,一定是覆盖经济、政治、文化、社会、生态文明建设等各领

---

① 习近平春节前夕赴陕西看望慰问广大干部群众向全国人民致以新春祝福祝祖国繁荣昌盛人民幸福安康[N]. 人民日报, 2015-02-17 (1).

② 习近平、张德江、俞正声、王岐山分别参加全国两会一些团组审议讨论[N]. 人民日报, 2015-03-07.

③ "全面实现小康,一个民族都不能少"——习近平总书记会见贡山独龙族怒族自治县干部群众代表侧记[N]. 人民日报, 2015-01-23 (2).

④ 十八大以来重要文献选编(上)[M]. 北京:中央文献出版社, 2014.

⑤ 习近平谈治国理政[M]. 北京:外文出版社, 2014.

⑥ 习近平在江苏调研时强调:主动把握和积极适应经济发展新常态推动改革开放和现代化建设迈上新台阶[N]. 人民日报, 2014-12-15 (1).

⑦ 习近平参加贵州代表团审议[N]. 贵州都市报, 2014-13-11 (1).

域各方面的小康。

　　结合新形势，习近平提出了全面建成小康社会的新要求：经济建设领域，要"破除城乡二元结构"，"实现我国社会生产力水平总体跃升"；政治建设领域，要形成"干部清正、政府清廉、政治清明"的政治生态，"建设服务政府、责任政府、法治政府、廉洁政府"；文化建设领域，"物质文明建设和精神文明建设都搞好，国家物质力量和精神力量都增强"；社会建设领域，要"在学有所教、劳有所得、病有所医、老有所养、住有所居上持续取得新进展"；生态文明建设领域，要使人们"望得见山、看得见水、记得住乡愁"，"实现百姓富、生态美有机统一"。另外，习近平还将社会生产力的发展、物的不断丰富与人的全面发展统一起来，强调指出："既不断解放和发展社会生产力，又逐步实现全体人民共同富裕、促进人的全面发展。"① 以上论述，准确把握当代中国实际，精准聚焦现代化建设中的重点和难点，进一步深化了全面建成小康社会的内涵，为全面推进小康社会建设指明了方向。

　　习近平指出："我们党领导人民全面建设小康社会、进行改革开放和社会主义现代化建设的根本目的，就是要通过发展社会生产力，不断提高人民物质文化生活水平，促进人的全面发展。检验我们一切工作的成效，最终都要看人民是否真正得到了实惠，人民生活是否真正得到了改善。"② 习近平强调，要大力推进社会建设，使发展成果更多更公平惠及全体人民，努力形成全体人民各尽其能、各得其所而又和谐相处的局面。一方面，要"按照'守住底线、突出重点、完善制度、引导舆论'的思路做好民生工作"，③ 尤其是要通过抓重点、抓实在、抓持久、抓组织，"加快推进民生领域体制机制创新，促进公共资源向基层延伸、向农村覆盖、向弱势群体倾斜"。④ 另一方面，要以最广大人民根本利益本为根本坐标，创新社会治理，确保人民安居乐业、社会安定有序、国家长治久安。创新社会治理，一要创新社会治理体制，改进社会治理方式。习近平强调："加强和创新社会治理，关键在体制创新，核心是人"，⑤ 要坚持系统治理、依法治理、综合治理和源头治理相结合。二要正确处理社会矛盾，维护社会大局稳定。要处理好维稳和维权的关系、活力和秩序的关系，发动全社会一

---

① 习近平谈治国理政 [M]. 北京：外文出版社，2014.
② 习近平. 全面贯彻落实党的十八大精神要突出抓好六个方面工作 [J]. 求是，2013（1）.
③ 中央经济工作会议在北京举行　习近平温家宝李克强作重要讲话 [N]. 人民日报，2012-12-17（1）.
④ 习近平关于全面深化改革论述摘编 [M]. 北京：中央文献出版社，2014.
⑤ 习近平在参加上海代表团审议时强调：推进中国上海自由贸易试验区建设加强和创新特大城市社会治理 [N]. 人民日报，2014-03-06（1）.

起来做好维护社会稳定工作。三要推进平安建设，保障人民安居乐业。习近平指出："平安是老百姓解决温饱后的第一需求，是极重要的民生，也是最基本的发展环境",① 要"把平安中国建设置于中国特色社会主义事业发展全局中来谋划，紧紧围绕'两个一百年'奋斗目标，把人民群众对平安中国建设的要求作为努力方向"。②

保护和改善生态环境，为人民创造良好生产生活环境，习近平指出："良好生态环境是最公平的公共产品，是最普惠的民生福祉"③，"环境就是民生，青山就是美丽，蓝天也是幸福"④，实现全面建成小康社会宏伟目标，必须保护和改善生态环境。一是决不能以环境为代价换发展。习近平强调："我们既要绿水青山，也要金山银山"⑤，要"正确处理好经济发展同生态环境保护的关系，牢固树立保护生态环境就是保护生产力、改善生态环境就是发展生产力的理念，更加自觉地推动绿色发展、循环发展、低碳发展，决不以牺牲环境为代价去换取一时的经济增长。"二是牢固树立生态红线的观念。习近平强调："在生态环境保护问题上，就是要不能越雷池一步，否则就应该受到惩罚。"三是必须依靠制度和法治。习近平认为："只有实行最严格的制度、最严密的法治，才能为生态文明建设提供可靠保障。"⑥ 同时，进一步强调："建立系统完整的生态文明制度体系，实行最严格的源头保护制度、损害赔偿制度、责任追究制度，完善环境治理和生态修复制度，用制度保护生态环境。"⑦

1.3　发展理念的变革与全面小康社会的实现

在"两个一百年"奋斗目标中，我们党确立的第一个百年奋斗目标是在

---

① 习近平总书记系列重要讲话读本 [M]. 北京：学习出版社、人民出版社，2014.
② 习近平就建设平安中国作出重要指示强调：把人民群众对平安中国建设的要求作为努力方向确保人民安居乐业社会安定有序国家长治久安 [N]. 人民日报，2013 – 06 – 01（1）.
③ 习近平在海南考察时强调：加快国际旅游岛建设谱写美丽中国海南篇 [N]. 人民日报，2013 – 04 – 11（1）.
④ 习近平张德江俞正声王岐山分别参加全国两会一些团组审议讨论 [N]. 人民日报，2015 – 03 – 07.
⑤ 习近平在哈萨克斯坦纳扎尔巴耶夫大学发表重要演讲弘扬人民友谊共同建设"丝绸之路经济带" [N]. 人民日报，2013 – 09 – 08（1）.
⑥ 习近平在中共中央政治局第六次集体学习时强调：坚持节约资源和保护环境基本国策努力走向社会主义生态文明新时代 [N]. 人民日报，2013 – 05 – 25（1）.
⑦ 十八大以来重要文献选编（上）[M]. 北京：中央文献出版社，2014.

2020年的时候全面建成小康社会。并且我国全面建成小康社会最重要也是决定性的阶段，就是在"十三五"时期未来的五年。第二个百年奋斗目标就是实现中华民族的伟大复兴的这样一个中国梦，而按期全面建成小康社会是实现第二个百年奋斗目标的基础。所以"十三五"规划必须是围绕实现这个奋斗目标而制度，而在党的十八届五中全会中，会议通过的中共中央《关于制定国民经济和社会发展第十三个五年规划的建议》就指出：实现"十三五"时期发展目标，必须牢固树立并切实贯彻创新、协调、绿色、开放、共享的发展理念。可以说"十三五"规划的"灵魂"和"生命"就是五大发展理念。它形成的基础就是国内发展的阶段性特征和深刻剖析国际发展的大方向趋势上，集中反映了我们国家在"十三五"时期甚至以后更长时期的发展方向、发展着重点和发展思路。在加强发展动力、加深发展优势和解决发展难题上具有重要的指导意义，是一场影响我国全局发展的重要变革，是我们党对社会经济发展规律认识不断加深的充分体现。

1.3.1　推进创新发展理念，促进全面小康社会顺利建成

发展的动力问题就是坚持创新发展，因为中国经济进入新常态，并且中国面临的战略机遇期内涵产生改变，所以五大发展的首位就是创新发展。跨过中等收入陷阱是我们在新常态下面临的最大问题，而创新发展是解决这一问题的根本途径。党的十八届五中全会中的《建议》里就表明：引领发展的首要动力就是创新，因此把创新摆在国家发展全局的最主要位置是必须的，应该不断加深科技创新、文化创新、理论创新、制度创新等方方面面的创新，使国家和党的任何工作中贯穿着创新，使创新成为一种全社会的风气。

"十二五"时期特别是党的十八大以来，我国的创新速度不断加快，这种趋势随着创新驱动发展战略的施行和改革的深化越发明显。进入全面建成小康社会决胜阶段，就更加凸显了创新发展的重要性。从整个世界来看，新一轮的产业变革和科技革命随时准备发起，我们的比较优势和发展条件都变化巨大，发达国家也在进一步推动更高起点的"再工业化"，从要素驱动变为创新驱动必须要加快进行。目前，科技对经济发展的贡献率发达国家的水平高于我国很多，我国科技对社会经济的发展支持力度远远不够，科技发展的总体水平不高，这就造成了我国经济快而不优、大而不强。不创新的人就会逐渐退步，要使我们在新形势下开拓新境界，在竞争激烈的国际中获得战略主动，创新必须成为发展的基本，实现发挥先发优势和更多依靠创新驱动的引领型发展。

增强自主创新能力是坚持创新发展最根本的，激发和解放创新活力，破除

体制机制障碍又是目前最紧迫的。在详细措施和步骤上，要协调发展、把握重点，不仅要改进资本、技术、土地、管理、劳动力等要素配置，发动大众创新、民众自主创业，培养发展新动力，而且要扩大发展一些重点经济区，施行"互联网+"计划，发展实行网络强国等战略，发展开阔新空间。不仅要抓尖端、抓重大，加强创新驱动发展战略的实施，实行一批重大国家科技项目，在一些重大创新的领域建立和组成国家实验室，提出并带头组织国际大科学工程和大科学计划，站在战略最高点。还要强弱项、补短板，增速改变农业发展方式，加强农业现代化建设。不仅要完善和创新宏观调控方式，建设发展新体制，激发社会创造力和市场活力，深化行政管理体制改革，还要建设产业新体系，快速建设制造强国。

1.3.2 推进协调发展理念，促进全面小康社会顺利建成

"新常态下的老问题"就是协调发展，正确处理发展中的重大关系是其中心点。历来我们党都非常重视一些各个时期重大关系的研究，例如20世纪50年代由毛泽东提出的"十大关系"，讲的就是要重点处理的当时条件环境下的一些关系。党的十六大以来，提出的科学发展观，其本质也是要解决好一系列的关系，党的十八届五中全会上的《建议》明确指出：为了全面达到"十三五"时期的目标，必须正确处理发展中的重大关系，形成平衡结构，不断加强发展整体性，促进协调发展，牢握中国特色社会主义事业的总体布局。

健康持续发展的内在要求是协调，目前，我国在协调发展上主要存在三大问题，第一就是区域发展不平衡，东北区域间、东中西部是不平衡的；第二就是经济社会发展水平与国民素质和社会文明程度之间不相符；第三就是城市内部二元结构和城乡二元结构依然存在激烈矛盾。全面建成小康社会，不仅仅强调的是"小康"，还有更难做到也更重要的是"全面"，"全面"要求的是可持续、平衡、协调的发展，"小康"则要求的是发展水平。假如我们在2020年在速度和总量上达到了任务目标，但发展不持续、不平衡、不协调，并且这些问题不光没有解决，还更加严重，劣处也更加突出，我们难道可以说已经达到了真正的目标吗？《建议》中指出，"改变一条腿长，一条腿短"的不平衡问题，推进经济社会发展协调；推进城镇化、农业现代化、新型工业化、信息化共同发展，既要提升国家硬实力，也要重视增强国家软实力，要提升发展的整体性；解决城乡二元结构的难题，加强城乡区域发展协调；这些都是加强发展协调性的重点。只要把这些发展的重大关系理顺摆正，就可以产生更好的处理发展问题的总体之势，创造出共同推进、互相促进的美好发展局势，使单方面发展的动能变成全方面整体发展

的势能。

两点论和重点论相统一是加强发展协调性的关键，不光是精神文明和物质文明和谐发展，还有国防建设和经济建设融合发展，无论是城乡协调发展还是区域协调发展。既要着重解决难题，把短处变长，也要发展和巩固原来就有的优势，加强对贫困人口、弱势群体和落后地区的帮助和扶持，加大薄弱领域的发展后劲，拓展扩宽发展空间。不同地方的实际问题都不相同，劣势和优势各异，只有加强辩证思维，不仅要统筹兼顾，也要突出重点，根据各地的实际情况把协调发展的理念落实，只有这样，才能够获得实在的发展成果。

1.3.3 推进绿色发展理念，促进全面小康社会顺利建成

党的十八届五中全会审议通过了《中共中央关于制定国民经济和社会发展第十三个五年规划的建议》（以下简称《建议》），将绿色发展列入五大发展理念来，与党的十八大提出的在"五位一体"总体布局中加入生态文明是一致的。绿色发展是基于人与自然的和谐问题而提出来的，绿色发展可以说是可持续发展，是饱含激情与热力的发展，是目光长远的发展，是有利于后代的发展。基于我国的基本国情，始终坚持我国大力推行的保护环境和节约资源的基本国策，坚持构建资源节约型和环境友好型社会，坚持生活富足、生态优美、生产发展的文明发展之路，只有这样才能实现可持续发展，才能促进人与自然和谐共处的现代化新格局的建立，才能构建更加美丽的中国。

倡导绿色化的生产方式。从经济层面上看，绿色象征着可持续、可循环的生产方式，这种生产方式不但是人类的美好祈愿，也是现实下的热切渴求。在过去的几十年里，我国的社会经济以粗放型增长方式保持着高速增长，并获得了举世瞩目的成就，但是其也带来了后果严重的生态环境问题。诸如环境污染、矿产资源过度开采、水资源紧张、雾霾治理无效等"病症"都是高效但代价惨重的粗放型增长方式带来的后果。在经济调整的新时期，合理有效地使用资源，促进绿色发展、低碳发展和循环发展是既能保护生态环境又能促进经济增长的双赢道路。这促使我们努力开发资源利用的高效方法，极大减少资源能源的消耗；积极倡导循环发展，使生产、流通和消费过程中的资源利用最优化。另外，形成技术含量高、资源损耗低、环境污染少的生产方式势在必行，加快绿色经济产业发展的步伐，提高绿色经济发展的程度，促进绿色经济产业体系的构建，进而形成经济发展的新高度，发掘新增长点。当前科技革命的探索领域和产业改革的发展方向非绿色经济莫属，其在未来的发展力量是不可估量的，我国在此领域的发展潜力和能力也是巨大的。

加快构建绿色化空间格局。绿色象征着一种生产、生态和生活之间相互关联的健康的格局。《建议》中指出要推动人与自然共同发展，促进城市格局、生态格局、农业格局以及自然格局的科学合理性，加快绿色低碳循环发展产业体系的构建。此概念包含了政治、经济、文化和社会生活的每个方面，还涉及产业结构、生产方式、生活方式、发展格局以及制度体系、价值观念等方面，这是一场全方位、多角度、系统性的绿色革命。

加快建设生态文明制度。提高绿色发展这个概念的地位，离不开生态文明建设管理方式的改变，其从被动式微观管理变为了主动式宏观调控。我国污染预防不及时、治理能力差、监管不到位、违法代价低以及权责不符等问题长时间得不到解决，根本原因是我国的环境保护制度缺乏威慑力、有效性和与时俱进。我国生态文明建设难度很大，需要有最严格的制度、最坚实的法治。最严格的环保制度不但要有强大的法律效力，还要具有有效性并与时俱进，并根据地区、经济发展程度以及环境治理能力的不同，制定不同的体现生态文明建设效果的指标，包括环境污染、生态效益和资源损耗等，让其能很好地约束生态文明建设，也能为其提供发展导向。此次会议还提出了"在省级及其以下环境保护机构实行监测监察执法垂直管理的制度"，这样做就是为了加强地方特别是市县机构的监管力度，力图从根本上解决多年来管理部门执法不力的难题。

1.3.4 推进开放发展理念，促进全面小康社会顺利建成

推进开放发展理念，促使我国经济更大范围融入世界。坚持对外开放，坚持互利共赢，坚持进口与出口的平衡，坚持引进来与走出去并行，坚持资本引进和技术引进并行，实现开放型经济往更高层次发展，主动加入经济全球化调整，满足公共产品的全球化供给，只有这样才能用开放发展促进改革和创新，从而促进深度融合的互赢格局的构建，使我国在全球经济中能拥有更多的话语权，形成更加一致的利益同盟者和命运同盟者。

开放发展理念能促进全社会开放意识的形成，因为其总结了中外历史事件中正反两个方面的经验教训。改革开放37年来，我国新一轮的开放改革整装待发。所谓"新一轮"是由于加入WTO的15年是上一轮，新一轮的开放期亟须出发。和以往的开放只关注出口和引进外资有所不同，基于我国当前经济总量全球第二的实力和对全球经济更具影响的前提下，怎样用更包容的态度和更宽广的眼界来完成国际与国内的统筹发展，并获得共同发展。故开放发展有以下几点需要特别重视：第一，加大中国经济融入全球经济的深度；第二，坚持全球经济的合作与共赢；第三，积极履行职责，坚持经济治理人人有责，我们要对自己有高标准。

贯彻党的十八届五中全会精神，坚持开放发展既要构建开放新格局，建立更具深度更具融合性的合作共赢新局面，也要不断改善开放战略的升级并加大整体战略布局，推动双方彼此开放，鼓励沿海城市率先对外开放，加入与世界经济竞争与合作中来；一边要构建对外开放新体系，建立更具国际化、法制化和便捷化的商业环境，一边要完善服务贸易推动体制，实行负面清单全面管理制度；一方面要坚持"一带一路"路线，形成海陆、内外、东西双向联合的开放发展新局面，另一方面也要加强内陆与香港、澳门以及台湾地区的合作，增大香港和澳门在国民经济发展和开放发展中的职能与作用；再一方面要坚持经济治理人人有责，推动国际经济秩序更加公正平等，促进自由自贸区项目的建设，尽最大能力履行国际义务，承担国际责任，保证出席全球气候变化谈判会议，共同探讨2030年可持续发展事项。总而言之，开放发展理念既坚定表明了我国"中国开放之门永开"的态度，也展示了"中国经济与世界经济是命运共同体"的合作共赢思想。

1.3.5　推进共享发展理念，促进全面小康社会顺利建成

发展的目是共享发展，主要指如何实现全民参与发展过程，并如何共享发展机会与成果的问题。其可以说是我们党对发展意识的再次申明，是要促进全民整体福利，促进全民全面发展。其是发展的出发点，也是发展的落脚点，是"为人民服务"宗旨的体现。《建议》中明确指出"发展是为了人民，发展需依靠人民，发展成果要共享，要制定有效的制度，让全民在发展中获得成就感，激发全民动力，促进全民团结，实现共同富裕。"

根据当前情况来看，我国制定的"到2020年实现GDP和城乡居民人均收入比2010年翻一番"这一发展目标并不难实现，但比较困难的是如何实现"全面"的小康社会，"全面"二字意味着社会中的大多数人，这里面的努力涉及收入分配、基本养老和基本医疗等方方面面。我国经济总量已经位居世界第二，但人口总数世界第一，其中贫困人口不在少数。如何解决贫困人口是实现全面小康社会的最大难题，如何带领7 000万贫困人口脱贫致富是实现共同富裕的关键。故本次全会提出了脱贫攻坚工程，提出了加大对贫困地区、革命老区和边疆地区的财政补贴和转移支付等详细政府支持政策，对完成我国制定的区域性脱贫、整体性脱贫、贫困人口脱贫和贫困县摘帽等目标产生了积极的影响。另外，我国当前有65岁以上的老年人1.3亿多人、低保人口1 800万多人、进城务工农民工2亿多人、失业人数900多万人、特大城市待就业毕业生高达上千万人，对于这些特定群体，要抓重点、守底线、完善制度，促进机会人人平等，致力于保障民生，要根据每个群体所特有的困难，因地制宜地为他们提供帮助。共享发展的根

本是完善制度，制定更有效的和更能保障社会公平正义的制度，逐渐形成以机会公平、权利公平、规则公平为主的社会公平保障体制，积极构建公平、高效的社会环境，保障人人参与、人人平等的权利。综上所述，实现发展成果共享的根本在于要以国家制度为基础来实施，公平正义的制度是共享发展的坚实根基。

第 2 章

藏族聚居区全面小康社会建设的基本路径

中国藏族聚居区是指以藏族为主的少数民族自治地区,主要包括西藏自治区、青海省、甘南藏族自治州、阿坝藏族羌族自治州、甘孜藏族自治州、迪庆藏族自治州等"两省区四州"。近年来,国家不断颁布少数民族扶持政策,并且从各个方面大力支持援藏建设项目,极大地推动了藏族聚居区经济的发展,不仅如此,藏族聚居区人口素质与之前相比,也有了很大提高。可是我们也应该看到,在自然因素、历史因素的影响下,藏族聚居区处于国家偏远地带,交通不便,再加上信息不通畅,藏族聚居区与其他地区的交往较少,信息传递迟缓。藏族聚居区工业发展水平比较落后,市场发育不够完善,再加上地理位置偏远,藏族民众过着一种与外界基本隔绝的生活,由于生活方式相对封闭,客观上有利于社会系统的稳定。在包括自然环境、社会环境、民族分布、经济类型、文化发展以及产业结构类型等在内的诸多因素的影响下,藏族聚居区社会系统的封闭化程度进一步加深。为了改变藏族聚居区落后面貌,使藏族聚居区以更快的步伐向全面小康社会迈进,我们必须加大藏族聚居区建设力度,制定并严格落实新的西部大开发战略,推动藏族聚居区经济的发展,更重要的是,这一伟大工程关系着我国社会主义的全面开展,它的实现不但有利于我国经济、政治以及国防等方面的发展,而且会促进我国可持续发展能力的提高,有利于更好地构建和谐社会主义社会。

2.1 综合协调发展路径

2.1.1 综合协调发展的时代背景及其战略意义

自然环境、经济、社会以及文化等多种因素共同构成一个完整的统一体,这是一个综合的、系统的、复杂的完整体系,处于这一体系中的自然环境、经济以及社会因素之间联系密切。在这个完整的统一体中,每一个组成部分都与其他组成部分交叉存在，不可能脱离其他组成部分单独存在，另外，任何一个组成部分的发展都不能以牺牲或阻碍其他部分为代价，各组成部分以一定的协调性结构存在，各自发挥自己的应有功能，最终实现整个系统的协调、有序、健康运行。综合协调发展包含多个内容，它不仅通过整个系统的协调发展体现出来，而且通过不同子系统的协调发展体现出来。除此之外，协调化发展也体现在不同区域之间，从时间角度来分析，协调发展既包括静态协调发展，也包括静态协调发展。整个大系统的综合协调发展为社会主义生产的健康运行提供重要保障，主要原因在于只有整体系统呈现出协调发展的状态，系统才有可能实现良性循环，才能营造一个整洁、安静、且能够满足人们物质和文化需求的生态环境，才能实现经济的稳定、健康发展，也才能实现社会的文明、有序的协调发展。①

  通过分析研究发现，藏族聚居区的环境、经济、政治、人口、社会等不同因素之间仍然存在诸多不协调的问题，因此国家需要颁布实施符合藏族聚居区实际状况的发展战略和扶持政策，推动藏族聚居区的综合协调化发展。藏族聚居区要想顺利迈入全面小康社会，一定要坚持科学发展观，站在国家战略的高度，促进城乡之间、区域之间、人与自然之间的协调化发展，另外，在积极推动国内发展的同时，也要重视对外开放的实施。只有这样，藏族聚居区全面建设小康社会的伟大目标才有可能顺利完成，才有可能实现共同富裕。当前，广大藏族聚居区经济发展的首要目标是增加藏族人民群众的经济收入，提高人民群众的物质生活水平，尤其是要集中力量解决农村低收入者的基本生活问题。藏族聚居区人民群众的物质生活水平整体偏低，尤其是贫困面很大，贫困人口比较集中，因此藏族聚居区经济发展的重点是大力提高人民群众的经济收入，改善人们的物质生活，尤其要从根本上改变农村落后地区人民群众的生活状况。全面建设小康社会的实现必须要提高人民群众的经济收入和生活水平，如果无法实现这一点，即使某些经济指标达到小康标准，也不能算作真正实现了小康目标。通过分析藏族聚居区经济发展现状发现，全面建设小康社会的重点和难点在广大农牧区，只有与农牧区利益密切相关的多项指标达到小康水平，真正的小康社会才更容易实现，显而易见，农牧区全面建设小康社会的实现仍然有较长一段路要走。从当前新的发展阶段来看，国家重视区域协调化发展，制定了西部大开发战略，并颁布了一系列政策和措施来推动藏族聚居区的发展。藏族聚居区在迈向小康社会的发展之路中，一定要正确认识人与自然的关系，保证双方关系的协调化发展，坚持走可持续发展之路，保证人的发展与社会生产力的发展协调一致，在实现经济发展的同时，不能破坏生态环境。

---

① 高群. 纵论经济社会生态环境协调发展 [J]. 长白论丛, 1996 (2).

全面建设小康社会不仅意味着经济的发展、民主制度的进一步完善，而且还意味着文化的繁荣发展、科技的进步以及社会的和谐，人民生活更加富足。因此，仅仅实现了经济的增长并不代表着小康社会的实现，它需要经济、政治、文化、社会等多方面共同发展，只有物质文明、精神文明以及政治文明全部达到了小康标准才标志着真正实现了小康社会。自我国实施西部大开发战略以来，藏族聚居区经济发展很快，社会主义事业取得了很大的进步，人民群众从中获得很多利益，可是从整体来看，藏族聚居区的生产力水平、经济水平、文化水平以及人们的生活水平仍然处于落后地位，社会体系中仍然存在这样或那样的不协调问题。举例来说，经济的增长与社会主义文化事业出现不均衡发展态势，过于重视经济的增长，在一定程度上导致人们对社会主义文化事业的忽视。再如，经济增长与收入分配之间出现不协调，经济的增长并没有缩小人与人之间的收入差距，相反，人们之间的贫富差距越来越明显，这种差距体现在不同地区之间以及城乡居民之间。这些问题在很大程度上阻碍了经济社会与人的全面发展。基于此，藏族聚居区一定要紧紧围绕经济建设，努力实现经济、政治、民主、文化多方面的发展。藏族聚居区在建设小康社会的过程中要正确对待经济与社会之间的关系，一方面要加强基础设施建设，大力发展产业化，另一方面要加强卫生事业、文化事业以及教育事业的发展，积极推动民主法制建设，实现社会主义精神文明、政治文明和物质文明的协调化发展，实现藏族聚居区的全面发展。

坚持多元协调思想为指导，将创新以及多元化思维方式引入发展战略的制定过程中。一是要正确对待经济结构与社会结构之间的关系，按照不同的层次来深入研究，从宏观角度研究经济体制、经济系统、社会系统以及社会问题并从微观角度研究个体、家庭、企事业单位的行为、活动以及社会需要，力争使经济与社会不同层次之间、社会整体与社会组成部分之间的关系更加协调化。二是系统分析经济过程，不仅要深入分析生产、分配、消费、市场等因素，而且还要分析效益、规划以及财政等因素，充分发挥经济发展战略的导向作用。三是深入分析和评价对经济具有影响作用的各种因素，如劳动者受教育程度、劳动者文化素养、劳动者群体与经济之间的联系等，在分析非经济因素的基础上合理调整生产关系，制定具有旺盛生命力的社会发展机制。四是研究不同地区的历史文化发展现状，了解具体的民俗、民情，在追求经济发展的同时，实现社会进步，使社会主义物质文明的发展带动精神文明的发展。五是分析战略对策以及发展目标所需要的内外部环境，以理性的态度对待一切不良后果，努力减少不利于社会发展的消极因素，消除社会不稳定因素。六是准确分析社会在将来一段时期内的发展状况，及早发现可能会出现的问题，并制定出有效的防范措施。需要指出的是，多元协调发展与同步发展之间并不能划等号，多元协调发展指的是与经济发展相关的不同系统之间保持一致的发展步伐,彼此在机制、目标中产生协同效应。基于此,我们倡导多元协调化发展指导思想,但也允许差别发展以及跳跃发展,二者并不冲突,我们要努力消除经济发展与科技发展、文化发展中的不和谐因素,逐步实现多元发展。

2.1.2 藏族聚居区综合协调发展的推进策略

坚持在科学理念的指导,促进各方面合理的统筹协调,实现人口与经济社会的跨越式发展。必须坚持科学发展观,正确对待可持续发展与跨越式发展之间的关系,二者之间具有矛盾统一性,同时需要妥善处理人口发展与经济发展之间的关系。人口与经济的发展离不开科学发展观为指导,同时还要优化经济结构,将粗放型经济增长方式转变为集约型经济增长方式,在发展经济的同时注重保护生态环境,实现眼前利益与长远利益的统一,推动经济的可持续发展的实现,只有这样才能在提升人口素质、提高资源利用效率、减少环境破坏的基础上实现经济增长。我们一定要走新型工业化道路,将工业发展对生态环境产生的不良影响控制在最低水平,在实现经济效益的同时,不能忽视环境效益和社会效益。

围绕中心任务,突出重点工作,全面实现农牧区的经济发展。第一,国家要颁布实施相应的扶持政策,加大财政投入,提升农牧业综合生产能力,规模化生产优质青稞和小麦,农业建设财政资金保持持续增长趋势。第二,充分发挥区位优势和资源优势,优化农牧业产业结构,调整种植业和养殖业结构,发展特色养殖业和种植业,从财政资金上增加对藏族聚居区种植业、养殖业、畜牧业以及农产品加工的支持力度。第三,充分发挥龙头企业的引领作用,加快产业化发展进程。创新当地乡镇企业体制,重点培养具有广阔发展前景的优质企业。第四,重点提升农牧民生产组织化水平,推动特色农业的发展,重点培养致富领导型人才,充分发挥模范带头作用,大力推进农牧业产业化经营。

依托重点项目,培育优势产业,提升综合实力。在经济发展过程中,项目建设是非常重要的发展因素,同时它也是加快产业升级的强大推动力。第一,重视基础设施建设,集中主要力量建设重点项目。充分利用国家西部大开发战略带来的发展机遇,重点进行农牧业基础设施和水利工程建设,改善当地交通条件,改善饮用水供水系统,另外,也要重视教育与公共卫生建设,加大生态环境保护力度,减少能源消耗,提高资源利用率。第二,制定有效招商引资措施,吸引外资前来,扩大投资规模。建立起完善的项目库,编制有效的项目书,大力加强招商载体建设,扩大招商队伍。更新招商引资考核办法,重点考核投资总额、竣工项目以及规模化项目,充分利用多种资金投入方式,积极吸收国家资金以及社会资金，一方面重点建设基础设施和工农业项目，另一方面加大公共服务开发力度，培养优势资源。第三，要以特色资源为基础，重点培养支柱型产业，大力发展旅游业，尤其要深入开发建立在历史文化、民俗风情基础之上的旅游业。重视农畜产品加工，生产和加工绿色产品，着力打造藏医药品牌，发展民族手工业，不断提高生产技术水平以及产品设计水平。

继续深化改革，促进体制机制创新，为发展壮大提供重要动力。第一，紧紧围绕草场承包经营责任制，进一步推动农牧区改革。第二，充分利用国有资产管理体制改革提供的发展机遇，深化国企改革，重点进行产权制度改革，促进。第三，促进政府职能转变，促进政府投资管理行为的规范化。第四，加大粮食流通体制改革步伐，依靠市场基础性作用，优化粮食资源配置，促进粮食购销一体化的实现，实现市场主体多元化，保护农民利益不受侵害，提高农民粮食生产的积极性，使农民的粮食生产能力迈上一个新的台阶。第五，鼓励非公有制经济的发展，并规范非公有制经济的发展方向，为非公有制经济营造一个良好的发展环境，从政策和资金两方面扶持市场前景广阔的非公有制企业，为社会提供更多的就业岗位。

保护生态环境，节省自然资源，实现经济的可持续发展。第一，既要保护环境，又要重视生态建设，促进生态建设与产业化发展的结合。第二，由集约型经济增长方式取代粗放型经济增长方式，使社会经济与自然资源实现统一、协调化发展。第三，加大生态建设力度，建立自然保护区，保护天然森林、野生动植物。第四，制定环境监管措施，改进环境管理制度，提高环境管理水平，以免破坏生态平衡，造成环境污染。第五，建立完善的耕地草场保护制度，并严格落实该制度，加大建设用地控制力度，提高土地资源的利用效率。第六，重视地质勘查，合理开发自然资源，准确掌握矿产资源信息，并在这一基础上制订开发方案。第七，规范矿产资源开发秩序，提升矿产资源管理水平，实现矿产资源的合理化开发，在保护矿产资源的基础上，提高矿产资源的利用率。[①]

2.2 新型城镇化建设路径

2.2.1 新型城镇化建设的时代背景及其战略意义

党的十八大以来，党中央以及国务院高度重视新型城镇建设，并颁布实施了

---

① 李含琳.中国藏区人口与经济协调发展的战略模式选择[J].柴达木开发研究，2009（5）.

相应的政策措施。为了推动新型城镇化的顺利开展，中共中央专门召开了相关会议，并颁布了《国家新型城镇化规划（2014~2020）》，政府在 2014 年的工作报告中再次强调要坚持走新型城镇化发展道路。在"十三五规划纲要"中，针对新型城镇化进行了具体的、合理化布局。面对这一背景条件，藏族聚居区当前最需要解决的问题是在新型城镇化战略进程中稳步实现经济发展，实现共同富裕，全面建成小康社会。藏族聚居区小康社会建设工作如果没有完成，中国全面建设小康社会的伟大目标也就无法战争实现，而推进新型城镇化建设则是全面建设小康社会的基本途径。

全面建设小康社会离不开新型城镇化战略的实施，而新型城镇化战略的开展也是全面建设小康社会的重要目标。城镇化有利于提高集聚效应，为经济的快速发展提供重要条件，我们所说的区域经济增长不是指区域内部的各个经济增长点保持完全相同的发展速度，而是说经济增长必然通过区域内部的部分增长点体现出来。毫无疑问，城镇是区域经济的内部增长点，它有利于集聚经济效益的提高，从另一角度来分析，城镇化的实现有利于增强国内需求，促进国内消费的增长，因而，城镇化进程的开展有利于全面建设小康社会的顺利实现。

新型城镇化有利于"三农"问题的解决。我国全面建设小康社会的伟大工程的实现离不开"三农"问题的妥善解决，而"三农"问题一直是国民经济发展中最基础、也是最重要的问题。提高农民经济收入，提高人均资源占有量，必须通过城镇化途径减少农民数量。

新型城镇化客观推动第三产业的发展，从而为社会提供更多的工作岗位。根据"配第-克拉克"定理，随着工业化进入到发展后期，第三产业在国民经济中的重要性会超过第二产业，在全面建设小康社会的进程中，第三产业的发展水平直接影响到社会劳动岗位数量，而城镇化程度又决定着第三产业的发展水平。基于此，必须依靠城镇化实现第三产业的发展，进而提升就业率，最终实现全面建设小康社会的目标。

新型城镇化有利于社会的可持续发展。一般情况下，大城市的人均土地利用率比小城镇要高，而小城镇又比农村的土地利用率高。城镇化的实现有利于减少人口对农牧区环境的破坏作用，因此城镇化能提升资源的利用效率，避免生态环境遭到破坏，推动社会可持续发展的实现。

藏族聚居区小康社会的实现离不开新型城镇化的支持，我国全面建设小康社会的重点在于实现藏族聚居区的全面发展。在未来一段时间之内，我国现代化建设的基本任务是实现共同富裕，由于藏族聚居区处于落后发展状态，藏族聚居区经济发展水平远远落后于东部沿海地区，因此藏族聚居区实现共同富裕是全面建设小康社会的最大难点。我国知名发展经济学家刘易斯提出，经济发展的标志之一便是农村剩余劳动力大量涌向城市,由于城镇化的逐步推进,大量劳动力脱离传统农业生产,并开始出现在城市工业部门,城乡分工越来越明显,这不仅有效解放了农村剩余劳动力的问题,而且还推动了工业化发展进程。基于此,笔者认为农民涌向城市的过程就是城镇化的过程,从某种程度上说,劳动力的转移客观上推动了工业的发展,使国民经济出现了较快的增长速度。显然,推进城镇化有利于"三农"问题的解决,有利于提高农民经济收入,更重要的是,它有利于全面建设小康社会的实现。另外,城镇化能促进现代城市文明的传播,有利于提高农民素质,最终实现农村社会的进步。[1]

广大藏族聚居区主要生产物质资料,工业化发展程度低,不利于城镇化的开展。城镇化的实现必须依靠城市工业的带动,可是藏族聚居区城市工业对经济的拉动作用较小,造成城乡经济发展不平衡。藏族聚居区经济发展程度最高的城市也尚未达到拉动周边地区经济发展的水平;大城市的工业发展程度较高,可是与藏族聚居区距离很远,很难带动藏族聚居区工业化发展。另外,城市产业结构的优化升级也能为城镇化的发展提供动力。藏族聚居区主要为第一产业和第二产业,可是第三产业才会为社会提供更多的就业机会。藏族聚居区城镇化的发展主要依靠农业发展以及政策的支持,工业的带动作用很小,因此在新型城镇化条件之下,藏族聚居区应该大力发展当地特色经济,利用经济的发展带动藏族聚居区各方面的发展,最终实现新型城镇化建设完成。

2.2.2 藏族聚居区新型城镇化建设的推进策略

2.2.2.1 依托制度机制创新,保障新型城镇化建设

持续创新各项制度机制,为藏族聚居区城镇化的发展提供源源不断动力。新型城镇化并不仅仅包括工业化和城市化两方面的内容,同时,它也包括制度的不断完善。藏族聚居区应该建立健全的制度机制保障,充分发挥创新型制度优势,推动新型城镇化的发展。

首先,加快农村土地制度改革,让广大藏族聚居区农村富余劳动力能够顺利向城镇流转。农村实行家庭联产承包责任制,这样农民就可以享受一定时间内的土地使用权,从而有力地促进了农村经济的发展。可是,这一制度对土地合理化流转以及农业规模化发展是不利的,同时也对农村剩余劳动力流向城镇有一定的

---

[1] 蒋彬. 广大藏区城镇化与全面小康社会建设[J]. 广西民族学院学报(哲学社会科学版), 2004(3).

影响。所以，我们还需要进一步改革土地制度，促进城镇化发展进程以及解放农村剩余劳动力。目前，为了鼓励农民走进城镇务工或者经商，国家允许在城镇务工或者经商的农民保留自己在农村的土地经营权，同时也允许他们依照相关法律法规，在自愿的情况下，有偿转让土地经营权；农民还可以把集体土地使用权转包、转让或者出租给异地的承包者，允许外地人到农村投资开发土地，这样，大量进入城镇的农民在农村的土地就可以集中利用，从而实现土地的规模化发展。

其次，传统的户籍管理制度需要大幅度进行改革创新。在经济全球化发展的今天，我们应该积极地对现行户籍制度进行改革创新。我国施行多年的户籍制度，对城乡间的人口流动有很大的限制，这就使得城镇化发展缓慢，剩余劳动力无法顺利进入城镇。改革户籍制度，就是要让城乡间实现人口自由流动。在改革汇总，可以根据每个城镇的具体情况，逐渐降低进城的门槛，让更多的农村剩余劳动力能够进城工作，逐渐实行居住登记制度。对那些收入、工作以及居住稳定的外来人口都应该享受本地的户口，在户籍登记时可以按常住居民对待，这样就能够逐渐实现户籍管理制度的城乡一体化。另外，还应该落实同城无差别待遇，特别是外来人口若是要在本地买房，应该享受本地人同样的优惠政策。

再其次，健全和完善系列社会保障制度。藏族聚居区内应该积极且妥当地进行社会保障制度创新，让那些贫困的农牧民可以享受国家补贴，改善贫困的家庭生活。城镇社会保障要实现一体化发展，把农村的农牧民也纳入其中，保证农牧民的基本需求，原来施行的各种带有歧视性福利政策要予以取消，逐渐建立健全养老、失业、医疗等社会保证制度。社会保障范围应该逐渐扩大，让更多的人可以享受到社会保障制度。

最后，对藏族聚居区就业制度的改革创新。逐渐建立并健全关于劳动力市场的相关法律法规，为农村的剩余劳力和城市劳动力市场打通交流渠道，劳动力市场要实施公平竞争机制，允许并鼓励广大农民在城镇中自由自主选择职责。城镇要彻底取消各种限制外来人口就业的政策，保证农村劳动力的就业权利，对城镇中那些不合理的就业制度必须加快改革速度，不允许任何排斥外来就业者的情况。同时，还要尽可能地解决农村剩余劳动力进入城镇工作的后顾之忧。

2.2.2.2 发展藏族聚居区特色支柱经济，加快新型城镇化步伐

藏族聚居区城镇化建设，需要以当地的经济状况为基础，城镇化发展与工业化发展应该保持同步，这样藏族聚居区才能真正地实现和谐发展。目前，广大藏族聚居区经济还是以农牧业为主，经济发展还比较落后，并且各地发展也不均衡。所以，我们要发展有特色的藏族聚居区经济，就需要从下面几方面入手：首先，积极开发并利用藏族聚居区的自然资源。藏族聚居区自然环境比较特殊，有

着丰富的矿产资源和水能，所以，在发展藏族聚居区经济时，我们就可以以此作为发展方向，把藏族聚居区的优势资源转化成经济优势，从而使得藏族聚居区经济迅速发展，提高藏族聚居区人民的生活水平。在开发利用藏族聚居区资源的同时，还能够解决部分剩余劳动力就业的问题，从而实现本地解决就业，让广大农牧民不离开家乡就能实现就业，同时也促进了当地的城镇化发展。当然，我们还应该坚持一个原则，那就是在开发利用自然资源的时候切忌破坏生态环境，环保问题是重中之重。其次，大力发展有地域特色的农牧业经济，实现产业链一体化发展。对于藏族聚居区来讲，农牧业就属于特色经济，这也是藏族聚居区特殊的自然条件决定的。目前，藏族聚居区经济发展还比较落后，广大农牧民还是主要以养殖出售初级产品为主，如牦牛、牛、羊等，而未能进行初级产品的深加工。所以，我们应该重视起农牧业产业链的延伸，建立农牧业深加工企业，这样才能促进经济发展，改善并提高农牧民的生活质量。此外，开发生态旅游经济。藏族聚居区特殊的自然环境，为旅游业发展提供了丰富的资源。藏族聚居区自然环境优美，生态质量优越，吸引了大量游客前往观光。发展生态旅游业，不但能够提高藏族聚居区的经济收入，还能够解决藏族聚居区剩余劳动力的就业问题。所以，藏族聚居区应该科学合理地开发本地的旅游资源，大力发展第三产业，建设一个绿色的生态经济区。

2.2.2.3 提高藏族聚居区人口素质，增强新型城镇化建设能力

努力提高藏族聚居区人口各方面综合素质，这是加快广大藏族聚居区新型城镇化进程的主要动力。让藏族聚居区人民接受很好地教育，提高他们的个人素质，这样他们就能够运用学到的知识去寻找更合适的工作机会，去改变自己的命运，同时，也促进了家乡的建设。和我国中东部相比，藏族聚居区的教育还相对落后，特别是人们对教育没有给予足够的重视。虽然我国对少数民族地区的学生有政策上的优惠，可是藏族聚居区能够读大学的学生还是相对比较少的。再有就是职业教育相对落后。针对这些情况，政府一方面需要加大宣传力度，让人们从思想上提高认识，另一方面还应该加大硬件设施建设以及师资力量建设，让藏族聚居区的孩子们能够接受更好的教育。鼓励藏族聚居区学生努力到高校学习文化知识，在经济上给予一定的补助与奖励，鼓励藏族聚居区大学生毕业后回到家乡，参加家乡的建设；创造条件，让藏族聚居区学生能够与经济发达地区的学生进行交流，拓展藏族聚居区学生的视野与知识面；那些未能考上大学的学生，政府应该鼓励他们接受职业教育培训，并从政策上给予优惠；鼓励藏族聚居区青年大胆地运用所学，积极创业，这样不仅可以推进地方经济发展，还能解决更多的就业问题。

2.2.2.4 改善城镇规划设计，夯实新型城镇化建设基础

结合藏族聚居区的自然环境条件与经济发展特点，著名社会学家费孝通教授认为：我国藏族聚居区的城镇化路线比较适合走小城镇路线。走小城镇化路线是藏族聚居区迈向城镇化最优选择，主要受到两个方面的影响：与沿海地区的城镇化发展存在差别、自身小城镇比重大的特点。第一，藏族聚居区与沿海地区的城市发展环境差别较大，主要表现在城镇化水平与自然人文环境特点上，从而导致了藏族聚居区资金吸引能力有限。现阶段，虽然受改革开放的影响，藏族聚居区的城镇化水平（数量、规模）得到显著提升，但是相比于沿海城市的城镇化水平仍相去甚远，甚至有城镇化水平差距逐渐增大的趋势。同时，由于藏族聚居区生活环境处于高海拔地区，自然生活条件差，且经济活动主要为自给自足的传统农牧业，相比于沿海地区自然、人文环境差异较大，经济交换与流动性较大，居民生活贫困，导致城镇化起点较低。但是，藏族地域享有国家给予的民族优惠政策。因此，与沿海发展环境不同，藏族聚居区城镇化道路不适合走沿海城市的城镇化道路，需要根据藏族聚居区发展环境的特点具体问题具体分析。此外，藏族聚居区由于自身发展原因导致资金吸引能力有限，主要表现在地区基础建筑欠发达、交通运输环境不完善、居民文化水平低、资金投入收益率低，难以吸引到高层次人才投身于藏族聚居区发展，从而对该地区的长远发展造成恶性循环。

第二，藏族聚居区在城镇化发展的过程中，自身形成了小城镇化比重较大的特点。一方面反映了藏族聚居区的城镇化发展起点较低，另一方面也反映了小城镇化的发展道路较适合藏族聚居区的城镇化发展。费孝通教授提出中心镇的发展方式推动藏族聚居区城镇化建设，中心镇是其周边乡村的经济交换中心、文化交流中心。周边乡村是中心镇发展的"乡脚"，周边乡村的发展推动中心镇的发展，进而推动藏族聚居区城镇化发展。所以，藏族聚居区小城镇化发展道路重点就是要合理地规划中心镇的发展，政府部门集结相关技术人员共同制定中心镇的长期发展规划，综合考虑多方面的因素选择中心镇的位置，以满足对周围乡村经济交换、文化交流的需求。此外，中心城镇及其周边乡村的发展进程中还应积极完善城镇发展的基础设施。藏族聚居区受地理环境的限制，基础设施的发展一直受到制约，与沿海地区相比发展相对落后，已经严重影响了藏族聚居区城镇化的发展速度。另外，在完善中心城镇基础设施建设时，也应均衡考虑周围乡村基础设施的建设，努力实现协同均衡发展，为地区中心城镇的发展营造良好的发展环境。

2.2.2.5　提高现有城镇综合优势，培育新型城镇化战略张力

若将城镇化发展看作居民由乡村迁往城镇的人口流动，那么乡村的推动力、城镇的拉动力是促进区域城镇化发展的两个必要条件。其中，人口与地域的矛盾、经济发展状况形成了乡村推力，城镇相对于农村收益高形成了城镇拉力。目前，藏族聚居区城镇发展中乡村推力较大，但城镇拉力相对不足，具体表现在藏族聚居区城镇化数量与规模上，个别城镇竟未建设一条与城镇形象适合的街道。许多地方的城镇只是作为区域内党政机关所在地而存在的，没有具有吸引力的经济体，人们无法获得生活资本，不愿意在这些城镇生存，城镇也不能得到发展。所以，城镇化建设过程中要提高城镇的吸引力。

提高现有城镇综合优势，有效培育藏族聚居区新型城镇化的战略张力。主要应从以下几方面着手：其一，要完善有关政策法规，从多个方面筹措可供城镇可持续发展的资金。例如，将暂时未用土地进行有偿使用、提出相关的政策吸引个体资金等。另外在市场的建设过程中，可以提前将投资者的资金引入，市场建成之后，投资者可以拥有同等价位的摊位使用权。其二，保障城镇基础设施建设。城镇的基础设施除了水、电等基本生活需求的供应外，还包括城镇绿化、环保、交通等有关设施。在城镇基础设施的建设过程中，从多个方面筹集资金，完善相关的管理制度，保障城镇基础设施的建设，促进城镇的全面发展。其三，要针对城镇情况，制定相关的保障措施，鼓励特色经济发展。可以结合当地情况大力推动乡镇企业发展。但是政府在推动乡镇企业发展的同时不能忽视当地的农业与工业的发展。其四，不同的民族区域采取不同的政策，鼓励藏族群众加大农牧业的发展力度，派遣有关的技术人员进行知识传授，鼓励牧民使用科学知识发展现代化农业，科学地进行畜牧喂养，推进城镇化发展。其五，在城镇化的建设过程中，要考虑到当地的环境以及民族生活习性，不能简单地喊口号，或者是死板地听从口号，盲目进行城镇建设。要因地而异，因人而异，可以在一些公路旁边或者是旅游区域建设城镇。其六，加大中央与地区的扶持力度。在推动地区城镇化发展过程中，要加大中央与省级部门对广大藏族聚居区的扶持力度，特别是在城镇基础设计建设与地区市场化推进方面。一个地区的发展是由该地区的城镇化与经济化发展程度决定的。城镇化程度越高，经济发展越好，该地的整体发展就越好。但是，地区的城镇化建设与市场经济的发展都需要资金的投入与相关政策的支持，只有这一问题解决了，广大藏族群众才能加大畜牧养殖，进行科技化农业种植。此外，在推动城镇化的发展进程中可以与各项民生政策相结合，例如扶贫移民、生态移民等。

2.3 精准扶贫路径

2.3.1 精准扶贫的时代背景及其战略意义

贫困问题是当今世界最尖锐的社会问题之一，也是阻碍发展中国家发展的重要问题之一。我国是中国共产党领导的社会主义国家，消除两极分化，改善民生，实现共同富裕是社会主义的本质规定和奋斗目标，也是中国共产党的光荣使命。从1949年开始，中国人民在中国共产党的带领下，为实现共产主义而奋斗。在这期间，中国共产党通过实施多方面扶贫政策，帮助老百姓解决贫困问题。尤其是改革开放以后，国内出台了多个扶贫政策，解决了全国近7亿人的贫困问题，人民生活水平得到了显著提高，有力地推进了国家建设小康社会的步伐。2012年11月8日，中国共产党在北京召开了第十八次全国代表大会，这次会议依然将扶贫开发纳入以后工作的重点，争取在中国共产党成立一百年时全面建成小康社会。作为党的百年奋斗目标中的重要内容，我们需要更加重视扶贫问题，加大扶贫力度，推进中国特色扶贫工作的开展。但是从当前的情况来看，国内形势依然不容乐观，扶贫工作依然任重道远。

我国面临艰巨而且繁重的脱贫任务。根据既定目标，从2015~2020年，我国需要完成7 000多万的农村贫困人口的脱贫任务，这意味着我们每年需要减少一千万以上的贫困人口。在党的十八届五中全会上，已经提出了全面建设小康社会的扶贫目标，要求以当前的标准，对农村贫困人口完成脱贫任务，要求贫困县集体摘帽，解决区域性的贫困问题。从相关任务来说，比较容易达到的是各项经济社会发展目标，而最大的短板恰恰是在贫困问题上。习总书记在"十三五"规划建议说明中，已经指出，"我们不能一边宣布全面建成了小康社会，另一边还有几千万人口的生活水平处在扶贫标准线以下，这既影响人民群众对全面建成小康社会的满意度，也影响国际社会对我国全面建成小康社会的认可度。"[1] 作为我国战略布局中有着相当重要地位的青藏高原地区，由于历史原因和自然原因，要发展经济需要解决很多的困难，在经济发展方面，基础比较薄弱，基础建设比较落后，需要克服许多制约因素。此外，在生态环境方面，青藏高原也承担

---

[1] 习近平. 关于《中共中央关于制定国民经济和社会发展第十三个五年规划的建议》的说明. 人民日报, 2015-11-04.

着很多的特殊使命，导致大规模开发并不现实。相比于其他的内部地区，青藏高原的发展速度比较慢，甚至青藏高原的各个地方、城乡之间也有着越来越大的差距，农民和牧民收入低而且没有有效的增收手段。在第六次西藏工作座谈会上，习总书记提出，要就像全国其他地方一样，当前，青藏高原地区已经进入了小康社会建设的决定性阶段。在这个阶段，更要抓紧凝聚人心、改善民生的基本点，推动地区经济发展。要推动基本公共服务建设，以精准扶贫、扎扎实实地解决引发贫困的根源性问题，改善特困人群的生活情况。可以说，精准扶贫，不仅意味着要与全国同步完成小康社会建设，也具有极为重大的政治意义。

2.3.1.1 精准扶贫是富民兴藏、凝聚人心的基础和保障

精准扶贫的重点在于精准，要下大力气寻找并且解决掉贫穷的根本所在，切实解决掉导致贫困的根源性问题，推动改善基本公共服务，为基层、为农牧民、为贫困地区提供政策和资金的倾斜，办事要充分考虑民意、民生问题，对特困人群重点关心，尽快改善他们的生活，提升扶贫方式的时效性，让贫困地区具备并产生造血能力，提高自我发展水平。

习近平总书记在中央民族工作会议上曾指出："解决好民族问题，物质方面的问题要解决好，精神方面的问题也要解决好"。"做好民族工作，最管用的是争取人心"。在第六次西藏工作座谈会上又提出把改善民生、凝聚人心作为经济社会发展的出发点和落脚点，治藏方略的"六个必须"突出改善民生和凝聚人心，其中第二至第六个"必须"都与民生有关。

在新的西藏治理方略中，有一大亮点，就是既要富民兴藏，也要凝聚人心。这意味着，要将民生和民心工程并举，不仅满足人民的物质需求，也要满足他们的精神需求。现在，四省藏族聚居区以及西藏已经处于全面建设小康社会的冲刺阶段，要改善民生，要凝聚民心，都指向了一个根本点，那就是要扎扎实实地加速全面小康的推进速度。需要认识到，由于其独特的自然条件，在全国总计十四个特殊困难地区中，西藏和四省藏族聚居区，是贫困程度最严重、贫困面也最大的地区，要实现全面小康的任务目标，那就是要切切实实地解决群众的脱困问题。要全心全力补足短板。扶贫工作与民心有着直接的关系，第三个"必须"就强调，经济社会发展的重点就要落在凝聚人心、改善民生上。

当前我们面对的问题在于西藏以及四省藏族聚居区没有从根本上改变发展滞后的问题。从客观情况来看，困难群体在民生方面具有更强烈而且也更多的诉求，所以需要给予更多的帮助。今日所提倡的凝聚人心、富民兴藏，就是要在物质和精神两方面做好工作，通俗地来说，就是一方面要肚子管饱，另一方面也要精神管好。民生关系民心，民心就是力量。如果能够让藏族聚居区的干部群众齐

心协力，就可以克服任何困难。改善民生，和凝聚人心是循环互动的，二者是辩证统一的关系，也是精神与物质之间相互作用、相互影响的关系。我们一方面要集中力量解决当前群众最关心的现实利益方面的问题，也要通过教育和引导，让群众对党和国家有更强的向心力，汇集精神和物质力量，全面全力推动小康社会建设，实现中华民族的伟大复兴。这样，西藏的发展才算是有了坚实可靠的保证和基础。所以，四省藏族聚居区以及西藏的扶贫并非是一个孤立的问题，这既关系到民生，也关系到人心。只有维护祖国统一，加强团结，才能让社会在和谐稳定中发展，实现长治久安。这不仅关系到各族人民对于祖国、对于民族、文化、党的领导的信心和认同，也是夯实共同奋斗的思想基础。因此，西藏以及四省藏族聚居区的扶贫脱贫，应当具有更加重大的意义。

2.3.1.2 精准扶贫是全面建成小康社会的必要路径

在党的十八届五中全会上，已经制定要全面建成小康社会的重要战略目标，并在此基础上提出了扶贫的目标，也就是在现行标准下，实现农村贫困人口的全面脱贫，贫困县全部摘掉帽子，改变区域性的整体贫困问题。而在中央政治局会议上，这个目标被冠以"确保"二字，这意味着，这个目标是必须要被不折不扣地完成的，在本次大会上，"确保"这个词语被再次提起，要求到2020年，确保所有的贫困人口和贫困地区都能够赶上其他地区的脚步，共同进入小康社会。从这个任务来说，经济社会目标并非难以达成，但是最大的困难在解决贫困问题上。当前，全面建设小康社会已经成为了一项紧迫的任务，是否能够达成全面建设小康社会的目标，与扶贫工作息息相关。因此，精准扶贫已经成为了国家级战略，迫切需要通过一系列的措施，取得实际的成效。

扶贫工作的进展，与能够全面建成小康社会息息相关，这不仅关系到人民切身利益，也关系到党的执政根基，关系到国家能否长治久安，更与我国的国际形象存在密不可分的关系。全面建设小康社会，脱贫攻坚是最艰难的任务，农村是最大的短板。如果贫困地区不能实现脱贫，那么小康社会的目标就不能算是已经达成。首先，贫困问题正是全面建成小康社会的短板之一，扶贫开发在小康社会建设中是必须要面对的问题。因此，贫困人口和贫困地区，就是当前我国在小康社会建设中需要弥补的短板。如果不能让贫困群众脱贫致富，那么就无法实现小康社会的目标。其次，在和谐社会建设中，扶贫开发是必然的举措。无论是理论还是实践，都已经说明，区域经济发展不平衡、失业率居高不下等，是社会稳定的头号杀手。因此，我们需要重点进行针对性的扶贫，缩小差距，让基本公共服务能够惠及每一个人，让和谐社会有更稳固的基础。最后，在科学发展中，一个重要的部分就是扶贫开发。科学发展观在内涵方面的核心就是五个统筹、以人为本，因此扶贫开发不仅是一个需要解决的重点问题，也是社会发展的重要内容。如果没有这方面的工作，就无法实现区域的协调发展，也就难以实现经济的可持续发展。

我国的扶贫目标是要在2020年实现7 000多万农村贫困人口的全面脱贫，而在西藏以及四省藏族聚居区，扶贫工作面临的形式更加严峻。于是，扶贫工作首先需要解决的问题就是，赶上全国的发展步伐，全面建成小康社会。在2014年，西藏自治区有21.7%的人口依然处于贫困状态，总人数达到69万人；而贫困人口的发生率比全国平均水平高出17个百分点，达到23.7%。在藏族聚居区，还有29.7万人处于贫困状态，其他的藏族聚居区情况与此类似。所以，西藏和四省藏族聚居区不仅要实现现有贫困人口的脱贫，还要解决掉"增贫"的问题。因此，有着艰巨而繁重的脱贫任务。脱贫工作，越是往后，成本就越高，难度就越大，尤其是藏族聚居区没有足够的内在的经济动力，导致贫困人口要创业，要增收需要面临巨大的难度。

党的十八届五中全会从实现全面建成小康社会奋斗目标出发，把"扶贫攻坚"改成"脱贫攻坚"，明确了新时期脱贫攻坚的目标，到2020年实现"两个确保"：确保农村贫困人口实现脱贫，确保贫困县全部脱贫摘帽。可以说，全面建成小康社会，实现第一个百年奋斗目标，农村贫困人口全部脱贫是一个标志性指标。今天，脱贫攻坚既面临着一些多年未解决的深层次矛盾和问题，也面临不少新情况新挑战。脱贫攻坚已经到了啃硬骨头、攻坚拔寨的冲刺阶段，所面对的都是贫中之贫、困中之困，采用常规思路和办法、按部就班推进难以完成任务，必须以更大的决心、更明确的思路、更精准的举措、超常规的力度，众志成城实现脱贫攻坚目标。坚决打赢脱贫攻坚战，确保到2020年所有贫困地区和贫困人口一起迈入全面小康社会，责任重大，时间紧迫。在理论指导与实践方法上都需要持续创新，还有许多未知的问题和困难需要我们勇敢地去面对、去研究、去探索。

2.3.1.3 精准扶贫是党和政府贫困治理工作的指导方略

要实现精准扶贫和精准脱贫，首先就要求能够对精准扶贫有着深刻的理解和把握。在2012年底，习近平总书记考察河北老区的工作的时候，就提出，在扶贫中要精确利用资源，不能做出手榴弹打跳蚤的事情。在2013年10月，在考察湖南湘西的时候，总书记首次提出要精准扶贫。而在2015年，在贵州也强调，扶贫需要"贵在精准，重在精准，成败之举在于精准"，并且提出了六个精准的要求，也就是"对象要精准、项目安排要精准、资金使用要精准、措施到位要精准、因村派人要精准、脱贫成效要精准"。越往后，精准扶贫这个概念就有了越丰富、越有可行性的内涵。习总书记指出，"抓扶贫开发，既要整体联动、有共性的要求和措施，又要突出重点、加强对特困村和特困户的帮扶。"这意味着，精准扶贫是对当前扶贫工作中所遇到的效果不佳、目标不准等问题的极佳解决途径。在实际的操作中，需要做到对贫困村和贫苦户的精准识别和精准扶持，并以精细化的动态管理，确保扶贫工作的效果。这样，就能够实现针对性的识别和区分不同的情况，对症下药，避免了资源浪费。在2015年的11月23日，中共中央政治局会议上，通过了《关于打赢脱贫攻坚战的决定》，又一次重点强调了扶贫工作的重要，并对此作出部署。再一次强调了精准扶贫的概念。并且将其却认为基本的额方略。会议提出，"充分发挥政治优势和制度优势，把坚持扶贫开发和经济社会发展相互促进，坚持精准帮扶和集中连片特殊困难地区开发紧密结合。"习总书记的精准扶贫，是在当前的新常态下，我国在扶贫工作方面的超常规创新战略，也是在今后一段时间内，党和国家、各级政府在贫困治理方面的指导思想，对我国的扶贫工作有着决定作用。

2.3.2 藏族聚居区精准扶贫战略的推进策略

2.3.2.1 重视扶贫主体培育，保证精准扶贫工作的全面性和可持续性

在扶贫工作中，一个重要战略就是提升贫困人口素质。这也是精准扶贫的题中之意。我国农村地区的贫困，一个重要原因就是农民素质相对较低、观念比较陈旧、能力相对较差。所以，要取得切实的成效，就需要解决人的素质和观念的问题。一切的扶贫活动都要以贫困者为本，以此为基准，帮助贫困人口脱贫致富。只有这样，才能实现扶贫工作的持续创新，加快扶贫事业的发展，获得切实的效果。扶贫工作的核心在于以贫困者为本，确保扶贫工作有着明确的目标、科学的方法、坚实的效果。因此，我们需要充分认识到在扶贫工作中，贫困者的主体作用，要让扶贫变成一个载体，而不是目标。要改变以往以项目为核心的做法，要以项目和资源，通过人的发展，达成扶贫效果。

2.3.2.2 转变思想，整合资源，开辟渠道，稳步推进精准扶贫精准脱贫工作

在中央扶贫开发工作会议上，习近平提出，要实现精准脱贫，重点在于提升脱贫的成效。这就要求有好的路子、好的体制、好的政策。在精准扶贫上，下苦功，见实效。习近平同志强调，要解决扶持目标的问题，弄清楚真正的贫困人口所在，弄清楚他们的贫困程度、为何贫困。这样，才能因人施策。要有明确的时间表，实现扶贫工作的有序进行。不仅要预防拖延症，也要防范急躁的问题。要

给出一定的缓冲时间,即便已经摘掉"贫困帽子",也要维持一段时间的政策。要有严格的评估方案和验收方案,要落实到人,要与群众一起算这笔脱贫账。具体来说,就是要分类对贫困家庭进行扶持,对于具有劳动能力的,支持转移就业,也支持特色产业。对水土无法养人的,要及时搬迁,生态脆弱、重要的地区,要有生态保护型的扶贫动作,没有劳动力的,也要有兜底措施。因病致贫的,要有医疗救助。对于贫困人口,要衔接到低保政策中。而在谁来扶持的问题上,就是要加速中央统筹机制的形成,要有省、自治区、直辖市总领,地市县等狠抓落实的机制。要有明确的分工和清晰的责任,要做到任务到人、考核合理。脱贫,在根本上还是需要通过自己的劳动实现,因此要发挥广大群众的创业精神,让他们开始行动,以劳动改变自己的贫困状态。

要解决好"怎么扶"的问题,按照贫困地区和贫困人口的具体情况,实施"五个一批"工程。即,发展一批生产脱贫群体,引导和支持所有健全的人靠自己的双手去创造美好的明天,立足当地资源优势,实现本地脱贫;要搬迁一批贫困人口摆脱贫困,很难实现本地就业和脱贫的要进行搬迁,有计划有组织地,按年度实施,却把能搬出、能稳住、能致富;通过生态补偿实现脱贫,加大贫困地区的生态补偿力度,加强生态保护和恢复工作,加大重点生态功能区的转移支付,以扩大政策的实施范围,为具有劳动能力的当地贫困人口能够当地就业,成为护林员这样的森林保护者;发展教育完成一批脱贫,贫困地区的教育经费要继续有针对性的倾斜,倾斜向职业教育以及基础教育,帮助贫困家庭的子女有条件上学,改善贫困地区的教育环境;加强医疗保险和医疗救助,新型农村合作医疗和大病保险政策倾斜向贫困人口。要高度重视传统革命根据地的扶贫工作。习近平指出,扶贫开发投入力度,要同打赢脱贫攻坚战的要求相匹配。譬如,中央财政一般性转移支付、各类涉及民生的专项转移支付,要进一步向贫困地区倾斜。此前发布的"十三五"规划建议亦明确,要加大中央和省级财政扶贫投入,发挥政策性金融和商业性金融的互补作用,整合各类扶贫资源,开辟扶贫开发新的资金渠道。

2.3.2.3 抓住重点难点,依托精准脱贫推进藏族聚居区全面小康社会顺利实现

精准扶贫,其根本目的还是要实现精准的脱贫,那么这个目的如何达成,就是一个核心问题。其关键在于找到合理有效的工作方法和可靠的路径。与其他的贫困地区相比,西藏以及四省藏族聚居区在经济社会的发展、扶贫脱贫方面都有自身的特点,这决定了在本地不能直接应用其他地区的经验,而是应当针对当地的特殊性、更突出的矛盾和更大的困难进行调整。

在战略措施上,集中处理好以下重点和难点问题:其一,坚持扶贫开发和维

护国家统一，加强民族团结这两个基本点进行结合。其二，坚持扶贫开发结合到凝聚人心、改善民生这个根本出发点和最终落脚点上。其三，确保"十大要件"的贯彻落实，亦即是：领导要集中经理扶贫；财政支出应该集中用于扶贫；项目布局应向扶贫倾斜；基础设施应以扶贫为主；在扶贫工作上要展现工作作风；集中力量解决难重点扶贫问题；改革要与扶贫相结合；力量要团结统一；以人为本应该体现在扶贫工作中；在扶贫上要落实工作。其四，科学制定并实施西藏及四省藏族聚居区的连片贫困地区的发展规划，对街道中央所要求的，与西藏地区情况相吻合的小康指标体系上，构建起藏族聚居区的扶贫目标任务。其五，要巩固和完善专项扶贫、产业扶贫、社会扶贫为核心的"三位一体"的扶贫模式。

在具体工作措施和路径方面，要围绕以下重点展开：1. 要紧紧围绕收入的持续提升这个核心目标。2. 要对扶贫对象、扶贫项目、扶贫资金做到精准识别和精准的使用，要确保措施精准落实到户，有专人负责，确保精准脱贫。3. 要落实三个保障：基本医疗、基本住房以及义务教育。4. 要确保目标任务、规划计划、项目资金以及责任人、监管都能落实到村。5. 要按户结对帮扶，实现每户独立计划、独立安排、独立培育、独立跟踪、独立落实。6. 要做到精准到人的一对一帮扶，一是要落实学历技能培训；二是要确保助学金和学费减免政策能够落实到位；三是要将教育措施落实到人；四是国家的福利待遇、优惠政策落实到人；五是计划生育落实到人；六是技术培训充分落实；七是岗位安排落实到人。7. 不仅是要精准扶贫，也要实现均等化的公共服务。对农牧民的生活条件进行改善，通过多个渠道，帮助农牧民实现增收。要提升群众的参与感和成就感。8. 改变扶贫方式，确立科学扶贫。9. 地区、人群重点突出。10. 要充分体现出西藏地区的特点，解决根本和关键问题，确保脱贫效果。11. 要实施和贯彻"发展生产脱贫一批、易地搬迁脱贫一批、生态补偿脱贫一批、发展教育脱贫一批、社会保障兜底一批"的指导方针，调动群众的积极性，"因户施策、因人施策，不漏一户、不落一人"。

从藏族聚居区精准扶贫的目标来看，要能体现出扶贫脱贫对于青藏高原进入小康社会的意义。1. 在六个方面实现重大突破，也就是基础设施、富民产业、易地扶贫、金融支撑、服务保障、能力提升。2. 让贫困村获得主导产业、获得合作机构、获得教学机构和卫生室、获得幼儿园以及敬老院、建设综合性的活动场所、达成金融网点覆盖、提供综合商服、提升村容村貌。3. 保证贫困户有安全的住房、饮水和基本的农田，让他们有职业技能资格，也要有基本的保障，家里有余粮，手里有余钱。4. 截至2020年，确保青藏高原实现全面脱贫，人民能够有更好的生活质量，有更好的生活环境，有更好的基础设施和公共服务，有更完善的社保体系，更有幸福感。

综上所述，广大藏族聚居区全面小康社会的实现是我国全面建成小康社会这一伟大战略的重要组成部分，由于特殊的自然条件、社会情况和文化习俗，藏族聚居区的全面小康社会既有一般性含义，更有其特殊含义，不仅涉及经济、政治、文化、社会、生态等诸多方面的建设和完善，而且需要选择符合广大藏族聚居区特色的科学实现路径，综合协调发展路径、新型城镇化建设路径、精准扶贫路径三者之间从宏观到中观，再从中观到微观的相互补充，相互促进，是藏族聚居区全面建成小康社会的必然选择，必须坚持这三大路径推动我国广大藏族聚居区民主政治的稳步前进、区域经济持续发展、文化不断繁荣、生态环境日益改善、社会更加和谐，最终实现藏族聚居区全面小康社会的伟大战略目标。

第 3 章

藏族聚居区民主政治建设工作分析

3.1 藏族聚居区民主政治建设的现状及成就

自 2010 年我国 GDP 总量首次超过日本成为世界第二大经济体以来，综合国力大幅提升，人民生活水平明显改善，国际地位和国际影响力显著提高，社会主义经济建设、政治建设、文化建设、社会建设以及生态文明建设和党的建设都取得重大历史性进展，国家面貌发生了新的重大变化，充分显示了中国特色社会主义事业的蓬勃生机和制度优越性，这些巨大的成就给包括我国藏族聚居区在内的全国各族人民带来积极面深远的影响，为进一步推动民主政治建设，维护政治稳定的大局奠定了坚实的基础。我国藏族聚居区在维护政治稳定的实践中不断加大力度、增进深度、注重科学度，在民主政治建设各方面取得了可喜的成就。

3.1.1 藏族聚居区人民代表大会制度的建设及民主政治的完善

作为我国社会主义民主政治制度重要组成部分的人民代表大会制度，对于我国藏族聚居区社会秩序的稳定，人民民主政权的巩固，藏族和藏族聚居区各族人民民主权利的行使，国家和社会事务的管理，改革发展和促进藏族聚居区政治文明的建设，均发挥和继续发挥着极其重要的作用。

例如，从 1965 年 9 月 1 日西藏自治区第一届人民代表大会第一次会议召开，1979 年设立西藏自治区人大常委会，西藏自治区的人民代表大会制度和民主政治建设进入新的发展时期，经过多年建设和发展，西藏自治区人大及其常委会紧紧围绕中心、服务大局，依法行使职权，共制定地方性法规和具有法规性质的决议、决定，内容涉及经济、政治、文化、社会各个方面，为西藏人民民主权利的实现和地方各项事业的发展提供了法律保障。先后对 131 部法律法规实施情况组织开展执法检查，听取和审议"一府两院"工作报告和专题汇报 380 多次，受理人民群众来信来访和申诉、控告9 081件次,向各级政府和有关部门提出改进执法工作的意见、建议280多条,为推进西藏跨越式发展和长治久安发挥了重要作用。西藏全区各级党政组织积极保障各族人民群众有序政治参与,大力支持人民群众当家做主,西藏各族人民参与民主政治建设的热情持续高涨。据统计,进入21世纪,自治区、市、县、乡四级人大换届选举中,全区参加各届县、乡直接选举的选民参选率均超过总数的90%,有些地方选民参选率达到100%。

又如,四川藏族聚居区的二州一县,均制定和修正制定有自治州或自治县《自治条例》,这些自治条例作为地区性或地方性法规,其法律效力是不言自明的。甘孜藏族自治州2006年修正的《自治条例》第四条规定:"自治机关应当保障州内各民族的合法权益,巩固和发展平等、团结、互助、和谐的社会主义民族关系。禁止对任何民族的歧视,禁止破坏民族团结和制造民族分裂的行为。"这种条例条文即明确地起着维护本州(县)各民族平等团结、互助和谐,禁止破坏民族团结和制造民族分裂的法律效力,否则即为违法,实践中对于严厉打击各种破坏民族团结、破坏稳定和谐、制造民族分裂等行为,提供了法律的依据。阿坝藏族羌族自治州2011年初在十届人大六次会议的政府报告中说:"民主法制建设深入推进。主动接受人大、政协和社会公众监督,办理省人大代表建议7件、省政协委员提案1件、州人大代表建议67件、州政协委员提案70件……政府立法工作取得新进展,向州人大常委会提交民族自治法规草案1件……推进村务公开,积极创建村民自治模范,基层民主法制建设进一步加强。工商联和各人民团体的作用得到充分发挥。"① 由此体现出该州人民当家做主的民主政治实践建设正在积极推进。并且从党委、人大、政府、政协的基本理念、指导思想和工作思路来看,无不把体察民情、反映民意、集中民智、珍惜民力、维护民利、保障民生作为根本,把加快发展、扩大开放、和谐稳定作为藏族聚居区工作的"一条主线",把发展稳定为了人民、依靠人民、发展稳定成果人民共享作为全州和全四川藏族聚居区的重要共识,全州和四川全藏族聚居区上下思想同心、目标同向、行动同步,真正让藏族聚居区人民做主,努力实现四川藏族聚居区的稳定和谐,经济社会又好又快地发展。

3.1.2 藏族聚居区共产党领导的多党合作与政治协商制度实施现状

中国共产党领导的多党合作和政治协商制度,是我国近现代政治文明转型的

---

① 阿坝州十届人大六次会议政府工作报告 [R]. www.abazhou.gov.cn, 2011 – 01 – 06.

历史选择，是中国共产党和中国人民政治智慧的结晶，是世界政党和政党制度史上的伟大创造，为中华民族的伟大复兴增添了强劲动力，为中国特色社会主义民主政治拓宽了大道。

西藏和平解放六十年来，西藏各级政协切实汇聚藏族聚居区各方面积极力量，始终在服务全国和全区大局、维护藏族聚居区政治和社会稳定，及经济政治文化和社会发展发挥着重要的作用，创造了中国共产党领导的多党合作和政治协商制度在雪域高原上的成功实践。表现在：在西藏平息叛乱和民主改革中，西藏人民政治协商会议及政协委员，特别是上层爱国人士做出了重大的历史性贡献；在西藏自治区尚未正式成立时，政协委员以鲜明的政治态度和坚定的行动，推动了民主改革顺利进行，推动西藏社会制度实现了历史性跨越；西藏各级政协组织和广大政协委员为西藏的持续稳定，在历次反对分裂重大政治斗争中，始终把反对分裂、维护稳定作为履行职能的第一政治责任，主动为党委政府分忧，和达赖集团及支持他们的西方敌对势力的分裂破坏活动作针锋相对的斗争。2008年拉萨"3·14"打砸抢烧严重暴力犯罪事件发生后，西藏自治区政协即发表《告全体政协委员的公开信》，形成《政协西藏自治区委员会关于全面贯彻落实全区党员领导干部大会精神，全力维护社会稳定的决议》，组织70多名有影响的政协委员深入揭批达赖集团的反动本质和罪恶行径，对维护社会稳定发挥了不可替代的重要作用；在西藏跨越式发展中，人民政协围绕各个时期的重大课题和涉及全局和关系民生的难点、焦点问题献计献策，履职尽责，秉承"决不能让西藏从祖国分裂出去，也决不能让西藏长期处于落后状态"的理念，以强烈的历史责任感和使命感，协助党委政府解决好经济社会发展中出现的矛盾和问题，为促进西藏的发展进步作出了应有的贡献。诸如始终把"三农"工作作为参政议政的重点，围绕社会主义新农村建设咨询论证和献计出力，始终把改善民生问题摆在履职的突出位置，特别是自治区政协联合全国政协经济委员会和人口资源环境委员会就西藏生态建设连续进行调研，为国务院和区党委政府决策提供了有价值的建议，为国家出台《西藏生态屏障保护与建设规划》和建立西藏草原生态补偿机制做出努力，为推动西藏生态建设做出了贡献。

四川藏族聚居区的甘孜、阿坝两州政协在推进四川藏族聚居区社会主义民主政治建设中发挥的重要作用，具体表现在：第一，政治协商重点突出四川藏族聚居区特色。阿坝藏族羌族自治州政协紧紧围绕州委工作思路，在发展红色旅游、挖掘利用藏羌民俗文化、引导宗教与社会主义社会相适应、整治大九寨旅游环境、建设最优水电工业经济区、最大牦牛产品加工区及农牧民增产增收、农村新型合作医疗、乡村公路建设等方面，加强调查研究，积极建言献策，发挥政治协商作用，并针对人民群众关注的热点、难点问题，专题研究整治污染、加强生态环境保护、退耕还林工程实施情况、劳动力就业和再就业等相关问题，为该州的政治稳定、经济社会发展与和谐社会建设做出了突出的贡献。第二，民主监督不断地加大力度。在我国新修订的政协章程和《中共中央关于加强人民政协工作的意见》发布后，阿坝州政协常委会联系实际，积极探索创新和完善政协民主监督的方式和方法。发挥无党派人士在民主监督方面的作用，在全州开展保持共产党员先进性教育活动期间，派出党外副主席带队的工作组，深入各县开展调查研究，了解基层实际情况，就改进先进性教育活动的工作方式、重视乡村公路建设等问题提出建议，得到了州委的采纳；由主席会议牵头，组织省、州政协委员视察通县油路工程进展情况、阿坝州红原等5县依法加强对宗教事务管理的情况、金小路（金川段）建设情况等，及时向阿坝州委、州政府反映事关全局必须解决的关键问题；还参与省政协视察该州社会主义新农村建设、民族地区通信发展工作等活动，使该州乡村通信难的问题得到较好解决。第三，政协参政议政领域逐渐加以拓展。阿坝州政协常委会根据协商议政工作需要，充分发挥专门委员会的基础作用，整合州、县政协资源，围绕经济社会发展中全局性、综合性问题及群众关注的社会问题，组织开展调查研究，就人口与计划生育工作、社会主义新农村建设、社会治安综合治理、扶贫开发、工会法及妇女儿童发展纲要实施情况、事业单位改革后专业技术人员现状、农村科技推广普及、广播电视"村村通"工程建设、文化产业建设、"监所"管理、改善民营经济环境、药品流通、边茶生产、马尔康集贸市场现状等问题进行了专题调研，分别形成调研报告，提出具体的建设性建议，为有关部门科学决策提供了参考依据。

四川藏族聚居区甘孜、阿坝两州政协始终牢牢把握团结和民主两大主题，坚持围绕中心、服务大局，充分发挥自身优势，认真履行政治协商、民主监督、参政议政职能，加快推进民主政治建设，为四川藏族聚居区的政治稳定和谐所发挥的重要作用，一是不断巩固和扩大爱国统一战线。如四川藏族聚居区的阿坝州政协注意调整界别设置和委员构成，及时把新的社会阶层和群体的代表人物吸纳到政治组织中，扩大政协的团结面和联系，加强与社会团体、民族宗教界人士、党外人士、知识分子、民营经济代表人士的交往和联系，重视发挥无党派人士在政协中的作用，增强统一战线内部不同信仰、不同界别群众之间的团结合作，积极协助党委、政府做好协调关系、争取人心、凝聚力量、维护稳定的工作，组织工作组就创建平安阿坝、依法管理宗教事务、各县存在的影响稳定的问题进行调研，反映基层实情，为保持社会的和谐稳定做出了重要贡献。二是积极创新政治协商形式。三是坚持拓展民主监督渠道。四是注重提高参政议政实效。人民政协作为基本政治制度、作为民主制度的平台和载体，具有统一战线性质，有利于参加政协的各党派、各团体、各界别广泛参与政治，参与四川藏族聚居区的政治稳定和谐、经济社会发展与和谐社会建设。

3.1.3 藏族聚居区民族区域自治制度的实践发展及法制建设

我国青海省是除西藏自治区外少数民族人口比例最高的省份，全国 10 个藏族自治州中有 6 个（其中 1 个为蒙古族藏族自治州）在青海，有 120 多万左右的藏族人口，少数民族占青海全省人口总数的 46.23%，民族区域自治面积达到青海全省的 98% 以上。实行民族区域自治制度以来，青海少数民族享有平等参与管理国家事务的权利和自主管理本地区和本民族事务的权利，近 10 年来，青海省人大制定和批准的有关民族宗教的地方性法规、自治条例以及补充规定达数百件。这些法规的制定和实施，保障了党和国家民族宗教政策的贯彻落实，保证了藏民族和其他少数民族享有充分的宗教信仰自由，传统风俗习惯得到尊重和保护。国家尊重和保障青海各族人民包括藏族人民按照自己传统的风俗习惯生活和进行社会活动的权利，尊重和保障他们按照自己的意愿进行正常的宗教信奉、祭祀活动和参加重大的宗教和民间节日活动的自由。青海藏族自治地方主要分布于青藏高原腹地，生态地位极其重要，加强生态立法是近年来青海民族区域地方立法的一个侧重点。青海省人大常委会先后制定和批准了《青海省湟水河流域水污染防治条例》《青海省海西蒙古族藏族自治州卤虫资源管理条例》和《青海湖流域生态保护条例》等一系列保护和促进藏族聚居区生态保护的地方立法。为了促进这些生态立法的执行，青海省人大常委会自 1996 年以来连续开展了五次大规模的"江河源环保世纪行活动"，充分发挥人大的执法监督检查和新闻媒体的舆论监督作用，提高了青海藏族自治地方群众的生态保护意识和政府的依法行政水平。保护藏族优秀文化遗产，促进文化市场繁荣，也是近年来青海地方立法成效显著的一个方面，《青海省发展中医藏医蒙医条例》《青海省发展中药藏药蒙药条例》和《果洛藏族自治州文化市场管理条例》等法律法规，已经成为青海藏族医药事业发展、规范和繁荣文化市场的法制保障。这些法规的制定和实施，保证了民族区域自治制度在青海民族地区的付诸实施，对于实现青海藏族聚居区的政治稳定和谐发挥了重要作用。

自 2001 年全国人大常委会公布《民族区域自治法》修正案以后，四川藏族聚居区的甘孜、阿坝两州和凉山木里藏族自治县相继制定修订了《甘孜藏族自治州自治条例》《阿坝藏族羌族自治州自治条例》和《木里藏族自治县自治条例》。胡锦涛同志《在庆祝中国共产党成立 90 周年大会上的讲话》中说："人民代表大会制度这一根本政治制度，中国共产党领导的多党合作和政治协商制度、民族区域自治制度以及基层群众自治制度等构成的基本政治制度，中国特色社会主义法律体系……符合我国国情，顺应时代潮流，有利于保持党和国家活力、调动广大人民群众和社会各方面的积极性、主动性、创造性，有利于解放和发展社会生产力、推动经济社会全面发展，有利于维护和促进社会公平正义、实现全体人民共同富裕，有利于集中力量办大事、有效应对前进道路上的各种风险挑战，有利于维护民族团结、社会稳定、国家统一。"①四川藏族聚居区民族区域自治制度的实施和完善发展，对于有效保障包括藏族在内的四川藏族聚居区各民族人民的民主权利和管理本地区民族内部事务的权利，有效应对四川藏族聚居区发展道路上的各种风险挑战，维护民族团结、社会稳定、国家统一，发挥了根本性的作用。

四川藏族聚居区着眼于政治稳定、长治久安、社会和谐，基本思路采取的是法制和法治并举，民族法制建设和民族区域依法自治紧密结合。在四川藏族聚居区的法制建设中，目前已形成了从《宪法》《民族区域自治法》《自治州自治县自治条例》到一系列针对四川藏族聚居区具体的法规、规章等法律法规体系；在四川藏族聚居区依法自治的法治实践中，突出体现出的是：着力依法治州，以坚决的态度、得力的措施反对民族分裂，积极努力地营造良好政治环境；旗帜鲜明地反对达赖集团的分裂破坏活动，坚定不移地维护祖国统一和民族团结；妥善处置涉稳事件，积极化解各种社会矛盾，确保政治稳定；坚定坚决地打黑除恶，营造良好法治环境，打掉非法垄断、敲诈勒索、赌博放水等违法犯罪团伙，抓获违法犯罪人员，同时深挖幕后"警匪一家""官商勾结"现象，将极少数与犯罪分子沆瀣一气的机关公职人员绳之以法；铲除横行乡里、作恶多端的黑恶势力；坚持依法行政，营造良好政务环境，政府主动接受人大、政协和社会监督，出台《依法行政实施意见》，坚持依法行政，从严治政；坚持标本兼治，营造良好城乡环境，等等。不仅如此，四川藏族聚居区还努力强化社会管理，维护和谐稳定。坚持做到有国家，就要开展爱国主义教育；民族兴，就要开展民族团结教育；引导藏族聚居区各族干部群众牢固树立"三个离不开"思想，倍加珍惜各民族共同团结奋斗、共同繁荣发展的大好局面。在反对民族分裂、维护祖国统一方面，坚持针锋相对、露头即打方针，决不让分裂势力形成气候；积极引导宗教与社会主义社会相适应；打击黑恶犯罪逐步深入，凡横不讲理、违法乱纪、阻挠发展的，坚决依法打击；凡伤天害理、心狠手毒、残害群众的，坚决依法铲除；凡官商勾结、警匪一家、谋取私利的，坚决依法严惩。在藏族聚居区治理、保持稳定、巩固和谐上，敢于亮剑，善于出击，勇于除恶，除恶务尽，什么犯罪突出就打击什么犯罪，什么问题突出就整治什么问题，如在打黑除恶上，力求做到不

---

① 胡锦涛．在庆祝中国共产党成立90周年大会上的讲话［N］．光明日报，2011-07-02（2）.

仅"拔出萝卜",而且"洗净泥巴",深挖幕后操纵的组织者、策划者,严打党政机关、政法队伍中的"保护伞";始终保持藏族聚居区是人民的天下;始终保持藏族聚居区人民的正义在胸,政权在握,正气长存,政法常贯。如在四川藏族聚居区面对歪风邪气和违法乱纪,坚决做到决不当"睁只眼闭只眼"的"木匠",也不当"和稀泥"的"泥匠",而是毫不含糊地当"硬碰硬"的"铁匠";并且认真做好法制宣传教育,以全面完成"五五普法"为契机,切实推进依法行政工作;深入推进大调解体系建设,认真排查和化解各类矛盾纠纷,特别是加强经济领域矛盾纠纷的排查调处;进一步加强群众工作,积极预防和妥善处置群体性事件;充实基层政法力量,加强基层政权建设,如此等等。四川藏族聚居区积极实施的法制和法治,有力保障了藏族聚居区包括藏族在内的各族群众统一在党的领导下,依照宪法和各项法律法规,通过各种途径、形式、措施和办法管理藏族聚居区的经济、政治、文化、社会各方面,保证国家机关依法行政,积极实现藏族聚居区的社会主义民主制度化、法制化。

实践证明,我国实行的民族区域自治制度,从政治理念到一套制度到组织结构和行为准则,都鲜明体现了社会主义政治文明的优越性。

3.1.4 藏族聚居区少数民族干部队伍不断壮大

邓小平同志指出:"正确的政治路线要靠正确的组织路线来保证,中国的事情能不能办好,社会主义改革开放能不能坚持,经济能不能快一点发展起来,国家能不能长治久安,从一定意义上讲,关键在人。"[①]"干部问题具有极端重要性,少数民族地区工作能不能搞好,关键是干部问题。"[②]"在少数民族地区,党必须用最大的努力培养本民族的干部。"[③] 同样,在我国藏族聚居区干部问题仍然是关键,并且以藏族为主体的民族干部对于做好藏族聚居区工作,包括藏族聚居区政治稳定和谐、长治久安工作,发挥着越来越重要的作用,他们在维护祖国统一、反对民族分裂、增进民族团结、藏族聚居区发展稳定等各方面,在藏族聚居区经济社会的各行业各领域,越来越成为藏族聚居区干部队伍中的主体和骨干力量。特别是在实现藏族聚居区社会政治稳定和谐、长治久安的实践中,更是发挥着不可替代的重要作用。

西藏自治区成立 50 年来,在党和国家的亲切关怀下,西藏干部队伍建设取

---

① 邓小平文选(第3卷)[M]. 北京:人民出版社,1985.
② 邓小平思想年谱(1975—1997)[M]. 北京:中央文献出版社,1998.
③ 邓小平文选(第1卷)[J]. 北京:人民出版社,1994.

得了可喜的成绩，总体呈现出更合理、更广泛、更专业的特点。1965 年，西藏自治区成立。当时，西藏的藏族和其他少数民族干部仅 7608 人，占当时全区干部总数的 33.4%。截至 2014 年底，西藏的藏族和其他少数民族干部人数已达 10 万余人，占全区干部队伍总量的 70% 以上①。随着自治区的成立，西藏把培养选拔女性后备干部，纳入后备干部队伍建设的总体规划，规定保证地（市）和县级后备干部队伍中女干部比例不少于 15% 和 20%，西藏自治区女性公务员已占公务员总数的 33.8%，西藏自治区十届人大女代表、政协女委员分别占 23.2%、21.2%。另外，截至 2014 年底，有 12 名宗教界人士当选为自治区十届人大代表，115 名宗教界人士当选为十届自治区政协委员。此外，为进一步加强佛协西藏分会力量，十届佛协正副会长由原来的 14 名增加到 21 名，常务理事由原来的 69 名增加到 83 名，理事由原来的 224 名增加到 303 名。西藏深入实施少数民族专业技术人才特殊培养工程，多层次、多形式培训党政、专业技术、企业经营管理等人才 6 万余人次，2014 年底，西藏全区专业技术人才已达 6.64 万人，其中少数民族专业人才占 74% 以上，初步形成了一支数量充足、结构合理、素质较高的专业技术人才队伍②。

云南省迪庆藏族自治州坚持把党的路线方针政策与迪庆地处边疆、民族众多、发展不均衡的实际相结合，把民族工作作为考核党政领导干部执政能力的重要内容，把着重培养和大胆使用少数民族干部作为维护藏族聚居区和谐稳定的主要手段，大力加强藏族聚居区领导班子和干部队伍建设。把少数民族干部的培养、选拔、使用作为实现少数民族当家做主，做好民族团结工作，解决民族问题的重要工作来抓，出台了千人以上的少数民族就要有一名以上处级领导干部的政策。截至 2015 年底，全州现有公务员队伍中少数民族占总数的 85.34%；厅级干部中少数民族干部占总数的 82.5%；县处级干部中少数民族干部占总数的 85.35%；实现少数民族干部占全州总量比例与人口比例大体相当③。

我国藏族聚居区藏族和其他少数民族干部数量上的增长变化，足以表明以藏族为主体，包括汉族和其他少数民族干部在内的干部队伍，真正地肩负着藏族聚居区发展稳定的领军和主导任务，在实现藏族聚居区跨越式发展和长治久安、经济社会进步和政治稳定和谐的重要使命中，发挥和继续更好更大地发挥着主心骨和生力军的作用。

---

① 新华网 http：//news.xinhuanet.com，2015 - 09 - 10，新华社。
② 人民政协网 http：//www.rmzxb.com.cn，2015 - 09 - 10，新华社。
③ 中国民族宗教网 http：//www.mzb.com.cn，2016 - 11 - 11，迪庆州民宗委。

3.2 藏族聚居区民主政治建设的基本经验

3.2.1 坚持以科学发展观指导藏族聚居区民主政治建设

科学发展观是中国特色社会主义理论体系的重要内容和马克思主义中国化的最新理论成果，是指导发展的科学世界观和方法论。科学发展观所提出的以人为本，全面、协调、可持续的发展理念，重要内容之一就是为了统筹兼顾，协调好改革、发展、稳定的各种关系。我国藏族聚居区作为民族地区，科学发展观对于推进又好又快发展，促进发展与稳定的良性互动，打造政治稳定社会和谐并实现长治久安的一方乐土，更具有现实针对性和科学指导性。

树立和贯彻落实科学发展观，坚持以人为本，对于藏族聚居区的政治稳定社会和谐，具有非常重要和极其特殊的意义。"以人为本"是科学发展观的本质规定，构建社会主义和谐社会的内在要求。维护藏族聚居区政治稳定，保持藏族聚居区社会和谐，实现藏族聚居区长治久安，既是为了藏族聚居区各民族群众的切身利益和持久发展，又要紧紧依靠藏族聚居区各民族群众的努力支持和积极作为。离开科学发展观所坚持的以人为本的价值取向，维护和保持藏族聚居区的政治稳定和谐就失去了目标、方向和力量源泉。唯有始终牢记"以人为本"理念，把藏族聚居区各民族群众的安危冷暖时常挂牵于心，始终把藏族聚居区各民族人民利益放在首位，始终把实现好、维护好、发展好藏族聚居区各民族人民根本利益作为一切工作的出发点、落脚点，权为民用、情为民系、利为民谋，藏族聚居区的各项工作才能获得最广泛、最可靠、最牢固的群众基础和力量源泉；唯有"高度重视并切实做好新形势下群众工作，坚持问政于民、问需于民、问计于民，真诚倾听群众呼声，真实反映群众愿望，真情关心群众疾苦，依法保障人民群众经济、政治、文化、社会等各项权益"①，才能形成巨大的向心力，凝聚力，社会合力，才能实现各民族的紧密团结，才有藏族聚居区的社会政治稳定与和谐发展。在维护和保持政治稳定、促进社会和谐的实践中，我国藏族聚居区各级党委政府始终把为全区各民族人民谋利益作为神圣使命，把民生问题摆在更加突出地位，紧紧抓住加快发展、改善民生、和谐稳定的藏族聚居区实际，一丝不苟、毫不松懈地落实解决藏族聚居区各族人民群众最关心、最直接、最现实的利益问

---

① 胡锦涛. 在庆祝中国共产党成立90周年大会上的讲话 [N]. 光明日报, 2011 - 07 - 02 (2).

题，在持续确保藏族聚居区经济社会跨越发展，确保社会局面长治久安，确保藏族聚居区各民族人民物质文化生活水平不断提高，确保生态环境不断改善的情况下，深深赢得了藏族聚居区各民族人民的拥护、称赞、价值认同和团结凝聚，显示了科学发展观"以人为本"深刻的思想指导作用。

树立和贯彻落实科学发展观，坚持全面、协调、可持续发展，始终做到统筹兼顾，对于我国藏族聚居区的政治稳定社会和谐具有更加突出和不同寻常的意义。藏族聚居区是以藏族群众为主体民族，同时包括其他不同的各民族，是主要彰显藏民族特色的多民族大家庭。就是说全面协调可持续的科学发展，在藏族聚居区实际上具有更为丰富的内容。从藏族聚居区发展的生动实践看，经济实力增长、综合实力提升、社会全面进步和人的全面发展，是藏族聚居区维护社会公平，激发社会活力，化解社会矛盾，保障社会稳定，发展社会事业，加强社会建设，实现社会和谐的前提基础和综合条件；坚持全面协调可持续发展，既是维护政治稳定促进社会和谐的必然要求，又是包括经济、政治、文化、社会、生态、科技等互相联系、互相制约、互相依存的系统整体。坚持全面发展，才能从经济、政治、文化、生态等各个方面为藏族聚居区的社会政治稳定和谐提供较好的物质基础、政治保障、精神支撑、社会支持和环境空间；坚持协调发展，才能有效减少和化解社会矛盾，为藏族聚居区的社会政治稳定与构建和谐社会提供良好环境。因为在当今新的形势之下，如何维护稳定有许多新的课题需要解决：我们代表最广大人民的利益，在藏族聚居区代表藏族聚居区各民族人民的利益，不等于人民内部就无任何问题和矛盾要发生了，没有任何利益要协调了，没有任何关系要处理了。相反，改革开放之后，我国社会发生很多新的变化，人们的利益关系更加错综复杂，不同人群之间会出现一些新的摩擦和问题，在藏族聚居区表现得则更加特殊或敏感。只有千方百计把藏族聚居区各方面的利益协调好，政治的，经济的，文化的，社会的，民族的，等等，社会才会更加稳定。坚持可持续发展，才能使藏族聚居区社会政治稳定和谐始终保持长治久安的常态化状态。四川藏族聚居区在积极维护社会政治稳定和谐的实践中，阿坝藏族羌族自治州党委政府坚持做好城乡、区域、生态、分配、就业、代际、民族、信仰、干群9个方面的统筹工作，其中以城乡统筹、区域统筹、生态统筹为基础，分配统筹、就业统筹、代际统筹为重点，民族统筹、信仰统筹为关键，干群统筹作保证，要求各级各部门切实履职尽责，按照这样9个方面的统筹工作，确保该自治州的经济发展、政治稳定、社会和谐、生态良好。① 以这样扎实的工作实践真正地践行了科

---

① 杨继瑞. 民族地区建设和谐社会的理论与实践——以阿坝藏族羌族自治州为例 [M]. 成都：四川大学出版社，2008.

学发展观。

3.2.2 以长治久安为基本原则

近年来，我国藏族聚居区的各级党委、政府始终把维护稳定作为第一责任，各藏族聚居区把维护本藏族聚居区的稳定置于全国藏族聚居区的稳定和谐、置于我国全社会和谐社会构建的大背景、高目标中来部署，认真落实工作责任，建立和完善民情反馈、预警调解、应急处置和责任追究机制，深入开展反分裂、反恐怖、反邪教、反复旧、反盗抢斗争，坚持从民族团结着眼，从寺庙管理着手，维护政治稳定；从群众利益着眼，从具体事件着手，维护社会稳定；从和睦相处着眼，从打击盗抢着手，维护边界稳定；从安居乐业着眼，从减少犯罪着手，维护治安稳定。始终把反分裂摆在维护稳定工作的首位，加强情报信息工作，完善后达赖时期对敌工作预案，增强防范和处置恐怖事件的能力，严密防范和严厉打击境内外民族分裂势力、暴力恐怖势力、宗教极端势力、封建复旧势力和"法轮功"等邪教组织的渗透颠覆、分裂破坏和复辟活动。深入开展寺庙爱国主义教育，全面贯彻党的宗教信仰自由政策，积极引导宗教与社会主义社会相适应，为构建社会主义和谐社会做贡献。坚持打防结合、预防为主、专群结合、依靠群众的方针，完善社会治安防控体系，深入开展平安创建活动。全面落实社会治安综合治理各项措施，依法严厉打击严重刑事犯罪活动，着力整治突出治安问题和治安混乱地区，坚决查禁黄赌毒等社会丑恶现象。以旅游区、城镇、工程建设区为重点，深入开展打击"两抢一盗"、打恶除黑、扫黄打非专项斗争。大力弘扬睦邻友好的传统美德，增强边界地区干部群众的遵纪守法意识、友好协作意识和加快发展意识，巩固和发展边际联防，创建互帮互助、互惠互利、安宁祥和的良好边际环境[①]。这是我国藏族聚居区对于政治稳定和谐深广内涵全面深刻地实践诠释。

2015年8月中共中央召开的第六次西藏工作座谈会，全面回顾了新中国成立以来特别是中央第五次西藏工作座谈会以来的西藏工作，明确了当前和今后一个时期西藏工作的指导思想、目标要求、重大举措，对进一步推进西藏经济社会发展和长治久安工作做了战略部署，会议还对四川、云南、甘肃、青海省藏族聚居区的发展稳定工作做出全面部署。习近平总书记指出，西藏工作的着眼点和着力点必须放到维护祖国统一、加强民族团结上来，把实现社会局势的持续稳定、长

---

① 杨继瑞. 民族地区建设和谐社会的理论与实践——以阿坝藏族羌族自治州为例［M］. 成都：四川大学出版社，2008.

期稳定、全面稳定作为硬任务，各方面工作统筹谋划、综合发力，牢牢掌握反分裂斗争主动权。

由保持藏族聚居区的总体稳定到实现藏族聚居区的长治久安，指导思想上是一个重大转变，政治实践上是一个升级跨越。从藏族聚居区政治发展的实际看，总体稳定没有排除和否认藏族聚居区在某一时点某一地区或城市出现和发生不稳定的情况，有的事件产生了非常严重恶劣的影响，如拉萨"3·14"事件，虽然事态及时加以平息，但这一事件的消极影响却不是一时即能完全消除的。保持藏族聚居区的长治久安是在思想意识上和工作实践中始终以保持稳定为信号、为要求，在任何时间、环节和方面不允许有不稳定的情况发生，一旦出现不稳定的苗头或萌芽，随即处置，确保大局安定。中央第五次西藏工作座谈会后，四川省委省政府确立了四川藏族聚居区加快发展、扩大开放、和谐稳定的工作主线，坚持不懈地加强基层政权组织建设，加强学校教育，加强农村医疗卫生事业，即"一条主线，三个加强"的总体工作思路，以经济建设为中心，以民族团结为保障，以改善民生为出发点和落脚点，紧紧抓住发展、稳定、民生三件大事，确保藏族聚居区经济社会跨越式发展，确保藏族聚居区长治久安，确保藏族聚居区各族人民物质文化生活水平不断提高，确保藏族聚居区生态环境良好，努力建设团结、民主、富裕、文明、和谐的社会主义新藏族聚居区。一年多来的实践证明，这一决策部署的效果是好的。

坚持常态维稳是确保藏族聚居区长治久安的基本战略和策略。常态维稳就是始终把藏族聚居区的改革、发展、稳定扭在一起，以稳定为基础、为前提、为保障，在各个时间、各个环节、各个方面，多方位全覆盖齐动员地保持稳定，把稳定和谐作为藏族聚居区基本的社会常态，长久持续永不松懈地加以维护。为此，四川藏族聚居区的各级各类组织、干部群众在维稳实践中创造了不少新颖鲜活的经验。

例如，四川藏族聚居区的阿坝藏族羌族自治州，近年来在抓好稳控工作的同时，针对深层次问题，着眼长远，综合施策，标本兼治，全力推动反分裂维稳工作由应急处置向常态管理、由积极应对向主动作为、由总体稳定向长治久安转变，着力探索出了一条有效推进藏族聚居区稳定发展的新路来：一是深入开展反分裂维稳斗争，把维护藏族聚居区稳定作为维护全州稳定的重中之重，始终保持高度警惕，下好先手棋、打好主动仗，加强维稳常态力量建设，基本形成州、县、乡、村四级联动的常态维稳力量体系；大力强化情报信息工作，构建专业和专群情报网络，充分依靠和发动群众获取有价值的信息；在该州的阿坝等县试点实施"1+7"工作方案，深入开展加快发展、改善民生和维护稳定工作，不断夯实维护稳定的物质基础、思想基础、组织基础和群众基础。二是力促宗教健康有序发展,加快藏传佛教寺庙管理长效机制建设,注重建章立制,强化依法规范管理,推进民主管理,寺庙管理体制逐步理顺、管理关系逐步规范、管理手段更加有力、管理权威得到加强。同时加快建立党委领导下的藏传佛教管理工作机制,认真落实宗教事务属地管理原则,深化代表人士联系制度,初步构建起齐抓共管的工作格局。推进依法管理,颁布实施了《阿坝州宗教事务条例》,严格按照《条例》及《阿坝州藏传佛教事务管理暂行办法》管理宗教事务。深入开展"爱国爱教、持戒守法、助民为乐"主题活动和"与党同心、与社会主义同向,感恩报国"教育活动,引导僧尼学法、知法、守法,广大僧尼的祖国意识、公民意识和法制意识进一步增强。加强寺庙民主管理,注重发挥寺管会作用,选好、配齐、配强寺管会班子成员,从寺管会班子建设、内部规章制度建设、教规戒律教育入手,推动寺庙建立与社会发展相适应的民主管理机制。三是确保社会大局和谐稳定,做到"哪里有纠纷,哪里就有调解组织;哪里有矛盾,哪里就有调解工作。"狠抓矛盾纠纷排查化解,运用法律切实解决好"涉校""涉房""涉灾"等问题,确保社会稳定。加强社会治安综合治理,完善社会治安防控体系,深入开展"平安阿坝"创建活动,大力开展打黑除恶、校园及周边治安整治等专项斗争和严打整治行动,确保治安稳定。进一步加强边际联防,积极开展边界、草山、药山等矛盾纠纷的排查调处,稳妥处置边界地区不稳定事件,确保边界稳定。同时该州还积极探索社会管理工作体系建设,提高社会建设和管理水平。扎实推进社会矛盾化解、社会管理创新、公正廉洁执法三项重点工作。高度重视和正确处理新形势下人民内部矛盾。切实加强信访和群众工作,加快构建人民调解、行政调解、司法调解衔接配合,整体联动的"大调解"工作体系,开展集中清理信访积案和集中清理执行积案活动,实现了非正常上访"零进京",全州信访总量不断下降[①]。

又如,四川藏族聚居区阿坝州的阿坝县,在藏族聚居区政治稳定和谐问题上坚持警钟长鸣,落实稳定第一责任。县委、县政府任何时候始终绷紧反分裂维稳这根弦,把维护稳定作为第一责任;把化解社会矛盾作为加强社会管理的重要基础性工作,把以人为本、服务为先贯穿于社会管理,把基层基础建设作为整个社会管理的根基,切实抓好社会建设和社会管理各项工作;加强民主法制建设,全面推进依法治县,促进社会公平正义;更加注重保障和改善民生,扶民困、解民忧、惠民生,使广大群众充分共享改革发展成果;围绕构建社会主义核心价值体系,全面推进文化建设,教育引导各族人民继承和发扬爱国主义光荣传统,高举维护祖国统一、维护社会稳定、维护社会主义法制、维护人民群众根本利益旗

---

① 稳定为基——阿坝州维护稳定促进和谐综述 [N]. 阿坝日报, 2011 – 01 – 16.

帜，高举民族团结旗帜，用团结奋进形成的合力推进反分裂维稳工作逐步由应急处置向常态管理、由积极应对向主动作为、由总体稳定向长治久安转变。①

再如阿坝县围绕政治稳定和谐，确保长治久安，创建"平安阿坝"这一主题，努力做到七个到位，即紧紧围绕"社会政治稳定、治安秩序良好、治安防控能力增强、社会管理规范、经济社会发展环境优化、群众安全感增强"的创建目标，做到认识到位；紧紧围绕抓住成员单位和专项小组两条主线，充分发挥好各自在平安创建工作中的主导作用，做到协作到位；统筹好城区和农村两大联动联防网络，形成全方位、全时空、多层次、多渠道、横到边纵到底的打防控一体化治安防范长效机制，统筹两大板块，做到整合到位。坚持"谁主管、谁负责"的综合治理原则，坚持"条块结合、以块为主"的属地管理原则，坚持"专群结合、依靠群众"的群防群治原则，坚持这样三项原则，做到责任到位；把握并处理好稳定与发展、中心与重心、内容与形式的关系，把握这样三项关系，做到深化到位；突出矛盾纠纷排查调处，区域边际协作共防，普法教育、严打整治四个重点，做到措施到位；坚持宣传发动务必广，方案制订务必细，各项联系务必紧，工作开展务必实，坚持这样"四个务必"，做到落实到位。②

重点维稳是常态维稳的特殊要求，是确保藏族聚居区长治久安的强化举措。重点维稳就是在藏族聚居区的特殊时段、敏感节点、重点领域或重要环节，将维稳意识和维稳举措进一步强化升级，更加周密地检查各项应急预案，增强决策部署，切实抓好维稳防控工作。仍然是四川藏族聚居区阿坝州的阿坝县，近年来在常态维稳的前提下，深入开展重点地区突出问题综合整治，针对特殊时期和敏感节点，加强力量部署，深挖和依法打击分裂破坏分子，严密防范和严厉打击一切分裂破坏活动；加强应急处突实战演练，在阿坝县举行了"天府使命2010—阿坝"反恐维稳实兵实弹军事演习，军警民应急处置和合力维稳能力得到提升，很好地体现了军警民联合反分裂、反恐怖和维护社会稳定的良好形象。阿坝州的马尔康县在继续深化反分裂维稳斗争，创新社会管理服务，保持社会和谐稳定中，切实加强各敏感时段节点的应急防控工作，全面推进以"一落实、六全面、一快速处理"为主要内容的社会管理创新工作，确保了全县的大局稳定。

3.2.3 牢固夯实党和人民政治主体的重要地位

实现和保持藏族聚居区的社会政治稳定和谐，达到藏族聚居区长治久安的目

---

① 加快推进若尔盖发展新跨越和长治久安——访中共若尔盖县委书记邓真言佩［N］. 阿坝日报，2011-07-27.

② 阿坝县七到位开展创建省级"平安县"，www.abaxian.gov.cn，2010-05-05.

标要求，我国藏族聚居区在纷繁多绪的工作实践中，发挥了最显著作用的有两项：一是党的建设和领导、核心与骨干作用，二是充分发挥人民群众的政治主体作用。在党的领导核心作用方面，最重要的抓手和着力处是加强党的基层组织建设，同时加强基层政权建设。具体说是以党组织建设为核心，加强乡镇和村社基层组织建设，选好配强领导班子，大力发展农村党员，不断扩大党在农村、牧区的影响力和凝聚力，把基层组织建设成为加快发展、改善民生、维护稳定的坚强堡垒，不断夯实党在基层的执政基础，共产党员充分发挥先锋模范作用，真心实意帮助群众解决困难，以实际行动进一步密切党同人民群众的血肉联系，树立良好的形象。在充分发挥人民群众的政治主体作用方面，表现在人民代表大会制度、中国共产党领导的多党合作和政治协商制度、民族区域自治制度三大基本的民主政治制度在藏族聚居区的建立、发展和不断完善，即在藏族聚居区以藏族为主体的各少数民族以及各个民族人民理性的政治参与不断增强；着力加强基层政权组织建设，建立健全乡镇和村社基层组织，选好配强各级领导班子，注重选拔政治上强、作风优良的民族干部，注重培养懂双语、善于做群众工作的干部，不断提高藏族聚居区各级党委、政府的执政能力。同时在以保障和改善民生基础上，切实加强群众工作，教育引导各族群众认清达赖集团分裂破坏本质，自觉反对分裂，增进民族团结，共同维护稳定，共图加快发展，共建社会和谐；着力构建和完善行政调解、司法调解、人民调解相结合的人民内部矛盾大调解体系，充分发挥各类人民政权和人民群众的重要作用，集中优势力量，认真做好民事调解工作，有效化解矛盾纠纷，强力维护藏族聚居区的社会政治和谐稳定；认真落实党的民族宗教政策和工作方针，广泛开展民族团结进步活动，牢固树立马克思主义民族观和"三个离不开"思想，准确定位科学把握各少数民族个体与中华民族整体的关系，努力营造平等、团结、互助、和谐的社会主义民族关系，充分尊重各民族的宗教信仰和生活习俗，切实维护各民族的根本利益，在各民族力量和民众智慧的有效整合中，发挥人民群众的团结凝聚作用、共克困难时艰排山倒海作用，以及化解矛盾海纳百川的包容精神，打牢藏族聚居区政治稳定和谐的社会基础和群众根底。下面是两则四川藏族聚居区关于上述两方面实践活动的报道：

其一，四川藏族聚居区的阿坝县加强基层组织建设，构筑坚实堡垒，推进科学发展，服务基层群众，维护社会稳定。阿坝县委、县政府以科学发展观为指导，确立了"四促七抓"（即促党建工作责任制的落实、促基层党建工作的推进、促基层党建重点难点的解决、促基层党建工作保障机制的建立；抓清理整顿、夯实基层基础，抓主题活动、丰富宣传载体，抓慰问表彰、树立鲜明导向，抓教育培训、提高素质能力，抓监督管理、强化组织权威，抓关怀激励、激发干部内力，抓制度建设、建立长效机制）的工作思路，细化工作方案，强化工作措施，突出工作重点，整体推进，各级领导班子坚强有力，基层基础进一步夯实，党员干部队伍政治立场坚定、素质能力明显提升，推进科学发展，服务基层群众和维护社会稳定的能力不断增强，干群关系进一步密切。一是明确职责，让党建责任明起来。2009年，阿坝县切实加强基层组织建设，从上到下层层落实责任，为阿坝社会和谐提供坚强的组织保证。县委书记是抓基层组织建设第一责任人，组织部长牵头抓总相关职责。通过抓培训、抓指导、抓载体、抓督促、抓手段等举措进一步明确乡镇（场）党委书记和副书记是基层组织建设直接责任人。同时把基层群团工作纳入组织工作范畴，同安排、同部署、同落实，实现"党建带团建、带妇建"。二是加强建设，让基层组织强起来。阿坝县委、县政府以配强基层班子、建强干部队伍、加强基层政权为重点，努力建设一支政治合格、立场坚定、经得起风浪、经得起检验的基层干部队伍为目标，在广泛征求群众意见和科学分析的基础上，分类别进行加强基层组织建设，充实新班子。结合"千名干部下基层"活动，选派州、县机关干部下基层，为维稳、发展和服务群众奠定坚实基础。三是教育培训，让干部素质高起来。阿坝县结合自身实际，制订了切实可行的教育培训工作方案，以县、乡机关干部和村组干部为主要培训对象，突出培训的针对性和实效性。四是真情关爱，为基层注入新动力。阿坝县在基层组织整顿建设工作中，紧紧围绕夯实党在农村基层的执政基础，落实激励措施，全力抓好党员干部的激励、关爱和帮扶工作，着力创新干部物质和精神真情关爱机制，积极探索关心爱护基层干部的有效途径，极大地激发了广大基层干部干事创业、保持社会政治稳定和谐的内在动力。五是监督管理，让干部队伍优良起来。为适应新时期党建工作对基层党组织的要求，阿坝县进一步加强对干部队伍建设的监督，完善干部管理体系，达到用好干部、管好干部、保护干部的目的。制定领导干部年度考核试行办法，鼓励乡镇干部立足基层，奉献基层，在维稳、发展和服务群众中建功立业，对各基层党委的党建工作责任制执行情况和党建工作各项任务落实情况进行督查，确保建设一支政治坚定、作风优良、纪律严明、勤政为民、恪尽职守、清正廉洁的干部队伍。六是丰富载体，让组织建设工作实起来。结合学习实践科学发展观活动，开展"比能力、比作风、比实效，创建模范乡镇"为主题的"三比一创"活动，开展"带头遵守纪律、带领群众反对分裂维护稳定，带头致富、带领群众致富"为主题的"双带"教育活动，使加强基层组织建设工作得以扎实有效地开展起来。面对基层组织建设中出现的新问题、新挑战，阿坝县委、县政府树立常抓不懈的思想，增添工作新举措，切切实实深化基层组织整顿建设工作，使党的基层组织这一坚强堡垒在维护社会政治稳定和谐、推进科学发展中真正发挥了极其重要的作用①。

其二，四川藏族聚居区的甘孜州深化创先争优活动，促进藏族聚居区长治久安。甘孜州针对松茸菌类采集季节矛盾隐患易发、多发、突发的实际，深化"党旗扬起来、党员身份亮出来、作用发挥出来"和无职党员设岗定责活动，全力维护甘孜藏族聚居区社会稳定，强力保障全州跨越发展。一是严防死守基层一线，充分发挥基层党组织坚强堡垒作用。各级党组织把握好常态维稳时段和节点，下沉维稳工作力量，发扬广大基层党员干部不怕疲劳、连续作战的作风，结合维稳开展创先争优，打好维稳攻坚战，深化创先争优活动。包括履行职责担重任，乡村党组织书记恪尽守土职责，担负第一责任人职责，召开专题工作会，研判维稳形势，部署维稳工作，修订维稳预案，完善工作制度，抓好工作落实；兑现承诺同参与，农牧民党员纷纷学党章、明法纪、知责任，胸配党徽，亮明身份，履行维稳承诺，实行分片包干，建立党员责任片，蹲点驻守；组织覆盖促安定，乡城县坚持"党组织跟着维稳重点走"，建立采挖点临时党支部，全覆盖维稳重点区域，县乡驻点党员干部担任支部书记，辖区村村干部任党支部委员，登记采集地党员情况，实行维稳包干责任制，协调处理资源纠纷矛盾13起，维持采挖秩序，维护社会政治稳定。二是建立有效防控网络，彰显基层党员干部维稳骨干带头作用。在基层一线维稳中，广大党员干部齐行动、共参与，发挥基层党员干部建设团结、民主、富裕、文明、和谐新藏族聚居区的骨干带头作用。包括建立横到边、纵到底防控机制，相邻的两省三州及县乡村之间签订并落实《和谐边界协议》，加强沟通衔接，共享信息资源，构架"跨界协作、联动防范、共创平安、共建和谐"良好工作格局，协商解决有争议的松茸采集点，层层签订《维稳责任书》，兑现维稳承诺，实行有序采集，努力营造人人争做"诚信、守纪采集人"良好氛围。加强采集地治安巡查，从机关抽派党员民警，充实到采集地派出所，实行全员上山，随人群流动，与农牧民党员、基层民兵一道，组建26个3～5人组成的治安巡逻队伍，对聚集人群进行时时巡查，对采集边界进行定期巡查，严防治安案件和群体性事件的发生。推行留守地联防联动，为留守地老人、儿童发放乡镇党员领导干部通讯联络卡，组建以村干部和农牧民党员为主的村联防联治小组，登记流动人口，24小时轮流值班，不间断巡逻重点区域和重要路段，加强留守地治安管理。三是构建大调解体系，强力维护甘孜藏族聚居区社会政治和谐稳定。以完善大调解体系为重点，以学习俄呷先进事迹为切入点，整合行政调解、司法调解、人民调解三大资源，集中优势力量，前移民事调解工作，推广俄呷的经验做法，在防早、防小上下功夫，有效化解矛盾纠纷。1. 积极推

---

① 《阿坝日报》2010-04-06；四川新闻网（NEWSSC. ORG - abnewssc. org）。

开稳定风险评估。先后对 35 项重大工程建设项目、重大活动、重要时段、敏感时间开展社会稳定风险评估工作，提出 150 条整改意见，对一项探矿项目作出暂缓实施的决定，有效防止不稳定因素的发生。2. 改进方式调处矛盾纠纷。调解组织随游牧群众的流动而迁移，变群众上访为干部下访，开展"接访群众日"和警民恳谈活动，在现场答复、限时办结、事后回访中畅通群众利益诉求表达渠道，在征求群众代表意见、共商社会治安管理事宜、深挖案件侦破线索中密切党群干群关系。半年来，各级人民调解组织共排查出各类矛盾纠纷 3 359 件，调处 3 096 件，调处率 92%，其中调处了康定县沙德乡与雅江县祝桑乡因资源纠纷引发长达 10 多年的历史遗留问题，基本实现"小纠纷不出村、大纠纷不出乡、疑难纠纷不出县"目标。3. 树立人民调解典型模范。甘孜县查龙乡一村党支部书记兼人民调解员俄呷，15 年如一日，始终奉行"老百姓的事就是天大的事"，只要有矛盾纠纷的地方就有他的身影，总是带着感情调解，真诚对待每一位纠纷当事人，调解不分亲疏，工作不计得失，共调解各类重大纠纷达 1 300 多起，成功率达 100%，有力维护了一方和谐稳定，被人们称之为"藏家人的和谐使者。"[①]

3.2.4　坚定贯彻落实法治精神，坚持依法自治方针

藏族聚居区社会的政治稳定和谐，法制是基础，法治为保障。有健全完善的法制，才可能有强有力的法治；坚持强有力的法治，才能确保社会的政治和谐稳定，才能在稳定有序的社会环境中进行改革开放和突出藏族聚居区特色的社会主义现代化建设。目前，全国藏族聚居区正处于推进跨越式发展和长治久安的关键时期，各种影响和谐稳定的因素依然存在，巩固和发展稳定的任务艰巨繁重，面对这样的藏族聚居区实际和基本区情，我国五大藏族聚居区，可以说都清醒明确而强烈地认识到，进一步加强法制建设，依法治藏，对于维护社会公平正义，增强公民的中华民族意识、国家意识、法治意识，提高我们党的涉藏执政能力，建设稳定和谐藏族聚居区，确保国家安全等，都具有重大而深远的意义。因此，在推进藏族聚居区跨越式发展和长治久安的丰富实践中，整体推进法制建设，提升藏族聚居区各民族干部群众的法治理念，积极实施和推进依法治藏方略，建设社会主义法治藏族聚居区，可以说是藏族聚居区逐步实现稳定和谐发展的一条极为宝贵和重要的政治经验。

在实施依法治藏方略的深刻实践中，从藏族聚居区党和政府、各级各类干部特别是党员领导干部来说，学习掌握法律知识、灵活运用法律武器作为提高执政

---

① 新华网，2010 – 09 – 15.

能力的一项重要任务坚持抓紧抓好，抓出成效，尤其重要的是各级党政领导干部学习掌握法律知识，强化法学理论素养，提高遵纪守法、廉洁奉公自觉性，提高依法决策、依法行政、依法管理、依法办事能力，真正更好地实现领导方式和管理方式转变，提高社会管理的法制化水平，并且在这个过程中，以自己的模范行为带动各族群众，在全社会形成学法、用法、守法的良好风尚，积极推动依法治国依法治藏基本方略的实施，把学习法律、树立法治理念作为一项基础性工作，切实贯彻转化到推动藏族聚居区跨越式发展和长治久安的具体实践中，努力实现凡是国家法律法规禁止的坚决不做，凡是国家法律法规要求做到的，就不折不扣加以落实，并且以党员干部学法守法用法，带动全社会树立起法律权威，事业靠法律推进，生活靠法律规范，纠纷靠法律解决，权益受侵害时依法维权，总之，在法律的框架内运作权力、管理社会、执政施政、促进发展、保持稳定、增进和谐、行使权利、履行义务、解决矛盾等，这是近年来我国藏族聚居区实施依法治藏、建设法治藏族聚居区基本和主导性的实践。

依法行政是依法治国依法治藏的关键。正是藏族聚居区把坚持党的领导、人民当家做主和依法治国依法治藏有机统一起来，把保证司法公正，强化权力监督，提高公民法治意识，保护群众合法权益作为重点，积极有序地推进社会主义民主法制建设，加强对民族区域自治法、民族宗教事务管理条例等与藏族聚居区工作生活紧密联系的法律法规的学习运用、贯彻实践，推动依法治藏、依法行政、依法办事，充分运用民族区域自治法这一重要法律武器，依法管理藏族聚居区事务，深入揭批达赖所谓"大藏族聚居区""高度自治"的图谋，严密防范和严厉打击一切分裂破坏活动，坚决维护国家安全和藏族聚居区稳定，充分运用草原法、森林法、环保法等法律保护草原、森林、矿藏等资源和环境，实现了藏族聚居区的经济建设与环境保护一起推进，物质文明与生态文明一起发展。同时全面贯彻《国务院民族宗教事务管理条例》，并进一步结合各藏族聚居区特点和实际，依法制定具体的符合本藏族聚居区情况的民族宗教管理办法或暂行管理办法，依法管理民族宗教事务，积极引导宗教与社会主义社会相适应，促进了藏族聚居区各民族的共同团结奋斗、共同繁荣发展。自觉运用行政许可法规范政府行为，推动政府管理方式由注重依靠行政手段向注重依靠法律手段转变，各级行政执法部门和司法机关努力忠实实践社会主义法治理念，坚持公平正义和司法公正，维护群众最关心、最直接、最现实的利益问题，积极促进社会和谐，保持社会政治稳定，努力建设社会主义法治政府。

西藏和平解放以来，西藏自治区制定了几百项现行有效的地方法规及具有法律效力的决议、决定，西藏人民的法制意识空前提高，法制正成为维护西藏经济社会健康发展、保障人民利益、打击违法犯罪、维护西藏稳定的有力工具。依据宪法和民族区域自治法规定，西藏各族人民享有在政治、经济、文化各方面当家做主的权利。在全国人大及西藏各级人大中也均有自己的代表。依据国家法律和西藏的地方性法规，西藏享有管理和自由安排本地经济建设的权利。自治区还先后颁布了《森林保护条例》《矿产资源保护条例》《野生动物保护条例》等，实现了自主地保护、开发和利用本地资源。

近年来，国家和自治区在群众当中进行了较为深入和全面的普法教育。特别是"三五"普法期间，西藏各地充分发挥基层治保、调解组织作用，以公安特派员、司法助理员为骨干，深入乡村巡回宣讲，并以问答、说唱诗歌等形式编译出通俗易懂的藏文教材发放到农牧民手中。拉萨、日喀则、那曲等地利用各种繁多的民间节庆日期间群众聚集时机，以召开大会、文艺演出等多种形式宣传法律，普法内容上各有侧重。在学习安排上本着"农闲多学、农忙少学、利用晚间、狠抓冬季"和"需什么学什么、缺什么补什么"的原则，组织广大群众学习。通过学习法律知识，藏族人民法律意识空前提高，全区已有超过200万人接受了普法教育，青少年在校学生普法率达到93%以上。在西藏县乡换届选举中，选民的参选率基本都在90%以上。过去，藏族群众之间发生纠纷后，或私了，或找喇嘛解决。如今他们知法懂法，有了纠纷习惯于找乡里的法律调解中心、找律师解决。在西藏的律师事务所从业的律师中4成以上为藏族。而且在推进法律进社区的工作后，实现了群众法制教育的经常化，开始在自家门口知法、懂法、用法。

自1965年以来，西藏自治区人民代表大会根据宪法和民族区域自治法所赋予的权利，已经制定了200多项符合西藏实际情况、维护西藏人民利益的地方性法规、条例、决定和决议，内容涉及政治、经济、文化、教育等各个方面。在国家宪法原则指导下，这些地方性法规的制定和实施，为西藏人民各项民主权利的实现和地方社会经济文化事业的发展，提供了重要的法律保障。西藏自治区以制定颁布的《西藏自治区立法条例》为契机，加强地方立法工作，推进依法治藏进程，为全区经济社会的跨越式发展和长治久安提供强有力的法制保障。[①]

四川阿坝藏族羌族自治州在灾后恢复重建十分艰巨的各项工作面前，深入推进"三项重点工作"过程中，创新灾区治安管理机制，推进涉灾矛盾化解，扎实服务灾后恢复重建，努力构建和谐警民关系，为灾后重建提供了坚强的政法保障。面临灾后各种社会矛盾不断涌现，全州社会治安和稳定形势比以往更为严峻的实际，全州政法系统紧紧抓住影响社会和谐稳定的源头性、根本性、基础性问

---

① 新华网 http://news.xinhuanet.com, 2002 - 11 - 04, 新华社。

题，深入推进社会矛盾化解、社会管理创新和公正廉洁执法三项重点工作，强力推进"大调解"工作体系建设，把人民调解、行政调解及司法调解作为综治和平安创建的重要内容，定期检查督促，推动工作全面开展。目前全州共建立各类"大调解"协调中心238个，落实专兼职工作人员645名；建立人民调解组织1 654个，共有调解员7 824人；建立司法调解组织57个，共有调解员155人；建立行政调解组织286个，共有调解员858人；建立各类调解室1 997个。[1] 结合民族地区和灾区特色和实际情况，阿坝州政法部门把以人为本、服务为先的理念贯穿于社会管理工作中，在对特殊人群的管理上，坚持教育、稳控、帮扶等多措并举，突出加强对重点人群的管控。在对刑释解教人员的管理方面，强化教育感化。具体是：深化县、乡（镇）、村（社区）、组、户五级联防工作；综合施策、标本兼治，积极探索建立本州维稳长效机制；积极部署开展"四同"警民共建活动，即武警阿坝州支队与若尔盖县班佑乡班佑村开展了以"同心向党、同谋发展、同树新风、同创平安"为主题的警民共建试点活动。在全州组织开展社会治安重点地区排查整治工作，全州共开展各类排查1 276次，排查发现治安重点地区57个，对36个重点地区，逐一落实整改方案、时限和责任人。自开展"大调解"工作以来，全州矛盾纠纷排查化解率大幅提升，共排查各类矛盾纠纷5 744件，成功化解5 446件，化解率达95%；排查不稳定因素和稳定隐患169件，成功化解126件，稳控化解率达100%。通过开展"三项制度"建设，有力推进了全州政法综治维稳工作的创新发展。[2]

3.3 完善藏族聚居区民主政治建设的建议

我国藏族聚居区维护政治稳定构建和谐社会的基本经验，对于更好地推进藏族聚居区政治稳定和谐发展具有十分重要的指导价值和深刻的启迪意义。我国藏族聚居区维护政治稳定构建社会和谐的基本经验所包含的关键词是：科学发展观指导，藏族聚居区长治久安，常态维稳与重点维稳，全面联系地实现藏族聚居区政治稳定和谐，依法治藏等。由此从战略与策略的双重视角对藏族聚居区的民主政治建设和政治稳定和谐提出以下对策建议。

---

[1] 贾秀兰等. 维护藏区社会和谐发展研究［M］. 北京：民族出版社，2014.
[2] 四川法制报，2010-11-23（4）.

3.3.1 依托科学发展观引领新稳定观

针对藏族聚居区的治理和发展、稳定与和谐，新稳定观或可称为新科学稳定观，[1] 它是用科学发展观进一步重新审视诠解、丰富完善着的稳定观，是在继承扬弃传统稳定观种种成功经验基础上的超越和创新，是对传统的静止、偏颇、失衡、治乱循环、消极被动稳定观念的否定，是对在维护社会总体稳定目标下偏于强调维持现实秩序的片面稳定观的改革扬弃，是实现藏族聚居区跨越式发展和长治久安主题下的必然要求和内涵析出。我们也可将这种新的稳定观称之为是人本、动态、公正、民主、和谐、持续、积极、创生的法治稳定观，它当然包括前面已述及的经济稳定、政治稳定、思想稳定、社会心理稳定和社会稳定等诸多方面，更重要的是它所内蕴着的主旨和精髓，即稳定基础上的和谐与以和谐为主旨的稳定，某种意义来说，最重要的是藏族聚居区的政治稳定和谐，其在新稳定观中仍然具有压倒一切的地位。

在藏族聚居区，立足于新的科学稳定观，需要进一步明确确立以人为本的理念，把藏族聚居区各族人民的切身利益、根本利益、长远利益实现好、维护好、发展好，遵循科学发展观的要求，更加正确地处理好稳定与发展的关系，倍加珍惜稳定，自觉维护稳定，始终保持稳定，"只靠我们现在已经取得的稳定的政治环境还不够"，要在藏族聚居区跨越式发展中，"人民看到稳定带来的实在的好处，看到现行制度、政策的好处，这样才能真正稳定下来。不论国际大气候怎样变化，只要我们争得了这一条，就稳如泰山。"[2] 需要动态地把握稳定，把握稳定的动态性，时常看到稳定状态下潜在的不稳定因素、矛盾和问题，及时积极主动地消除不稳定因素、有效化解矛盾和问题。需要进一步明确社会公平正义对于藏族聚居区政治稳定和谐特殊的重要意义，从战略全局的高度更加重视社会公正问题，努力从源头上减少社会不公正感的滋生。需要始终把经济、政治、文化、社会的协调发展，人与自然的协调发展紧密扭在一起，把藏族聚居区的稳定作为一项全面的系统工程，藏族聚居区社会全部有关要素和有关方面有序运行、配合协调、相辅相成、和谐共处，达至藏族聚居区社会全面协调的和谐秩序，就是说这实际上意味着要坚持一种繁荣发展的和谐稳定观。需要进一步明确藏族聚居区的跨越式发展和长治久安，一切是为了藏族聚居区各族人民，同时还要一切依靠藏族聚居区各族人民，进一步坚持完善和发展好藏族聚居区的三项基本政治制

---

[1] 胡联合，胡鞍钢. 当代中国社会稳定问题报告 [M]. 北京：红旗出版社，2009.
[2] 邓小平文选（第3卷）[M]. 北京：人民出版社，1993.

度,把藏族聚居区民主真正地落到实处。需要进一步明确依法治藏对于实现藏族聚居区跨越式发展和长治久安伟大目标的极端重要意义,在法治的框架下实现和达到藏族聚居区的经济、政治、文化、社会、生态等等各方面的和谐有序发展,离开法治就不可能保持藏族聚居区社会的长治久安。同时重视德治,把依法治藏紧密地与藏族聚居区实际结合起来。需要进一步明确藏族聚居区包括政治稳定在内的整个社会稳定的持续性演进,对于实现藏族聚居区跨越式发展和可持续发展的极端重要性,可持续稳定既表现为稳定的持久性,更表现为稳定的递进性发展,即稳定基础上的逐步和谐与和谐状态下的稳定。

3.3.2 稳步推进三项基本政治制度

在我国藏族聚居区坚持、巩固、完善和发展三项基本政治制度,即人民代表大会制度、中国共产党领导的多党合作和政治协商制度、民族区域自治制度,是符合我国国情和藏族聚居区各族人民根本利益的深刻政治实践,为实现我国藏族聚居区的稳定发展、社会进步、人民幸福发挥了根本性的重大政治作用。人民代表大会制度作为我国民主政治的根本政治制度,在藏族聚居区的确立和实践,对于稳定藏族聚居区社会秩序,巩固藏族聚居区人民民主政权,行使藏族聚居区各族人民的民主权利,进行对国家和社会事务的管理,进行藏族聚居区的社会主义改革和全面建设小康,促进藏族聚居区的政治文明建设,都做出了极其重要的贡献。中国共产党领导的多党合作和政治协商制度,深深植根于中国的土壤,符合中国特色社会主义事业的发展要求和全国各族人民的根本利益,充分反映社会主义民主政治的本质要求,具有强大政治生命力。从藏族聚居区的各级政协来看,从成立至今,始终围绕本区党委政府工作大局,高举爱国主义社会主义两面旗帜,突出团结民主两大主题,切实履行政治协商、民主监督、参政议政职能,与党委政府同心协力,共同致力于本藏族聚居区的繁荣富强,为推进藏族聚居区的经济发展、政治稳定、民族团结和社会进步做出了突出贡献。20世纪80年代我国颁布实施的《中华人民共和国民族区域自治法》,把民族区域自治制度确立为我国必须长期坚持的一项基本政治制度,标志我国民族区域自治进至法制化轨道。实践证明,这一制度符合我国国情和各族人民的根本利益,具有强大生命力。我国藏族聚居区经济、政治、文化、社会发展的事实充分证明,三大基本政治制度相互衔接、相互联系,是我国藏族聚居区发展进步的根本制度保障。当前面对风云变幻的国际形势,面对藏族聚居区跨越式发展和长治久安的艰巨繁重任务,要团结带领藏族聚居区各族人民继续前进,开创工作新局面,赢得事业新胜利,继续更好地推进三大基本政治制度,具有极其深刻而重大的现实意义。

确保我国藏族聚居区经济社会的跨越式发展和长治久安，必须更好地推进我国藏族聚居区三项基本政治制度的建设和发展。党的十八大报告对新时期我国藏族聚居区更好推进三大基本政治制度建设和发展进一步指明了基本原则和努力方向。既要更好地理顺党委、人大、政府、政协之间的关系，保证党对藏族聚居区的核心领导和有效科学执政，又要最大限度地实现藏族聚居区人大和政府充分地行使宪法和法律赋予的自治权，以及发挥政协参政议政、民主监督、政治协商的重要作用，避免和克服藏族聚居区自治权在纵向横向上的双向流失。

3.3.3 坚定实施依法治藏的基本方略

作为现代社会基本特征之一和我国基本治国方略的依法治国，落实到我国藏族聚居区，具有更加深刻的现实意义，面临更加复杂繁重的任务。打造法治藏族聚居区，实施依法治藏，显然是实现藏族聚居区政治稳定和谐、确保长治久安的枢机之策。没有藏族聚居区的政治稳定和谐，就没有藏族聚居区的跨越发展、长治久安；没有依法治藏，也没有藏族聚居区的政治稳定社会和谐。因此坚持依法治藏，完全有必要认识紧要性，提升坚定性，注重实效性，保持持续性。

第一，结合藏族聚居区实际，把握藏族聚居区特点，深入弘扬法治精神。藏族聚居区历史的和现实的、自然的和社会的、经济的或政治的和文化的、国内的和国外的，各种因素表明，自然地理条件不优越，社会发育程度偏后进，宗教氛围颇浓郁，经济基础较薄弱，文化传统很独特，现实状况较复杂，三股势力常潜存等，构成了我国藏族聚居区的社会实际和现实特点。这些实际和特点，一方面给建设法治藏族聚居区造成十分不利的条件，另一方面突出反映了建设法治藏族聚居区的极端重要性。法治藏族聚居区的打造，离不开法治精神的大力弘扬，法治意识的普遍增强，普法教育的深入推行，法的价值观念的有效树立。这些实际和特点，决定了必须下大力气作为硬任务把法治精神、法制观念、法律法规输送到藏族聚居区的上上下下、方方面面和所有干部群众，造成舆论声势，形成法治氛围，达成社会认同。这些实际和特点，意味着在藏族聚居区弘扬法治精神，需要矢志不移，坚持不懈，多策并举，保持经常化，方略不变化，防止形式化。

第二，依照法定权限，明确治藏规律，加大法制建设力度。法制建设是民族区域自治健康发展的关键，是实现藏族聚居区跨越式发展、社会政治稳定和谐和长治久安的重要政治保障。我国宪法规定："民族自治地方的人民代表大会有权依照当地民族的政治、经济和文化的特点，制定自治条例和单行条例。"即是说我国民族自治地方享有宪法规定的，政治上充分的自治权，经济和社会发展以及文化上充分的自主权。根据《民族区域自治法》的规定，民族自治地方的自治机关还享有变通执行或停止执行上级国家机关不适合民族自治地方实际情况决定等的多项权利。上述我国藏族聚居区的各种实际和特点表明，要顺应现代社会高度制度化条件下政治稳定的趋势，我国藏族聚居区在法制建设上尤其需要加快进度，加大力度。有切合藏族聚居区实际并尽力完善的法律法规作为现实依据，才有可能形成依法治藏的法治藏族聚居区。

第三，调动一切力量，化解不利因素，坚定推进依法治藏。有依法治藏的法制保障，更需要有深刻依法治藏的法治实践。从藏族聚居区各级各类政治主体在依法治藏实践中的地位和作用来说，首先是要通过法定程序逐步把领导方式和执政方式转到主要实施法治的轨道，加强并改善党对藏族聚居区立法工作领导，加快且重质立法；行政机关依法行政，搞好藏族聚居区自治法规和规范性文件立改废工作，建设法治政府；司法机关依法行权，建立健全权责明确、相互配合、相互制约、高效运行的司法体制，在法律的框架内解决各种问题和矛盾，保证藏族聚居区各族人民依法行使权利，履行义务；加强执法队伍建设，着力建成一支行为规范、素质优良、品德高尚、纪律过硬的藏族聚居区执法队伍；以党员干部学法守法用法，推进藏族聚居区普法教育深入发展，在源头处积极主动排查化解任何影响藏族聚居区社会政治稳定和谐的日常矛盾纠纷和因素，构建人民调解、司法调解、行政调解"三调联动"综合调解机制和大调解体系，有效防止社会矛盾累积和激化，加大矛盾纠纷的排查调处力度，带动全社会树立起法律权威；强有力地依法粉碎和打击任何分裂行径。

3.3.4 扎实推进藏族聚居区民族团结实践工作

我国藏族聚居区的实践反复昭示，民族团结则政治稳定、社会和谐，民族不睦则政治不稳、社会难安；凡民族团结的佳期，藏族聚居区经济社会发展就好就快，各族人民得到的实惠就多；凡民族团结的晦期，藏族聚居区就会导致社会动荡发展停滞，各族人民遭受的灾殃就多。团结稳定带来的是福祉，分裂动乱酿成的是祸害。民族地区的经历还明确告诫我们，民族团结必须巩固、维护和发展，破坏民族团结、损害民族关系、伤害民族感情的事情再也不应该发生了。实现藏族聚居区跨越式发展和长治久安、确保政治稳定和谐，真切需要创造性地做实民族团结这篇文章。

首先，要继续高举民族团结旗帜。我国广大藏族聚居区与中华各个民族一起，拥有悠久的民族团结历史，优良的民族团结传统，辉煌的民族团结成绩。我国藏族聚居区的民族团结进步事业，根源于平等、团结、互助的社会主义新型民族关系，构成为建设中国特色社会主义伟大事业的重要组成部分。继续高举民族团结旗帜，弘扬伟大爱国主义精神，像爱护自己的眼睛一样爱护民族团结、像珍惜自己的生命一样维护社会稳定，广大藏族聚居区的明天一定会更加灿烂；继续高举民族团结旗帜，能够促进形成藏族聚居区各族人民和睦相处、和衷共济、和谐发展，藏族聚居区社会政治稳定、长治久安的良好氛围。继续高举民族团结旗帜，可以有效阻断民族分裂势力伺机在藏族聚居区渗透，积极防止危害社会治安甚至各种违法犯罪、破坏政治稳定和谐行为在藏族聚居区的发生。

其次，要认真地贯彻落实"三个离不开"思想。"汉族离不开少数民族，少数民族离不开汉族，各少数民族之间也相互离不开。"[①] 在我国藏族聚居区还可以把这一重要思想具体化为，汉族离不开藏族，藏族也离不开汉族，藏族聚居区各民族互相离不开。四川藏族聚居区的阿坝藏族羌族自治州，近年来建设平安、和谐、法治阿坝并取得明显成效的实践，深刻体现了该州包括22个少数民族在内的23个民族团结一致、奋力发展的民族团结精神。发生在该州的"5·12"汶川大地震抗震救灾及灾后恢复重建，取得的抗震救灾和恢复重建双重伟大胜利，是以全国各民族的大爱无疆和无数生命谱写、迸发出来的震撼世界的民族团结精神，是对"三个离不开"重要思想深刻的实践诠释。这种精神体现了社会主义核心价值体系，丰富了民族团结进步新的时代内涵。在我国藏族聚居区继续深入认真地贯彻落实"三个离不开"思想，进一步唱响民族团结主旋律，对于实现跨越式发展和长治久安、政治稳定和谐，具有极其非凡的重要意义。

最后，要创造性地从实推进民族团结实践，发扬光大民族团结精神。民族团结的主题在藏族聚居区喊得响亮，更要在藏族聚居区做得实在。云南省迪庆藏族自治州香格里拉县有一个尼旺宗派出所，多年来秉承"一个承诺、两个坚持、三项要求、四项内涵"的"亲情式"服务工作规范[②]，用他们点点滴滴、桩桩小事和实事，谱写了民族团结的赞歌，培壅了民族团结的成就，发展了民族团结的事业，在和风细雨的实践中实现了该藏族聚居区常年保持稳定和谐、长治久安的社会面貌。于细微处见精神，藏族聚居区的社会政治稳定和谐与长治久安，需要从民族团结里做好文章，创造性实践中寻觅出思路，每一件实事内获得到满意的答案。

---

① 江泽民文选（第2卷）[M]. 北京：人民出版社，2006.
② 这个"一二三四"的亲情式服务工作规范，即一个承诺：僧众利益无小事；两个坚持：坚持以人为本，尊重宗教信仰；坚持科学发展，构建和谐寺庙；三项要求：一个微笑、一声问候、一份关怀；四项内涵：以亲情感人，以理解助人，以尊重待人，以服务管人。见赵希，汤恒. 解读尼旺宗派出所——一个藏区基层派出所的十年维稳路[Z]. http://www.yunnan.cn，2010-02-03.

第4章

藏族聚居区经济发展现状及问题

4.1 西藏产业结构升级面临的问题及对策

持续推动广大藏族聚居区的经济发展，逐步缩小与发达区域的差距，使各族人民平等享受国家改革开放所取得的经济成果，是新时期各族人民群众和广大藏族聚居区的迫切要求，也是实现国家的整体利益的必然要求。搞好广大藏族聚居区的经济结构调整，加快广大藏族聚居区的发展，有利于推动国民经济的又好又快发展，实现全国经济的合理布局和产业结构升级，使全国各地区资源、环境和产业优势互补，使国民经济保持长期的活力。这是逐步缩小区域间的经济文化差距、消除两极分化并最终实现共同富裕的要求，也是保持国民经济持续快速健康发展、顺利实现社会主义初级阶段第三步战略目标的要求[①]。随着改革开放的深入发展，西藏地区的经济社会发展取得了长足的进步，市场经济不断繁荣、产业结构持续完善、资源开发也日趋合理，但由于历史、宗教、区位、体制和环境等综合因素的制约，地区经济的全面协调及可持续发展还面临着一系列挑战，需要进一步深入探索和发展。

4.1.1 西藏产业经济发展的总体情况及主要成就

在党中央多次召开的西藏工作座谈会议的推动下，西藏得到了各级兄弟省市的鼎力支持和帮助，各族人民齐心协力，努力改变藏族聚居区贫穷落后的生存状况，西藏整体经济实力得到大力提升，区内产业布局逐步优化改善。在"十一五"期间，全区各级、各部门始终坚持贯彻落实科学发展观，围绕新时期西藏工作的指导思想，坚持走有中国特色、西藏特点的发展道路，系统推动"一产上水

---

① 吴国才. 关于加快广大藏区经济发展的对策思考 [J]. 贵族民族研究，2012（2）.

平、二产抓重点、三产大发展"经济发展战略的实施，推动地区经济的又好又快发展，使社会各项事业全面进步，各族人民的生活水平得到不断改善。

4.1.2 西藏产业发展及其结构调整

从近20年的发展状况来分析，西藏经济各产业发展迅速，整体经济水平长期处于持续增长的状况，而且第三产业年均增长速度非常快，尤其是以旅游业为中心的现代服务业发展飞速，逐渐成为新的经济增长点，各产业的结构比重得到一定程度改善。如表4-1所示。

表4-1　　　　　　　近20年西藏各产业经济年均增长水平　　　　　　　单位:%

时期	第一产业	第二产业	第三产业
"八五"	2.80	23.62	12.22
"九五"	3.45	9.58	17.78
"十五"	4.12	20.04	13.19
"十一五"	4.68	14.36	17.61

资料来源：根据《西藏统计年鉴》历年数据整理计算。

相关统计资料显示，自改革开放以来，藏族聚居区经济总量不断增长，传统特色产业得以持续稳固发展，新兴产业开始培育并发展起来，人民的生产能力不断增强，生活水平也稳步提高，具体而言，藏族聚居区经济的总体情况体现为以下几方面。

4.1.2.1 以农牧业为支柱，第一产业持续增长

由于得天独厚的资源优势和不可替代的自然条件，农牧业一直是西藏的特色优势产业，从1959年至今，农牧业在第一产业中的产值远高于林业和渔业，总产值占第一产业总产值的比重均在90%左右，占有绝对的优势，其中最高的度为2002年，达到了97.79%，自2003年以来，西藏地区开始实行农牧业内部各产业分类的新标准，去除掉与农林牧渔等相关的服务业所占比重，并且由于林木的市场需求量不断增加，西藏林业经济发展迅速，从而农牧业在总产值的比重有所下降，但所占优势依然明显，即使作为历史最低点的2006年，农牧业在第一产业总产值中的比重仍高达88.25%[1]。因此，受到独特自然资源条件的影响，农牧业一直在藏族聚居区第一产业的发展过程中处于基础和支柱的地位，在现代农业技术的不断引进和先行畜牧业生产管理方式的基础上，藏族聚居区农牧产品

---

[1]　兰金山，蒋静．我区农牧民增收节节攀高[N]．西藏日报，2007-01-09.

的产量不断增加,品质持续提高,最终带动第一产业的整体发展。

4.1.2.2 以轻工业为基础,第二产业持续进步

根据长期的经济指标分析,第二产业在西藏经济总量中所占的比重都不高,而且增长速度不快,除了1983年和1997年,西藏年均工业增加值在GDP中所占比重一直低于10%,虽然近几年也有较快增长,但比起建筑业的发展速度则有圈套差距[①]。总体来说,西藏工业实力不强,在整体国民经济中所占额一直偏低,发展速度不仅较慢而且很不稳定,长期处于较大的波动幅度,主要原因在于西藏工业过多依赖于农业品加工、矿产资源开发和加工、藏医药生产加工等轻工业领域,这些行业的原材料来源、生产条件、生产环境等生产要素受到自然条件的约束较大,因此,从长期来看,处于不断波动的增长状况。近10年的统计资料显示,西藏轻工业总产值指数均远高于重工业的总产值指数。轻工业的快速发展,也为劳动力就业方式的转变和工业经济总量的增长做出了必要的贡献。西藏轻工业基本围绕矿产、农产品以及藏药材等为核心原料的相关领域,2009年涉及这些领域的从业人员占轻工业总就业人数的90%以上,轻工业总产值的95%以上也是由这部分领域产生。以上数据表明,西藏工业规模小,发展速度慢,但随着农业技术的提高,农牧业产出不断增加,矿产资源和传统藏药产量的增长,与之相关联的加工制造业成为西藏工业的基础,正是这部分轻工行业的不断兴起和发展,从而推动了西藏工业持续的进步。

4.1.2.3 以旅游业为支撑,第三产业发展迅速

在产业优化和产业结构调整的宏观政策推动下,西藏的产业布局也逐步向合理化发展,最大的特点便是第三产业的迅速发展。近20年来,西藏就业人口还是以农业为主,但第一产业的从业人员持续减少,其余两大产业,尤其是第三产业从业人员所占比重持续增长,可以看出,第一产业人口的转移为第三产业的迅速发展提供了大量的劳动力资源。西藏第三产业的重要特点体现为以旅游业为龙头,带动现代服务业产业链的持续延伸并迅速膨胀。西藏旅游业在改革开放30多年中,经历了从无到有,再到不断繁荣的过程。"九五"期间,全区接待海内外游客突破200万人次,达到213.56万人次,"十五"期间达到550.58万人次,"十一五"期间,自治区各景点接待国内外游客总数已达2 125万人次,旅客接待数的年均增长率为30.6%,同期旅游业创收总额达到226.2亿元,旅游收入的年均增长率为29.8%。"十一五"期间,西藏星级饭店数量为165家,而且星级

[①] 刘天平. 西藏特色产业发展战略研究 [D]. 西南财经大学博士学位论文, 2007.

以上家庭旅馆数量已达 315 家，全区共有旅行社 102 家，共建有 27 处 A 级景区。旅游产业年均提供就业岗位超过 3 000 个，在此期间西藏地区旅游业的直接从业人数达到 4.38 万人。[①]

4.1.3 西藏产业结构优化面临的主要问题

自新中国成立以来，尤其是改革开放之后，西藏自治区的经济建设获得了长足进步和可喜的变化，但对比广大藏族聚居区其他省市，尤其是与全国总体水平相比较，仍然存在较大的差距。

4.1.3.1 产业结构偏离度与全国差距不断扩大

统计数据显示，从总量上看，2001~2010 年，经过十年的发展，西藏人均 GDP 占全国的比重最高值为 2004 年的 65.69%，而且近几年有下降的趋势，2007~2010 年间，西藏人均 GDP 占全国人均 GDP 的比重均在 60% 以下。从结构上看，与全国的平均水平相比，西藏产业结构总体水平虽然有所改善，但需要在改革发展的基础上进一步调整。2010 年，西藏第一产业的比重为 13.4%，比全国平均水平高 3.3 个百分点；第二产业比重为 32.3%，低于全国平均水平 14.5 个百分点；第三产业比重为 54.3%，高于全国平均水平 11.2 个百分点。产业结构偏离度也比较大，如表 4-2 所示。

表 4-2   1992~2010 年全国与西藏产业结构偏离度对比

年度	全国产业结构偏离度				西藏产业结构偏离度			
	第一产业	第二产业	第三产业	总偏离度	第一产业	第二产业	第三产业	总偏离度
1992	37.0	21.8	15.2	74.0	28.4	9.2	19.2	56.8
1994	34.7	23.9	10.8	69.4	31.1	13.6	17.5	62.2
1996	31.0	24.0	7.0	62.0	34.3	12.6	21.7	68.6
1998	32.5	22.7	9.8	65.0	40.0	16.5	23.5	80.0
2000	35.2	23.4	11.8	70.4	42.4	17.3	25.1	84.8
2002	36.5	23.4	13.1	73.0	44.2	14.2	30.0	88.4
2004	33.8	23.7	10.1	67.6	42.1	17.6	24.5	84.2
2006	31.5	23.2	18.7	73.4	41.4	17.9	23.5	82.8
2008	29.1	20.3	8.8	58.2	40.4	18.8	21.6	80.8
2010	28.9	19.8	9.1	57.8	20.2	21.4	17.8	79.4

资料来源：根据《中国统计年鉴》《西藏统计年鉴》历年数据整理、计算得出。

通过表 4-2 可以看出，近 20 年来，西藏产业结构的偏离度与全国的总体差

---

① 代艳. 以旅游业作为重要支柱产业促进西藏经济跨越式发展问题研究 [D]. 西藏民族学院硕士学位论文，2007.

距越来越大，虽然近 10 年西藏产业结构的偏离度基本呈现出逐年减小的趋势，但与全国减小的幅度有很大差距，从而使两者的绝对值不断扩大。因此，藏族聚居区产业结构存在很大范围的不合理性，而且由于多方面的原因，产业结构的调整也是相对滞后的，体现出每单位劳动投入产出效率比较低，再加上各产业内部的不稳定，使广大藏族聚居区与全国的绝对差距在不断扩大。

4.1.3.2　传统经济运行模式导致结构性调整能力不强

一方面，工业结构受到主客观因素的影响，早期工业企业的设置体现出较强的政治背景，导致轻重工业结构失衡，轻工业发展严重滞后，重工业却超前发展，失衡的工业结构使得资源和环境受到很大的破坏。另一方面，推动西藏经济发展的传统模式主要依赖于国家的援藏项目和政策，处于"输血"式增长状态，导致地方企业内生发展能力较弱，地区经济发展动力不足，产业结构的调整和升级能力不强。此外，在传统经济运行思想的制约下，地方政府难以对产业链拓展和产业集群进行系统的规划，难以制定合理的夕阳产业以及劣势企业退出机制，从而引发部分资源的无效配置，传统落后的经济运行模式使西藏产业经济的结构性调整面临着严重"瓶颈"。

4.1.3.3　特色支柱产业跨越式发展面临严峻挑战

高原农牧业取得了很大的成就，而且畜牧业商品化率也有显著提高，但农牧业发展面临着诸多挑战：其一，内部结构不合理，具有品种优势，但不具备规模优势，西藏畜牧业仍然处于自然放养状态，甚至还有游牧形式存在。其二，农牧民受传统小农思想和宗教思想影响较深，思想相对保守，市场经济意识不强，导致农业规模化程度不高，生产力落后。其三，农牧产品市场化程度不高，市场体系和市场机制均不成熟不完善。

西藏旅游业在持续高速发展的过程中，还有大量问题和不足需要改善：其一，旅游产品结构单一，旅游接待设施比较落后，旅游企业缺乏综合竞争力，而且服务质量有待提升。其二，基础设施较落后，旅游成本较高，西藏旅游目的地不仅距离客源市场遥远，且交通状况十分困难，景点分散，城市与景区之间缺少高等级公路的连接，区域内现有运输网络不完善，交通闭塞。其三，旅游投入不足，人才队伍不合理，从业人员主要以中低层次为主，缺少专业素质和综合文化水平较高的高级旅游管理人员和高级营销策划人才。[1] 其四，受到多元文化的冲

---

[1] 王兆峰，谢娟．我国区域旅游产业竞争力对比实证分析［J］．吉首大学学报（社会科学版），2012（3）．

击，文化特征物及民风民俗受到"汉化"和"西化"影响的情况严重，民族文化旅游资源的保护面临挑战。

西藏地区藏医药的发展、推广及应用取得了重大进步，但与不断增长的社会需求量和全面提升藏医药产业长远发展的要求相比，也存在诸多问题亟待完善：其一，企业缺乏规模竞争优势、布局分散、质量不高、科技含量低，整体经济效益差。其二，较粗放的经营管理，导致资源环境受到不同程度的破坏，而且在长期形成的传统工艺制约下，藏医药企业生产加工药品的原材料较少通过人工种植或者人工培育改良品种来提高供应量，基本依赖野生资源的开采开发，从而引发藏药生产所需原材料的提供与产业规模化发展之间的矛盾更加突出。其三，软硬件两方面投入的不足，导致藏医药研发水平不高，而且药品药理的标准化研究滞后，制剂加工生产和使用标准不规范，市场监管水平不高。

为了促进西藏自治区经济的跨越式发展，有必要针对以上诸多问题展开全面改革及优化调整，依托藏族聚居区特色支柱产业，进一步实施西藏产业结构优化升级战略，实现西藏经济的快速、持续、健康发展。

4.1.4 西藏产业结构优化升级的对策及建议

为了在新时期推动经济的科学发展，促进西藏全面小康社会战略目标的早日顺利实现，西藏地区需要立足于自身的优势资源以及禀赋特色制定相应的产业经济发展目标和科学的开发战略，做到特色与规模相结合，转变地方特色产业发展方式，进一步提升优势资源开发潜力，提高特色资源、发展规模与经济效益的结合力，培育并壮大高原特色品牌，依托地区特色优势产业，实现产业结构的优化升级，为地区经济的又好又快发展奠定良好基础。

4.1.4.1 创新农牧业技术水平和运营模式，促进第一产业快速发展

农牧业是藏族聚居区第一产业的主体和支柱，农牧业的科学发展对于藏族聚居区的农业增产、农牧民增收和新农村建设具有重要意义，有必要通过合理的产业结构调整，加大农牧业科技创新力度以及构建统一开放的商品交易市场等方式推动藏族聚居区农牧业的持续、快速、健康发展。

（1）探索差异化路径，改良产品品质。应在科学市场调研的基础上，抓住新的市场需求和消费热点，制定合理的发展规划，挖掘传统产业的增长潜力，从大农业、大区域的角度制定并稳步推进产业规划，形成地区间的差异化发展路径。加大农业投入，培育重点区域优势产业的发展壮大，建立农牧业种植和养殖示范基地，将农作物结构搭配与畜群结构调整相结合，将先进技术和管理经验向

周边地区推广,根据不同开发区的自然禀赋和气候条件,实现优势产品上规模,特色产品创品牌的发展目标。

(2)促进农业科技进步,加强农牧区科技人员队伍建设。健全农业科技研发、应用和推广的激励机制,保证藏族聚居区农牧业科技人员能够在稳定的生活条件和良好的工作环境中全身心投入科技创新,为藏族聚居区农业科学发展奠定理论基础。积极探索藏族聚居区农牧业开发的产、学、研相结合的合理模式,引进国内外先进的农业科技成果,鼓励科研机构开发适应藏族聚居区自然条件的优质高产农畜品种。还应重点培训基层农牧业科技人员和农牧民的基本业务能力,通过专业组织为藏族聚居区提供农牧业技术辅导,提高农牧民的学习科技、应用科技的意识。

(3)健全市场机制,开发规模化特色产业。实现比较优势的发展战略,依托特色农牧资源,大力发展优质青稞、藏牦牛、藏香猪等农畜产品的深加工、精加工,提高产品附加值。通过优势产品的结构调整,拓展产业链深度,优化产业布局,形成规模效应,鼓励并扶植藏族聚居区本地农业企业做大做强,成为省部级,乃至国家级的重点龙头企业,为藏族聚居区特色优势农畜产品进行规模化经营铺平道路。

由政府牵头,企业出资,成立农村专业合作组织,采取"企业给协会一定经费——协会负责发展农户搞好服务——企业通过收购加工盈利——通过协会返利给农民"的运行模式。扩大和培育高效销售团队,打造具有深厚文化底蕴和优良品质的著名品牌,力争用全新的营销理念和营销模式进一步拓展特色农牧产品的市场份额,全面实现产业富农,技术支农,商业惠农的产业目标。

4.1.4.2 培育并提升藏医药产业市场竞争力,带动第二产业稳步发展

随着经济发展和工业化进程的推进,人们的健康理念和消费习惯发生了很大转变,天然药物的市场需求量大幅提高,以绿色环保和神奇疗效为特色的藏医药产业异军突起,已逐步成为代表本民族特色的战略支柱产业。但与不断增长的社会需求量和全面提升藏医药产业长远发展的要求相比,体现出诸多问题和困难,需要积极探索各种有效途径来增强自治区特色藏药产业的成长能力和竞争力水平,最终带动藏族聚居区第二产业的稳步发展。

(1)构建企业战略联盟,强化产业竞争优势。各级政府在合理规划的基础上进一步将藏医药产业放在关键的战略地位,制定并完善各项综合配套制度体系,从政策、资金和技术等多方面引导藏医药企业进行规模化、集团化整合,推动其长远发展。采用兼并重组、参股控股、合作运营等综合途径构建企业战略联盟,形成具有资源优势、资本优势、技术优势和管理优势的现代藏医药企业集

团，实现相关行业企业的优势互补，使整个西藏地区的藏医药企业综合竞争力水平更上新台阶。[1]

（2）建立藏药材培植基地，实现资源的规模化经营。由政府引导扶植，企业出资出力，组建藏药材种植加工研发机构，引进并完善符合 GAP、GMP 标准的中藏药材规范化种植、生产、加工技术，主动联系国内外专业各种专业化研发机构，建立长期的战略合作关系，实施中藏药材的品种改良、育苗快繁、集约种植、工艺创新等多方面研究战略，并将新技术、新品种向公司基地全面推广应用。在种植基地运营过程中，由企业与村寨合作组建专业化组织，进行品种推广、技术帮助、药材回收等系统化服务，确保西藏道地药材在经营中取得良好的市场绩效。

（3）提高产品营销能力，培育知名藏药品牌。依托藏民族特有的历史文化影响力，提炼出独特的藏医药文化价值，引起目标客户群体的重视，从文化精粹的角度发掘藏药产品的品牌价值，提升其历史文化积淀和厚重感，在激烈的市场竞争中增强消费者对藏药相关产品的关注和认可。在市场推广过程中，加强与规模化医药商贸公司构建稳定的战略合作，借助大型医药企业连锁经营的规模化优势，进一步增强藏药产品的市场信赖度，缩小产品与消费者之间的距离，推动藏医药企业做大做强内地品牌。[2]

4.1.4.3 强化旅游业规划能力和队伍建设，推动第三产业持续发展

经过长期的调整发展，西藏旅游业以其强劲的发展势头在第三产业中的地位越来越突出，但在持续高速发展的过程中，异军突起的藏族聚居区旅游业也存在诸多问题，需要通过合理的途径不断完善。

（1）改善投资环境，加大投资力度，推动基础设施建设。通过科学的规划安排，围绕地区经济社会的发展布局，有计划有步骤的分期实施基础设施建设工程。一方面，构建综合航空、铁路、公路等交通工具在内的高效旅游交通线路，将旅游观光地、徒步旅游目的地以及中心城市与旅游区之间合理有效的连接在一起。对于难以进入的景区，可以针对不同目标游客，提供差异化服务，通过小型飞机或直升机运送，进行观光体验，以空中鸟瞰的形式，进行潜在优势景区的开发打造。另一方面，美化城市环境，完善城市精神文化，根据游客层次多元化的特点，健全档次齐全的各类旅游饭店，以国际标准完善内部软件环境，为国内外高端客户提供高水平服务。

---

[1] 唐剑，贾秀兰. 中国藏医药产业发展问题研究 [J]. 贵族民族研究，2012（2）.
[2] 张心悦. 藏药市场营销策略探析 [J]. 现代商贸工业，2010（16）.

(2) 进行科学的产业规划，分层次、有重点的开发旅游资源。做好景区景点建设、旅游城镇建设、新农村建设旅游产业及其链条延伸和结构调整等各个领域的工作统筹，加快规划编制工作，每个景区都要有各自功能定位，实现优势互补。① 以市场化为导向，分层次、分步骤开发旅游资源，打造特色景区，以品牌建设为目标，围绕核心景区的旅游主题，在周边地区将差异化发展和互补性发展理念相结合，推动藏族聚居区旅游产业链的构建。依托现代信息技术，加大开放力度，加快区域合作步伐，提高公关效率和宣传效果，与西部各省市和周边邻国加强横向联系，形成大的旅游产业合作区。

(3) 强化人才培训，优化队伍结构。通过外部引进和内部培养两种方式，加强西藏旅游人才队伍建设。依托完善的政策，健全藏族聚居区高级旅游人才交流市场，引进产业发展顾问、法律顾问、资源保护顾问等高级专业人才，建立藏族聚居区旅游产业科学发展人才资源库，指导各项决策工作。完善激励约束机制，制定目标管理考核办法和绩效考核管理办法，从工作纪律、工作能力、团队合作、部门绩效、服务标准多方面改革人才评审办法、健全人才评价机制和考核机制，使旅游人才能够得到灵活配置。

综上所述，在党和政府倡导的全面建设小康社会的战略部署推动下，西藏地区经济建设取得了辉煌的成就，但由于主客观方面的原因，西藏各产业均衡发展存在很大范围的不合理性，产业结构的调整相对滞后，产业结构偏离度与全国的绝对差距在不断扩大，必须根据自身的优势资源以及禀赋特色制定相应的产业经济发展目标和科学的开发战略，依托地区特色优势产业，探索并完善特色支柱产业合理的运营模式，实现产业结构优化升级，推动西藏经济又好又快发展。

4.2 中国藏医药产业的发展问题

藏族传统医药产业历史悠久，已成为藏族聚居区经济重要的特色支柱产业和藏民族经典文化的重要组成部分。早在公元前300多年，生活在青藏高原的人们在长期的生产生活过程中就积累了用酥油溶液止血疗伤、用开水治疗消化不良、用石片砂土热敷止痛等原始医疗方法，并产生了"有毒即有药"的辩证医学认识。到14、15世纪，藏医药根据治疗病症的不同，逐渐发展成为两大派系，南派藏医总结了南部河谷地带常见病的治疗方法及经验，北派藏医则总结了北部高寒地区的多发病及其治疗经验。18世纪，第玛·旦增平措编著了藏医药发展史

---

① 胡炳章，胡晨. 文化差异与民族和谐发展 [J]. 吉首大学学报（社会科学版），2013 (3).

上最具影响力的药物学专著《晶珠本草》，该书共记载、收录了二千二百九十四种藏族聚居区经典药物并详细描述了药物的产地、形态、性味及功效。同一时期，青海塔尔寺、北京雍和宫、甘肃拉卜楞寺、蒙古等处分别组建了培养专业藏医学生的机构——曼巴扎仓（医学利众院）。1835 年，匈牙利学者乔玛开创了国外学者对藏医药深入研究的先河，其代表作《对一部西藏医学著作的分析》介绍分析了藏医著作《四部医典》各章节的主要内容。五世达赖时期，由当时的摄政王第司·桑吉加措推动创建了药王山医学利众院，从事专业的藏药研究和藏医培训，经过长期潜修，学者们留下了《四部医典疏·蓝琉璃》《秘诀补遗》《医学概论·仙人喜宴》等医著，推动了藏医药的进一步发展，其间还组织了一批优秀画师绘制出经典的"曼汤"七十九幅，是目前世界上唯一保存比较完整的关于传统医学的珍贵文物。1916 年，十三世达赖喇嘛创建了门孜康，由著名的藏医大师钦绕诺布出任主持，其主要职能就是培养藏族的医药和历算人才。在漫长的历程中，藏医药虽然有所发展并积淀了诸多优秀成果，但受到封建剥削阶级的限制，主要是为上层僧侣、王室贵族、农奴主以及巨商大贾服务的，直到西藏和平解放和民主改革之前，藏医药为少数剥削阶级专用的状况始终没有得到改善。随着新中国的成立和藏族聚居区民主改革的胜利，人民群众当家做了主人，尤其是改革开放的深入发展，藏医药事业步入持续发展的快车道，才真正成了为所有藏族同胞和全国人民健康服务的。20 世纪 60 年代后，相关医药学和生物学工作者，分批对藏医药经典进行了比较系统地整理并推出了汉文版译注，并大规模考察调研了广大藏族聚居区药用动植物及矿物资源，编写了《藏药志》《中国藏药》《六省区藏药标准》《卫生部药品标准藏药第一册》等现代藏药学专著，在全国范围内组织专家编著藏医学大学教材，整理出版了《藏医辞典》《中国医学百科全书·藏医学》《四部医典系列挂图全集》《四部医典·大详解》《中华本草·藏药分卷》等一系列现代藏医药著作。我国现代藏医药人才培养的力度不断加大，队伍建设不断完善，先后组建了西藏藏医学院、青海藏医学院，成都中医药大学、甘肃中医学院等全国多所高等医学院校开设专门的院系，培养藏医药专业技术人才，学历层次涵盖专科、本科、硕士和博士，成为藏医药蓬勃发展，走向现代化的生力军。①

4.2.1 藏医药产业发展的现状

随着工业化进程的深入发展，人类对绿色环保，天然养生的愿望日益迫切，

---

① 周兴维. 四川藏区的藏医药业 [J]. 西南民族大学学报（人文社科版），2009（2）.

在这一需求的推动下，人们对化学药品在保健、治疗过程中的副作用越来越敏感，渴望通过天然、温和的治疗方式来改善自己的健康状况，国际药品市场对天然药物的需求持续扩大，药用植物在国际药品市场中的份额正以每年20%的速度增长，在经济持续繁荣的背景下，绿色消费理念逐步深入人心，天然药物的需求将进一步增长，藏药正依托自身独有的特色脱颖而出，进入国际植物药市场，而且引起了全球医药专家的关注。每年有大批国外专家进入藏族聚居区考察，很多国家还在全面科学论证的基础上，将藏医藏药引入国内。2000年，在拉萨召开的国际藏医药学术会议取得了圆满成功，来自美国、法国、德国、俄罗斯、日本等国家的医药专家与我国的藏医药学者针对藏医药发展的现状和面临的问题展开了深入的研究分析，通过广泛的国际学术交流，使藏医药逐步进出国门，走向世界。美国、意大利、印度、泰国等国相继成立了藏医药学研究机构，学习和借鉴我国藏医药特有的治疗理念和治疗方法，当前，在世界范围内正掀起学习藏医药、研究藏医药和引进藏医药的热潮。

从国内的情况来看，各藏族聚居区都牢牢把握国家实施西部大开发和全面建设小康社会的战略机遇，将藏药作为代表本民族特色的战略支柱产业，并结合国内外市场特征，制定了藏药产业持续发展的战略规划，经过近20年的努力，取得了较大进步。在国家藏药标准的规范指导下，西藏、青海、甘肃、四川等主要藏族聚居区先后建立了数十家现代化藏药企业，二百余个藏药制剂新品种经国家食品药品监督管理局批准注册，藏药制剂为当地国民经济产值带来50亿元以上的增长。据不完全统计，目前全国藏药生产企业在百家以上，其中西藏40余家，四川5家，云南5家，甘肃10家，新疆2家，青海20余家。其中，西藏自治区产业化水平位列全国之首，2008年西藏藏药工业产值达到7.8亿元，占全国藏药总产值的45%，共有18家藏药生产龙头企业，全部实现了在优良制造标准（GMP）条件下生产，全区藏药生产企业现有国家药品批准文号300个左右，藏药研发、剂型改造等居于全国前列。[①] 奇正藏药集团的主打产品"奇正消痛贴膏"由于质量高疗效好，远销海外13个国家和地区，仅2008年全年销售额就突破4亿元大关，在我国外用止痛贴膏的市场份额已高达18.63%，成为业界的知名产品。由以西藏奇正藏药股份有限公司为核心企业的5家公司以促进藏药产业规模化、集约化、现代化和国际化发展为目标，共同发起组建了西藏宇妥藏药产业集团，并于2010年11月16日在拉萨正式挂牌成立，标志着西藏藏药产业开始步入跨越式发展的快车道。公司注册资本为1亿元，由西藏地区5家知名度较高的藏药企业发起成立，经营范围基本以传统藏药材的种植、生产和销售为主，

---

① 范维强. 试论藏药产业现代化发展的策略与出路 [J]. 西北药学, 2007, 12 (1).

基本形成了涵盖整个生产经营环节的健康产业链。新成立的集团公司以"政府支持、市场化运作、企业化管理、集团化发展"为生产经营方针，以藏药材种植、加工和藏成药品的生产、贸易业务为特色，以现代化的集团运作方式，合理构建藏药材种植与开发的科学模式，立足于市场需求导向，优化药材品种资源配置，将科学生产技术与现代化营销模式相结合，立足区内，覆盖全国，走向世界，最终打造成为产业链健全，综合竞争优势明显的现代藏药龙头企业。青海省的藏药产业也取得了较大的发展，年均增长速度在30%以上，金诃、晶珠等藏药集团，年产值均在亿元左右，已经达到了一定的规模。

关于藏医药的科技开发等方面，各地政府、相关机构和制药企业也高度重视，投入了大量的人力和财力努力整理、修复经典藏医药文献和秘方，一系列具有较高学术价值和应用价值的书刊持续面世。关于藏医药学理论、藏医史、藏药本草等方面都产生了一系列的创新成果，在基础理论创新推动下，传统藏药剂型改造工作和临床医疗水平等方面也取得了重大突破。例如：四川阿坝藏族聚居区以藏医专家旦科为核心的团队，成功提炼了紫杉醇和"佐塔""仁青珍宝系列""七十味珍珠丸"等名贵藏药。又如："十味蒂达胶囊""六味能消胶囊""二十五味松石丸""十味龙胆花颗粒""奇正消痛贴膏""奇正痛经宁""诺迪康""藏王宝"等为代表的一系列新型藏药，已获得西藏的名牌产品称号，以独特治疗效果得到国内外消费者的一致好评。众多的藏药生产企业也越来越重视引入现代化科学研制技术，通过加大科技研发力度和与科研院所签订长期合作协议等方式，推进藏药科研的现代化进程。我国国家药典中共收录了200多种藏药，其中有40多种藏药制剂已被列入保护品种，并且有35种藏药被收入《国家基本医疗保险药品目录》。一些企业将青藏高原特有的资源优势与现代制药技术相结合，持续推出了一系列疗效显著、市场认可、性价比高的产品，基本形成了治疗消化系统、心脑血管、妇科疾病、肝胆、风湿等五大类藏药品种。

4.2.2 藏医药产业发展面临的困难及问题

改革开放30多年来，由于制度体制的不断完善，市场经济活力不断增加，藏医药的科研、生产和应用均有了跨越式的发展，但是相对于整个社会对藏医药产品不断增长的需求而言、与藏医药产业本身所蕴藏的发展潜力而言，还存在许多问题和不足，需要通过进一步的改革和发展来提高藏药企业的竞争力，培育藏医药产业的长期竞争优势。

4.2.2.1 企业缺乏规模竞争优势，整体经济效益差

从整体上来看，我国藏药企业大多数存在规模偏小、布局分散、质量参差不齐、科技含量较低的问题，藏药生产企业在从传统的医院制剂室向现代药品生产企业的过程中，由于设备、技术、管理体制等诸多方面存在着大量的雷同现象，导致的严重的重复建设和重复开发，主导产品、重要配方都体现出品种协同度高、可替代性强等突出问题，由无差异化经营导致的市场竞争，主要通过价格战的形式，使药品市场出现无序竞争，甚至恶性竞争的现象。而且目前的藏药生产企业大多是在传统的医院制剂室基础上发展起来的，从设备、工艺，到规模和生产规范，都不能达到GMP认证的标准，据有关资料表明，西藏现代工业企业的设备中，自动化生产设备占11.5%，机械半机械化设备占60%，手工操作的比重高达28.5%[1]。因此，藏药品种和品牌要走出国门，进军国际市场，还需要一个较长的改革和改善历程。

经过持续发展，虽然藏药产业已成为我国六大民族医药的重要组成部分，但是行业的整体经济效益还是不高，例如：2009年苗药的总产值已达近60亿元，而藏药在西藏地区的总产值还不到8亿元。又如：西藏自治区藏药厂目前生产的产品近400种，2009年总产值却不到1.5亿元，而同时期的苗药企业贵州百灵（002424.SZ）推出的咳速停糖浆这一个产品的全年总销量就已突破1.8亿元，超过西藏自治区藏药厂全部产品的总产值，同时期云南白药（000538.SH）共有7个产品的单品年销售额过亿，其2009年营收总额达71.71亿元。显然，拥有2400多年历史的藏医药在享受国家各项政策优惠的情况下仍有待突破发展"瓶颈"。西藏共有18家藏药生产企业，2009年藏药产值仅6.28亿元。同时，藏药产品结构不合理，低水平重复建设问题严重。西藏藏药生产企业共有药品批准文号299个，但生产的藏药品种仅为148个，超过一半的数量存在在同品种重复生产的问题[2]。

4.2.2.2 经营方式粗放，资源环境破坏严重

受到传统生产工艺的影响，市场所需药材资源主要以开发野生资源为主，人工种植和培育优良品种的数量有限，药材资源的供应与中藏药产业化、规模化发展之间越来越不平衡，近年来，国内外对高原中藏药材需求量不断增大，高原藏药材资源价格持续上涨，受到利益驱动的影响，滥挖、滥捕野生动植物药材现象

---

[1] 范维强. 试论藏药产业现代化发展的策略与出路 [J]. 西北药学，2007，12 (1).
[2] 周海滨. 藏药厂的上市渴望 [J]. 中国经济周刊，2010 - 12 - 20.

日益严重,由于青藏高原的生态环境的脆弱性,使大量药材正常生长条件受到严重破坏,部分药材资源正面临枯竭的威胁。例如:名贵野生天麻的市场需求量巨大,一经发现,不分大小连片挖除,在天麻的原集中产地波密县大兴乡已呈现出资源耗竭、产量下降的严重趋势。又如:近年来冬虫夏草的保健功能日益凸显,由于过度采挖,既破坏了高原植被,又破坏了冬虫夏草的复生能力,而且引发地区之间的矛盾冲突。从种植方面看,由于缺乏系统的科学技术支持,而且市场发育不成熟,产销衔接不畅,影响了农牧民种植药材的积极性。

随着生态环境的恶化和对资源的掠夺式开发,藏药材陷入"越贵越挖、越挖越少、越少越贵"的恶性循环中,导致藏药资源日益匮乏,藏药产业的持续发展面临严重的原料危机。例如:奇正集团、兰州佛慈、甘南制药厂、甘南佛阁等生产企业仅翼首草一味药材的原料需求量就达 1 000 多吨,而国内各产地能提供的总产量也只有 100 吨左右,只能满足市场需求量的 10% 左右。调查资料显示,甘南地区的冬虫夏草、甘肃贝母、手掌参、雪莲花、红景天、秦艽、胡黄连等珍贵野生藏药材由于过度开发正面临严重的破坏,其中冬虫夏草数量急剧下降,处于濒危状态;甘肃贝母采挖破坏达 90% 以上;雪莲花采挖破坏达到 80% 以上,也正处于濒危状态,按当前的采挖进度而不加保护,预计 10 年内甘南地区的雪莲花将完全消失[1]。

4.2.2.3 藏药制剂和使用标准不规范,市场监管水平不高

由于硬件投入不足,基础设施落后,导致我国藏医药标准化研究滞后,多数藏药产品的生产条件、配制方法和包装管理均没有达到国内、国际共同认可的标准,有的甚至还不符合藏药理论体系的规范化标准。例如:阿坝州现有的 4 家藏药制剂配制单位中,2 家投资新建了具备 GPP 条件的配制室,但还有 2 家县级藏医院的制剂室缺乏规范化设计,配制条件较差,生产设备陈旧,生产净化环境条件差,难以达到规范化生产要求。而且,存在个别乡镇藏医院和寺院藏医院无证配制藏药制剂情况,其配制条件、设施设备及环境卫生都不能满足藏药配制的基本要求,但由于各种原因,这些藏药配制单位短期内仍将存在。当前我国各藏药生产企业执行的生产标准和质量标准于 1995 年制定的,许多规范都是经过青海省原来制定的地方标准的基础上修订而成,而且随着现代化仪器的广泛使用和中外医药界学术交流的不断加深,藏药标准却维持了近 20 年没有做出任何修改。我国藏药的质量、药效、安全性和临床疗效等方面的标准化评价机制相对落后,尤其是药物中的矿物药含量、主要功效及药品翻译工作距国际市场的要求还有比

---

[1] 刘忠. 甘南州藏药材生产现状与发展对策 [J]. 甘肃农业, 2007, 5 (9).

较大的差距。

从市场监管的角度来看，由于藏族聚居区各地药品监督管理机构成立时间并不长，监督管理人员业务水平和业务素质有待提高，而且药品监督执法队伍力量薄弱，所用技术检验设备陈旧，药品监管手段落后，缺少必要的办公设施及日常监督管理和稽查所需的交通工具。在藏药广告宣传方面，还存在监管不严的问题[1]。管理滞后，某些藏药配制单位基本按照传统的加工方式，在仓储条件，质量检验、包装管理等方面存在问题，不按要求现代标准严格管理，配制记录缺乏或不完整，缺乏专业人才和生产流程质量控制标准等管理制度，使药品在剂量、效期、包装等方面不符合标准化要求。

4.2.3 推动藏医药产业科学发展的政策建议

藏医药产业是藏族聚居区各地的传统优势产业，也是21世纪极具成长性的健康产业，为推动我国藏医药产业的又好又快发展，务必针对上述问题进行有效改革和合理的调整。

4.2.3.1 构建企业战略联盟，强化产业竞争优势

各级政府从战略的高度重视藏医药产业的长远发展，制定并实施多种配套的政策措施，鼓励和支持藏医药企业赶上规模化、集团化发展道路。通过企业的兼并、控股、参股、联合经营等多种方式开展资产重组，打造具有规模竞争优势、动态竞争优势和资本竞争优势的企业集团，以技术为核心，以品牌为支撑，做好区域规划，实现企业间资源、资金、人才、技术及行业间的互补，推动藏医药企业集团实施跨地区、跨行业、跨所有制经营的发展战略。并且通过项目政策倾斜、优惠贷款或税收优惠等方式扶持藏药企业做大做强。同时引进国内外资金实力雄厚、科技力量强大和管理水平先进的相关企业，与本土传统藏医药企业联合经营，提高我国藏医药产业的综合竞争力。

4.2.3.2 建立藏药材培植基地，实现资源的规模化经营

藏药资源日益贫乏与藏药材需求量的持续增加的矛盾不断扩大，因此进行藏药资源的保护和规模化培植就更加重要。一方面，由政府牵头，企业承办，成立专业技术研发机构，探索并推广规范的中藏药材GAP种植和饮片GMP加工技术，积极与国内外专业科研院所开展产学研合作项目，对藏药的育苗快繁技术、

---

[1] 倪邦贵. 西藏特色经济与科技创新论［M］. 西藏藏文古籍出版社，2009.

规范化栽培技术以及功能性产品开发研究，并将研究成果直接应用到公司基地。另一方面，成立藏药专业合作组织，推广药材种植技术，保障广大药农利益。发展药材种植专合组织是加快藏族聚居区农村经济结构调整的推动力量，也是提高广大农户进入市场组织化程度的重要手段，是连接药农与市场的重要纽带，能够实现土地、资金和人力资源的有效配置，保证投入要素价值的充分转化和增值。此外，积极探索适合藏族聚居区特点的药材种植、管理新模式，以"公司＋基地＋协会＋大户＋散户"为主要运营方式，大力发展藏药材种植大户，通过"龙头企业扶持大户，大户带散户"，引入"药药套种"、"粮药套种"和"庭院经济"等先进种植模式，引导药农科学、规范地种植药材，建立"统一提供优良种苗，统一技术，统一种植，统一收购"的一体化管理模式，保证藏药材在市场化运作方面取得良好绩效。

4.2.3.3 构建现代营销模式，打造优秀藏药品牌

全球范围内对天然药物的重视程度不断提高，东方传统医学模式在治疗现代疾病中的地位正日益凸显，为藏医药产业的国际化、现代化发展提供了广阔空间。作为一种民族特色药物资源，藏药在本民族聚居地有极高的知名度和浓厚的根基，但在藏族聚居区之外，却是知者甚少。因此，藏药企业必须根据不同市场区域开拓差异化的销售渠道，在体现自身优势的基础上，实施现代营销战略。

首先，依托藏族悠久文化这面旗帜，提高藏药产品对各族人民的吸引力，强化藏药品牌的文化价值，在药品销售的时候，宣传藏族文化与药品的联系，加深其历史厚重感，提高消费者对藏药产品的接受度。其次，由于内地消费者大多不知道藏药的具体功效，也不具备分辨真假藏药的能力，而且由于药品原料的稀缺，藏药价格较一般普药要高，这就限制了藏药产品自然销售的能力。藏药企业可与大型医药商贸企业形成长期的战略合作关系，依托连锁医药企业的优势，提高消费者对产品的信心和信任程度。依托规范的经营模式和成熟的运营方式，大规模的医药连锁销售企业能够有效弥补从事专业化生产的藏药企业销售渠道不顺畅、营销团队数量不足、市场反应速度不快、产品推广活动单一等许多方面的不足，是广大藏医药企业做大做强内地品牌的得力助手[①]。

4.2.3.4 建立健全约束机制，实现藏药资源开发与生态环境保护的双赢

生态环境可持续利用的外部约束机制与内部约束机制之间是辩证统一的关系，两者在协同互补的机制作用下，对藏族聚居区的生态环境的保护发挥着双向

---

① 张心悦. 藏药市场营销策略探析 [J]. 现代商贸工业，2010（16）.

联动的功能[①]。在藏药资源开发与生态环境保护过程中,要重视将内外部约束机制的紧密结合,实现经济效益、社会效益和生态效益的协调发展。

一方面,健全生态环境保护的法律法规,强化环境执法力度,构建强有力的外部约束机制,合理制定并及时修订符合藏族聚居区具体情况的生态保护法规体系,加大对破坏生态环境、过度开发生态资源等违法违规行为的查处力度,对于严重危害生态环境的相关责任人更应该通过法律、经济、行政等综合治理手段加大其破坏性开发的成本,对采取短期经济行为开发藏药资源的企业和地区,应坚决查处并果断停止其相关项目的审批。

另一方面,加强生态教育,发展生态文化,推进生态合作,形成有效的自我约束机制,运用合理的传播工具和科学的传播方式,将藏民族悠久的生态伦理思想在各市场主体中进行广泛宣传并切实确立,通过自我实现、自我纠错等内部约束机制不断发挥作用,将生态和谐思想逐步内化为市场主体自身的价值观念和行为规范,推动藏族聚居区特色医药产业的可持续发展。

4.3 青藏高原藏族牧区畜牧业发展问题

高原畜牧业作为青藏高原藏族牧区的特色支柱产业,已逐渐成为广大藏族聚居区能否顺利实施新型城镇化战略的关键因素,直接影响到牧民群众生产生活水平的提高,关系到广大牧区全面建成小康社会的历史进程。阿坝州若尔盖县是典型的高原畜牧区,对其畜牧业发展的现状及问题进行全面分析,对于推动青藏高原藏族牧区畜牧业可持续发展具有重要的理论和实践意义。若尔盖县平均海拔3 500米,地域辽阔,幅员面积达10 436平方公里,区位优势明显,是连接四川省与西北各省区的重要交通枢纽。若尔盖县拥有大量的天然草原资源,其草地面积达1 212.6万亩,为全县土地面积的76.1%,而且县内草地平均植被盖度75%,可利用草地面积达978万亩,是四川省重要的草饲畜牧业基地县。县境内的天然草地集中分布于西部和南部区域,是黄河上游水系的重要组成部分,地貌体现为高原浅丘沼泽特征,地势呈现明显的东南高,西北低走向。草地类型多样,地区分异明显,主要包括六大种类:高寒草甸、高寒半沼泽、山地草甸、高寒水沼泽、疏林草甸、山地灌丛,其中以高寒草甸、高寒半沼泽两类草地最为普遍,其分布面积达到可利用草原总量72%以上。当地牧草资源种类丰富,经济牧草种群主要以莎草科、禾本科及杂类草最为典型,草地覆盖面积较大,平均植

---

① 唐剑,贾秀兰.西藏民族文化旅游资源的保护性开发[J].财经科学,2011(1).

被率达75%，平均亩产可食牧草320公斤，草地承载能力较强，理论载畜量为186.5万个羊单位[①]。该县境内天然草地资源优势逐步成为全面推动以草原畜牧业为特色的高原支柱产业坚实的自然基础，草原畜牧业在当地经济建设中发挥着不可替代的主导作用。

4.3.1 畜牧业发展现状分析

近年来，若尔盖县畜牧业经济发展取得了重要的突破，在科学发展观的指导下，该县认真贯彻落实新型城镇化和全面建成小康社会的战略思想，在产业发展方面，注重高原畜牧产业的稳定性、可持续性和拓展性的多维协调整合，在政策制定方面，注重可操作性、创新性和灵活性的多维协调整合，积极探索符合中国国情和青藏高原特色的发展新路，实现产业规模推进和结构调整的合理统筹。

4.3.1.1 以政策支持为主导，促进产业规模化扩张

在科学发展观的指导下，若尔盖县委、县政府立足建设生态环境优良、经济加快发展、社会和谐稳定、民族团结进步的社会主义新牧区这一战略目标，为全面提升规划区畜牧业综合生产能力，更好更快地实现区内畜牧业优化升级，牧民增收致富，牧区经济社会全面、协调、可持续发展，有效加大了示范片畜牧产业化经营推进力度，出台了相应政策，按照"公司+合作社+基地+牧户"的产业化运作模式，积极扶持和培育畜产品加工龙头企业和畜牧专合组织。

2014年大力支持现代家庭牧场和农民合作社示范建设，新成立农村专业合作社40家，实现经营收入5 462.8万元。示范片区现有龙头加工企业2家，日生产能力可屠宰加工牛1 000头、羊1 500只。与示范片牧户通过专合组织或村"两委会"建立了一定的利益联结机制，初步形成了"订单"畜牧业发展模式，年收购加工牦牛1.7万头，藏系绵羊2万只，分别占示范片年出栏牦牛、藏系绵羊总数的30.8%和31.9%。示范片区现有若尔盖县红光牦牛养殖专业合作社、班佑乡绿色牛羊专业合作社等2家注册畜牧专合组织，在组织牧户发展生产、推广实用技术、提供信息服务、组织产品销售和联结龙头企业等方面发挥了积极作用[②]。

[①] 李双年.若尔盖县发展藏兽医的优势和意义[J].中国"活兽慈舟"学术研讨会论文集，2013.7.26.

[②] 若尔盖县人民政府办公室.若尔盖县十三届人大四次会议政府工作报告[EB/OL].http：//www.ruoergai.gov.cn/xxgk/zwgk/gzbg/201501/t20150113_1056212.html.

4.3.1.2 保护与开发并重，增强产业可持续发展能力

坚持生态立县，推动生态功能进一步完善、草地资源规范化经营、畜牧经济稳定发展、群众收入不断增长的基本原则，依托草原承包经营责任制的全面落实，通过政策扶植实施高原畜牧产业重大项目，使青藏高原草地资源的开发与保护工作落到实处。

其一，大力实施天然草原的退牧还草等相关配套工作，草地围栏封育面积达到 555 万亩、安装围栏 958.5 万米，草原补播 112.5 万亩、补播草种 52.166 3 万公斤。其二，全面推行牧区人工培植工作，目前拥有 1 万亩省级优良牧草培植基地，依托基地技术使全县优质牧草面积达 14.2 万亩。其三，深入开展高原鼠虫害预测预报及综合防治工作。通过物理、化学和生物技术的整合，全县牧区实现年均灭治鼢鼠达到 15 万亩次、年均防治高原鼠兔达到 85 万亩次、对牧区草原虫害的防治也达到年均 30 万亩次。其四，推进落实高原草原飞播种草工作。针对传统牧区退化和沙化较严重的片区区完成飞播种草面积达 11.44 万亩，在相关工作中进一步积累了大范围治理、改善牧区草原沙化和退化的宝贵经验。其五，大力实施畜牧业产业结构调整。结合牧民定居行动计划特色畜牧业发展、扶贫开发和综合防治大骨节病畜牧业结构调整、牛羊越冬育肥基地建设等重大项目的实施，在广大牧区和半农半牧区大力推行牛羊舍饲（半舍饲）养殖基地示范建设，建成牲畜暖棚 26.49 万平方米，在一定程度减轻了草场压力。[①] 其六，开展草畜平衡试点工作。积极探索高寒牧区实现草畜平衡的有效途径，完善了牲畜出栏、冬草贮备的激励制度，通过相应的竞赛活动实现草畜平衡的三级联创目标，在牧区基本全面推行以草定畜、以人定畜等合理有效的限牧措施。

4.3.1.3 以结构升级为支撑，推动产业质量有序提升

近年来，以牦牛和藏绵羊产业为重点的草原畜牧业是若尔盖县国民经济的支柱和主导产业。近年来，若尔盖县畜牧业工作在国家及省、州的大力支持和关心下，按照"加快发展、科学发展"的总体取向和建设"最精的高原畜牧产业示范区"的基本方针，通过完善生态经济建设推动高原畜牧业增效增收，切实推进高原牧区经济结构和畜牧业发展方式的战略调整。

依托特色优势资源、加快畜牧业产业化经营，建立健全特色畜产品生产加工产业链，目前若尔盖县的优质牦牛生产基地和优质藏绵羊生产基地的业务量已全

---

① 若尔盖县人民政府办公室. 若尔盖县十三届人大四次会议政府工作报告［EB/OL］. http://www.ruoergai.gov.cn/xxgk/zwgk/gzbg/201501/t20150113_1056212.html.

面覆盖19个乡镇，两个畜牧业生产加工基地先后通过了国家农产品的无公害认证、地理标志商标认证及有机认证。2014年着力打造绿色和有机畜产品，成功注册"四川河曲马"地理标志证明商标，"若尔盖牦牛肉"被评为阿坝州知名商标。积极鼓励畜产品加工龙头企业进行自主创新、技改升级，实施高原之宝牦牛乳业公司婴幼儿配方乳粉企业GMP技术改造项目，年产酸奶、奶粉、配方奶粉等乳制品980吨，大力推进新希望牦牛产业公司牦牛肉预调理产品和牦牛可追溯系统项目的顺利实施。2014年度，该县草畜良繁、动物疫病防控、质量安全监管等工作均取得良好成效，各类牲畜年末存栏100.36万混合头，牲畜出栏率达到30%，实现肉奶产量4.8万吨。完成三大产业基地建设任务。一是牦牛奶基地建设，新增犏母牛633头，新增牦母牛512头，新增产奶量63吨，总产奶量30 801吨；二是牦牛肉基地建设，出栏增加3 628头，新增肉产量457吨，总产量18 567吨；三是优质绵羊生产基地建设，完成存栏702 803只，完成出栏248 494只，新增绵羊出栏22 299只[①]。

4.3.2 畜牧业发展面临的主要困难和问题

经过多年以经济增长为主要目标的持续开发，广大牧区的资源、环境、技术及市场等诸多方面均面临着严重的"瓶颈"，需要在客观分析问题及原因的基础上，制定新的战略规划，推动特色支柱产业的持续发展。

4.3.2.1 草畜失衡，环境压力大

自1958年以来，若尔盖县草食牲畜数量由33.7万混合头发展到目前的117.68万混合头，增长3.49倍。全县理论载畜量186.5万个羊单位，实际载畜量319.03万个羊单位，超载132.53万个羊单位，超载率71.06%。加之受全球气温变暖和持续干旱等诸多因素的影响，天然草原退化严重，现有退化草地430万亩；草原生产力由20世纪70年代初亩产鲜草600公斤下降到现在的320公斤，下降47%；草原植被盖度下降，植被盖度由95%下降到75%，下降20个百分点；以瑞香狼毒、马先蒿和鹅绒萎菱菜为代表的毒杂草增多，可食牧草比例明显下降，许多地方优良牧草品种逐年减少，毒杂害草比例由20%上升到现在的55%，优良牧草比例由80%下降到45%。草原生态环境日趋恶化，草原沙化面积已发展到10 169.9公顷（其中：轻度沙化128公顷、中度沙化3 240.2公顷、

---

① 若尔盖县人民政府办公室. 若尔盖县十三届人大四次会议政府工作报告［EB/OL］. http：//www.ruoergai.gov.cn/xxgk/zwgk/gzbg/201501/t20150113_ 1056212.html.

重度沙化1 896公顷、极重度沙化4 905.7公顷）。由于草原退化严重，加之地球温室效应，为鼠虫提供了更为适宜的生存环境，鼠虫种群数量急剧增长，全县鼠虫分布面积高达800.5万亩，鼠虫危害面积450万亩，形成了250万亩的鼠荒地。[1] 特别是害鼠拱土成丘，导致地表裸露，水土流失加快，加剧了草原生态环境的进一步恶化。草原湿地萎缩，对陆地生态系统构成严重威胁，草原涵养水源能力降低，水土流失严重，加速了草原生态环境的恶性发展。

4.3.2.2 畜牧业装备落后，综合生产能力不高

一方面，以牲畜越冬暖棚和打贮草基地为重点的畜牧业抗灾防灾设施建设滞后，畜牧业抗灾能力弱，面临的自然风险大，特别是受高寒牧区季节不平衡因素的制约，牧区畜牧业表现出"夏饱、秋肥、冬瘦、春死亡"的动态变化，"靠天养畜"的被动局面还没有从根本上得到解决。另一方面，放牧体系设施建设力度不够，特别草原小区放牧隔离设施（围栏）建设滞后，还不能完全满足天然草原休牧、禁牧和划区轮牧的需要，科学管理、合理利用天然草原的难度较大。此外，畜牧业社会化服务体系不健全，特别是乡、村两级草原监理、畜禽良繁、动物防疫机构和管理体制不健全，技术力量薄弱，服务手段落后，难以满足生态畜牧业的发展需要。

4.3.2.3 市场发育不全，产业化经营推进缓慢

一是畜产品生产基地建设滞后，基础设施、公共设施、市场体系和畜产品安全配套建设不完善，能提供的原料肉、乳数量有限，牲畜出栏率、产品商品率不高，真正意义上的产业化生产基地还没有形成。二是龙头企业少，带动能力弱。畜产品加工企业整体实力不强，与农牧户联结方式不紧密，企业带动作用不突出，还没有形成"风险共担，利益共享"的利益共同体。三是畜牧专业合作经济组织发展缓慢，带动农牧民整体进入市场的作用和优势不强，广大农牧民以户为单位的分散经营生产方式仍占主导地位，组织化程度不高，集约经营的难度大。

针对以上问题，必须在科学理论的指导下，根据高原畜牧业的自身特性进行合理规划，制定系统发展战略，通过多种有效途径全面提升产业竞争力，进一步增强青藏高原藏族牧区畜牧业可持续发展能力。

---

[1] 杨汉兵，刘晓鹰．四川省草原保护建设研究［J］．西南民族大学学报（人文社会科学版），2013 (11)．

4.3.3 全面科学规划，制定系统发展战略

青藏高原藏族牧区畜牧业发展面临着市场偏离、技术落后和观念滞后等因素的制约，必须进行全面的科学规划，结合高原地域特点和畜牧业产业特性，立足于系统推进原则，依托品牌、科技、产业等核心要素，实施"三位一体"的发展战略①。

4.3.3.1 品牌促牧战略

大力推进"若尔盖牦牛肉""若尔盖藏系绵羊肉""若尔盖藏香猪"的品牌建设，做大做强特色生态畜牧业。要以牦牛、藏系绵羊、藏香猪三大特色产业为基础，以技术为支撑，以市场为导向，突出重点，以产业育品牌，以品牌赢市场。全面推行"质量第一、品牌至上"的经营理念，通过实际工作自觉维护"若尔盖牦牛肉""若尔盖藏系绵羊肉""若尔盖藏香猪"的品牌形象和产品品质，通过品牌产品推介会、特色产品展销会、突出商标识别度、完善统一标准化包装等多种方式提高品牌知名度、扩大其品牌影响力，形成拳头，获得优势，逐步把"若尔盖牦牛肉""若尔盖藏系绵羊肉""若尔盖藏香猪"培育成省级乃至国家级畜产品知名品牌，为草原畜牧业科学发展、加快发展、又好又快发展奠定基础。

4.3.3.2 科技兴牧战略

伴随着工业化和信息化的步伐，青藏高原畜牧业面临着开放的市场和日趋激烈的竞争，草原畜牧业竞争优势的培育和市场影响力的提升离不开先进技术的支撑，应充分发挥科学技术在带动青藏高原畜牧业跨越式发展工作中的核心作用。要紧紧依托省州畜牧科研单位、大专院校的科技力量，围绕现代草原畜牧业科技示范建设，积极引进人才、引进技术、引进新品种、开发新技术，在创新管理的基础上探索产业化经营的新路径，增强青藏高原畜牧科技的自主创新能力、服务推广意识，并进一步提高科技成果转化水平。

4.3.3.3 产业强牧战略

畜牧产业化经营是市场经济条件下实现牧业增效、牧民增收，实现传统畜牧

---

① 陈祥碧，刘晓鹰. 长江上游少数民族地区农业产业化发展问题研究 [J]. 贵州民族研究，2015 (10).

业向现代畜牧业转变的一条有效路径，要以推进畜牧业规模化、集约化经营为工作重点，进一步突破传统生产方式和落后经营理念对现代畜牧业发展的束缚，强化政府服务，培育经营主体、打造特色产业、做强龙头企业、拓展产业空间、提升合作组织、建设现代物流，全面推进畜牧产业化经营，构建现代草原畜牧业新格局。

4.3.4 推进青藏高原藏族牧区畜牧业科学发展的政策建议

若尔盖县作为典型的高原畜牧区，其畜牧业发展的现状及面临的问题对于青藏高原藏族牧区畜牧业发展具有典型的代表意义和借鉴作用。根据若尔盖县畜牧业发展所面临的问题，围绕"三位一体"的发展战略，制定相应的对策措施，能够有效推动青藏高原藏族牧区畜牧业的可持续发展，进一步加快藏族牧区新型城镇化建设和全面建成小康社会的步伐。

4.3.4.1 转变生产方式，调整优化畜种畜群结构

着力解决草原畜牧业以户分散的小生产经营模式，按照宜牛养牛、宜羊养羊、宜猪则猪、集中连片、专业养殖、规模经营的原则，引导农牧民在自愿的前提下对草场、牲畜进行有序、合理地组合和流转，促进草场向联户、大户流转，探索农牧户以草场、牲畜等生产资料租赁、入股等方式建立联户经营牧场的生产模式。

实施动物良种工程。以牦牛、藏系绵羊本品种选育提纯复壮为重点，建立良种补贴制度，大力实施动物良种工程，提高牦牛、藏绵羊、藏香猪生产性能。按照标准化和设施畜牧业的要求，采取政府引导、以奖代补的投入方式，支持良种繁育场和种公畜集中养殖基地开展设施建设。

4.3.4.2 优化推广放牧系统，健全并推进健康养殖体制

以建立天然草原休牧轮牧制度，科学高效利用有限草地资源为目的，在科学评定示范片规模养殖户草场生产能力、合理载畜量的基础上，对养殖牧户的草场科学划分小区，大力推广轮牧小区建设项目，实行休牧轮牧，最大限度地提高天然草原的使用效益[①]。完善并落实草原保护监控制度。以完善基本草原保护制度为基础，划定基本草原保护区。按照以草定畜、增草增畜的原则，建立草畜平衡

[①] 杨汉兵，刘晓鹰. 四川省草原保护建设研究［J］. 西南民族大学学报（人文社会科学版），2013(11).

以奖代补制度和超载过牧有偿使用制度，指导养殖牧户严格按照核定的载畜量饲养牲畜，实现以草定畜、草畜平衡和资源的永续利用。

加强牲畜集中免疫设施建设，以村为单位加强新建动物免疫注射巷道圈，逐步实现动物集中免疫全覆盖。加快溯源体系建设，全面推进村级动物疫情监测网点和无规定动物疫病区建设，在示范片全面推行牲畜标识和免疫档案管理制度，建立种畜养殖档案，规范种畜管理。

4.3.4.3 促进产业有效拓展，培育完善市场结构

加快发展畜产品加工业。坚持用工业化理念发展畜产品加工业，通过采取各种优惠政策，推动畜牧业生产加工专项招商引资工作，积极引导工商企业和社会资本进入相关产业①。通过有效途径对当地畜产品生产企业进行管理改善和技术改造，实现畜产品企业规模经济效应、品质效应和品牌效应；针对城乡"绿色消费"理念日益扩大，着重发展牦牛肉奶和绵羊肉制产品的分割包装、保鲜、冷藏等技术创新项目。

搞活畜产品流通业。突出若尔盖县通往西北省区的物流枢纽作用，充分发挥中心城镇和旅游集镇的辐射和带动作用，通过统筹规划，进一步优化市场结构，有效整合畜产品信息资源和市场资源，提高资源配置效率，积极培育和加快牦牛、藏系绵羊及其产品等特色畜产品交易市场、专业市场的建设。

培育带动主体，建立畜牧产业化经营模式。引导畜产品龙头加工企业通过参与示范片牦牛、藏系绵羊规模养殖基地建设、返还一定利润等有效方式，与示范片畜牧专合组织联结合作，发展"订单"畜牧业，在企业、协会、牧户之间建立起长期稳定的利益联结机制，形成产业化经营模式，从根本上解决好千家万户的小生产与千变万化的大市场的对结。

4.3.4.4 健全草原保护监测体系，建设现代畜牧业投入保障体系

完善草原监督管理手段，加强草原监督管理队伍建设，健全相应法规制度，并加强宣传教育和贯彻执行力度，完善草原合理利用的监督管理机制。进一步建立和完善青藏高原草原生态安全监测和生态危害预警体系，为实现生态资源的保护利用、生物灾害的合理杜绝和自然灾害的有效防治提供科学依据。持续推动高原畜产品产地环境、加工生产流程和制作工艺的规范以及质量安全标准不断健全和完善，加快推进示范片畜牧业标准化生产，定期发布畜产品质量安全状况，提

---

① 肖湘愚．湖南推进武陵山片区区域发展与扶贫攻坚战略研究［J］．吉首大学学报（社会科学版），2013（3）．

高畜产品质量安全水平。

政府应在现代畜牧业投融资工作中积极发挥作用，出台有效政策充分吸纳社会资金广泛参与，构建渠道丰富、形式多样及层次有序的高原现代畜牧业推广发展资金筹集网络系统，形成以市场机制为主导、以政府投入为基础、以社会筹集为主体的现代畜牧业投融资体系。鼓励推广和发展形式多样、产权多元化的农贷担保机构，积极开展农村担保业务，完善担保体系，分散担保风险。

建立长期稳定的牧业机械化投入机制。切实完善牧机购置补贴政策和补贴办法，引导牧民和服务组织购买使用科技含量高、综合作业性能强的牧业机械，全面提高草原畜牧业的机械化水平。

4.3.4.5 拓展科技服务渠道，提高畜牧产业科技创新能力

加快草原现代畜牧业技术创新和畜牧推广体系建设。依托各级畜牧科研单位、大专院校，着力加大畜牧科技项目、科技力量的引进力度，增强科技攻关能力和推广应用能力。积极鼓励畜牧龙头企业、专业合作社和养殖大户、专业户以多种形式参与畜牧业的科研开发，培育现代畜牧业科技创新主体，使示范片成为草原现代畜牧业新技术引进、推广和创新的平台。

形成政府、市场、企业、专业化组织相互协调、层次互补的现代畜牧业科技服务和牧民技能培训体系。重点实施"畜牧科技入户工程"，继续办好"新型牧民科技培训""阳光培训""绿色证书培训""牧民创业培训""畜牧业远程教育培训"和"农村实用人才培养"，加大对示范片养殖户特别是专业大户、专业合作组织、龙头企业等各方面生产经营者的职业技术、经营管理、法规法律等培训力度，不断提高牧民运用现代畜牧实用技术的能力和从事第二、第三产业的就业能力。

畜牧业信息服务体系建设。加快畜牧业信息网络基础设施建设，逐步建立并完善包括畜牧业自然资源信息、生产管理信息、科技信息、畜产品市场信息、畜牧业实用技术等数据信息服务在内的畜牧业信息服务服务中心，扩大信息覆盖面。强化农业信息队伍建设，有效解决信息不畅、服务不力的问题。

4.3.4.6 完善设施建设，提高畜牧业防灾减灾能力

进一步提高灾害监测预警能力，密切与气象部门合作，加强降温、降雪、大风、高火险等灾害性天气及其次生灾害发生的预测预报，切实提高灾害预警信息的覆盖率和时效性，定期发布畜牧业气象灾害预报。切实加强防灾减灾技术的宣传，鼓励、引导、支持牧户开展抗灾保畜基地建设和设施建设，全面提高灾害抵御防范能力。重点抓好牧区打贮草基地建设、牲畜越冬暖棚建设、抗灾保畜基地

建设、冬草贮备、冬季补饲等技术推广。进一步加强畜牧业灾害应急处置能力建设，完善冬春雪灾预防、草原防火等应急预案，加强应急抢险队伍和物资储备体系建设，提高应急能力，形成反应灵敏、协调有序、运转高效的防灾体系。注重提高畜牧业灾害救助能力和恢复重建能力，完善资金筹措机制，设立畜牧业救灾专项资金，加大灾后恢复生产的支持力度。积极探索并逐步扩大牧区农业政策性保险的范围和有效方式，支持发展多形式、多渠道的畜牧业保险，充分发挥保险在防灾减灾中的作用，努力减轻灾害损失。

4.3.4.7 实施功能拓展计划，推进草原畜牧业衍生产业发展

立足若尔盖大草原闻名中外的黄河九曲第一湾、热尔大草原、花湖景区和国家级湿地自然保护区和丰富多彩的藏乡风情、神秘的藏传佛教文化及红军长征走过的"草地第一村"等红色旅游资源，拓展草原畜牧业多种功能，把观光畜牧业与旅游业相结合，大力发展集观光畜牧业、绿色消费、生态旅游、红色旅游于一体的乡村旅游业，引导公路沿线、景区周边的牧户开办形式多样的藏家乐、牧家乐等旅游产业，就地将畜产品转变成旅游产品，促进牧业转型，带动牧区服务业加快发展，拓宽就业渠道，增加牧民收入。

4.4 藏族聚居区交通运输与区域经济的互动发展

改革开放以来，为了推动经济的快速发展，国家在交通运输领域进行了大量投入，广大藏族聚居区的交通运输建设取得了长足的进步，区域间主要运输干线的完善以及区域内部运输网络的发展，都有效地带动了当地经济社会的发展，但是由于广大藏族聚居区地势险峻，加上历史、文化、宗教等诸多因素的制约，相对于其他地区，广大藏族聚居区的交通运输发展存在着公路总里程数不足、技术等级低、公路网密度不高等问题，深入分析广大藏族聚居区交通运输与经济发展互动关系，对于突破交通运输"瓶颈"，促进广大藏族聚居区经济社会发展，推动全面建成小康社会战略目标的顺利实现具有重要的理论和现实意义。

交通运输作为影响国民经济持续发展的重要影响因素，在促进产业结构优化升级、推动经济繁荣发展和全面建设小康社会进程中处于不可替代的关键地位，如何完善地区交通网络系统、通过综合交通系统提高区域经济发展水平已引起了国内外学者的普遍关注，并产生了一系列理论成果。亚当·斯密在《国富论》一书中对交通运输对城市和地区经济发展的重要作用进行了论述，随着地区经济发展和交通运输的多样化，理论界从不同的侧重点出发展开了研究，并形成运输

化理论、"交替推拉理论"、运输成本阀值理论、相互作用理论、外部效果论。

四川省阿坝州近年来在"5·12"汶川大地震灾后重建工作的引导下,以公路建设为主的交通运输有了较快发展,促进了其经济发展的加速,对这一典型的广大藏族聚居区交通运输发展案例展开研究,探讨和总结广大藏族聚居区交通运输与经济互动发展的重要模式及路径,可为广大藏族聚居区经济社会全面发展提供借鉴和指导。

4.4.1 交通运输与区域经济互动发展的理论分析

4.4.1.1 交通运输对区域经济发展的作用

交通运输作为一个复杂的综合性网络系统,其结构和功能对区域经济发展的水平和结构都有发挥重要作用。交通运输对经济发展总量水平和结构的直接影响表现为交通运输作为国民经济的一个子系统对国内生产总值的净贡献,其产值对第三产业的贡献也在一定程度上改变了地区经济三大产业的结构。而交通运输对地区经济发展的间接影响则表现在交通运输产业通过前向关联效应和后项关联效应与相关联的其他行业创佳的增加值,但交通运输发生变化逼近改变相关产业的产值的变化,更重要的是它改变了相关产业以及地区主导产业的选择与生产力布局[1]。除此之外,交通运输体系的好坏还与技术、劳动力素质、经济政策一起决定投资环境的优劣,进而影响区域经济的进一步发展。

4.4.1.2 区域经济发展对交通运输的影响

区域经济发展是交通运输赖以生存的基础和服务对象。区域经济发展水平影响交通运输的规模和需求,区域经济的发展会增加地区对原材料、能源的需求,增加产品的运输,增加人员的流动,加大基础设施的投入,因此,交通运输的需求会随着区域经济的发展而增加,区域经济是拉动交通运输发展的"引擎",是吸引交通运输需求的根本点[2]。同时,随着经济发展水平的提高,不仅仅会扩大交通运输发展的量和规模,还会提高对交通运输的质量需求更加旺盛、更加多样化。现代经济的发展使得对交通运输的需求由以前的"走得了"向"走得好"

---

[1] 姜丕军. 交通运输促进经济增长的机制探析 [J]. 北京交通大学学报, 2010 (4): 1-7.
[2] 吴晓燕, 赵普兵. 城镇化: 比较中的路径探索 [J]. 吉首大学学报(社会科学版), 2013 (5): 30-39.

转变，运输对安全性、准时性和便捷性的要求越来越高[①]。因此，为了满足经济发展的需求，交通运输的发展需要向快速、便捷、无缝对接和一体化的方向发展。

4.4.1.3　交通运输与区域经济的互动发展机制

交通运输和区域经济发展之间的紧密联系使得任何一方的改变都会影响到另一方，其中交通运输作为一个复杂的系统，通过乘数效应、旅游效应等机制对区域经济的总量水平、产业结构、城镇化进程等方面产生直接或间接的影响，而区域经济发展水平则影响交通运输发展规模与需求的主要原因。交通运输与区域经济的互动发展机制，如图4-1所示。

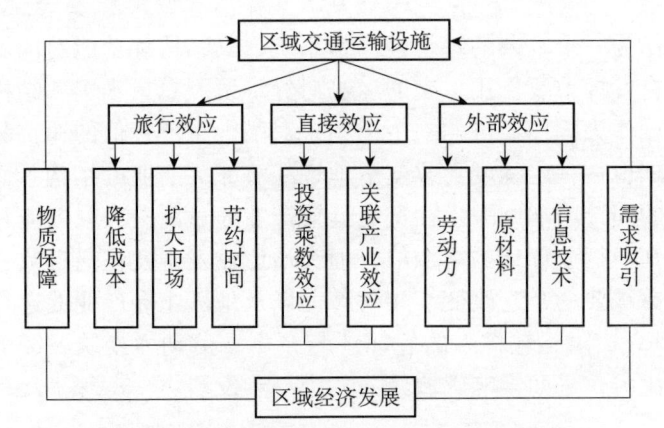

图4-1　交通运输与区域经济互动发展机制

图4-1表明，交通运输对区域经济作用包括直接效应、旅行效应、外部效应三方面，直接效应主要体现为投资乘数效应和关联产业效应；旅行效应主要通过降低经济发展成本、扩大市场范围和节约资源流通时间等方面来实现；外部效应则通过加大劳动力流动速度、推动原材料贸易和促进信息技术的发展来实现。在条件满足的情况下，交通运输与区域经济两者之间会形成相互制约、相互促进的反馈环，使双方互动发展，共同向更高层次演化：区域交通运输基础设施的完善，可以通过旅行效应、直接效应、外部效应促进区域经济的快速发展，而区域经济的发展又会提高地区交通运输发展的物质保障和需求吸引，因此，可以说交通运输与区域经济发展的互动机制体现为相互作用机制。交通运输与区域经济发展之间的多层次反馈环，每一个环节功能的提高都会影响到下一个环节，并进一

---

① 赵坚，杨轶. 交通运输业与经济增长的关系 [J]. 交通运输系统工程与信息，2003（2）：65-71.

步增强其作用机制，随着对其功能促进的持续传递，最终构建出相互影响、相互交融的系统网络。

4.4.2 藏族聚居区交通运输与区域经济互动发展实证分析：基于阿坝州的经验数据

4.4.2.1 阿坝州交通运输与区域经济发展总量相关性分析

（1）理论、方法与数据整理。通过对交通运输与区域经济发展作用机制的分析，结合已有的计量经济学模型和发发，在此采用协整理论和 Granger 因果检验法来研究阿坝州交通运输与经济发展总量研究相关变量之间的关系，分析交通运输对其经济发展的影响作用。该实证中所用的数据来自阿坝州 2000～2013 年统计公报，共 14 个样本数据，其中 GDP、H、Hzz、K、Kzz 分别表示地区生产总值、客运量、客运周转量、货运量以及货运周转量。为了消除价格变动的影响，在进行分析中以 1999 年为基期（1999 = 100）进行价格平滑，且分别对每个变量取自然对数，以消除序列中的异方差现象。另外，阿坝州的交通运输体系中主要以公路运输为主，所采用代表交通运输水平的变量均为公路运输量，同时利用 Eviews7.0 对 H、Hzz、K、Kzz 进行相关性检验发现 K 与 Kzz 之间具有显著正相关；H 与 Hzz 之间具有显著正相关，因此，可以将指标体系简化为 3 个，即放映经济发展水平的地区生产总值（GDP）和反映交通发展水平的客运量（K）与货运量（H）。

（2）实证过程。其一，协整检验。协整关系研究旨在表达两个线性（或者多个）增长量相互影响的动态均衡关系。一般情况下，协整检验有 EG 两步法和 JJ 的多种变量法极大似然法。由于协整分析的条件是变量满足一阶平稳，因此，需要首先对各变量进行平稳性检验，即单位根检验。本书利用 Eviews7.0 对各变量进行 ADF 检验得出，时间序列 LnGDP，LnK，LnH 均为非平稳时间序列，而一阶差分序列 ΔLnGDP，ΔLnK，ΔLnH，都为平稳序列，即 LnGDP，LnK，LnH 均为 1 阶平稳序列。在此基础上，为了进一步分析地区生产总值与客运量、货运量之间是否存在长期均衡关系，下面利用 Eviews7.0 对 LnGDP 与 LnK，LnH 进行 EG 两步法检验。

首先，估计 LnGDP 对 LnK，LnH 的回归方程，协整的模型为：

$$\text{Ln}GDP_t = \beta_0 + \beta_1 \text{Ln}K_t + \beta_2 \text{Ln}H_t + \varepsilon_t$$

根据 2000～2013 年的数据对 LnGDP 与 LnK，LnH 进行 OLS 估计，得到

$$\text{Ln}GDP = 19.01 + 0.036\text{Ln}K_t + 0.02\text{Ln}H_t + \varepsilon_t$$

（2.295）（3.6）　　（3.89）

计算出 OLS 估计得残差的序列如下：
$$ECM_t = LnGDP_t - 0.02LnH_t - 0.036LnK_t - 19.01$$

其次，检验上述模型中的残差项 e 是否平稳序列。对序列 e 进行 ADF 检验其结果如表4-3所示。

表4-3　　　　　　　　残差序列 e 单位根的 ADF 检验表

变量	检验类型（C, T, K）	ADF 检验值	显著性水平	临界值	DW	检验结果
ε_t	(0, 0, 1)	-3.557 3	1%	-4.122 0	2.006 7	$I(0)$
			5%	-3.144 9		
			10%	-2.713 8		

由表4-3可知，ADF 检验统计量-3.557 3都小于显著性水平5%、10%时的临界值，因此可得出估计残差序列 e 为平稳序列，$\varepsilon \sim I(0)$，这表 $LnGDP_t$ 与 LnH_t、LnK_t 之间存在协整关系。即说明阿坝州区域经济发展水平与客运量、货运量之间存在长期均衡关系，且客运量、货运量都与经济发展呈现显著的正相关关系。

其二，Granger 因果检验。通过协整检验表明国内生产总值与客运量、货运量相互作用、相互影响的可能性，为了进一步验证上述结论，分析交通运输与区域经济发展是如何相互促进、相互制约的，还需要对各变量之间的关系用格兰杰因果检验法进行分析。本节利用 Eviesws7.0 对交通运输与区域经济发展指标进行因果检验，得出结果如表4-4所示。

表4-4　　　　　交通运输与区域经济总量因果关系检验结果

滞后期	零假设	F 值	P 值	决策
1	$LnGDP$ 不是 LnK 的因	3.621 0	0.089 0	拒绝
	LnK 不是 $LnGDP$ 的因	0.899 0	0.075 9	拒绝
	$LnGDP$ 不是 LnH 的因	0.041 0	0.716 1	接受
	LnH 不是 $LnGDP$ 的因	4.441 2	0.064 3	拒绝
2	$LnGDP$ 不是 LnK 的因	16.437	0.003 7	拒绝
	LnK 不是 $LnGDP$ 的因	1:017 5	0.416 2	拒绝
	$LnGDP$ 不是 LnH 的因	2.671 0	0.148 0	拒绝
	LnH 不是 $LnGDP$ 的因	4.015 1	0.087 2	拒绝
3	$LnGDP$ 不是 LnK 的因	21.336	0.015 9	拒绝
	LnK 不是 $LnGDP$ 的因	15.058	0.025 9	拒绝
	$LnGDP$ 不是 LnH 的因	4.364 3	0.082 5	拒绝
	LnH 不是 $LnGDP$ 的因	7.254 0	0.052 4	拒绝

由表4-4检验结果表明，在5%的显著性水平下，$LnGDP$ 在滞后1-3阶水平上都是 LnK 的 Granger 因，反过来 LnK 在1-3阶也是 $LnGDP$ 的 Granger 的因，两者之间存在双向因果关系，且这种关系在各界都具有稳定性，也就是说经济增长会促进客运量的需求，客运量的增加会带动经济增长；同样，在滞后 $LnGDP$

期 1 阶不是 LnH 的 Granger 因,但是随着滞后期的增加,LnGDP 是 LnH 的 Granger 因,说明经济增长也是影响货运量需求的重要影响因素。反过来 LnH 在滞后 1－3 阶都是 LnGDP 的 Granger 因,即货运量需求的增加也能带动经济增长。

(3) 实证结论。通过协整和 Granger 因果检验可知,阿坝州交通运输与区域经济发展存在稳定的相关关系,一方面,交通运输的发展,尤其是客运运输业的发展能够推动阿坝州经济的发展。这一点基本符合阿坝州的实际情况,九环线等旅游线路的战略以及九黄机场的改扩建,对促进阿坝州的旅游产业的发展速度较明显。另一方面,区域经济的发展拉动交通运输的发展。随着阿坝州经济发展,地方财政支出中用于交通运的总量和比重都有所增加,同时阿坝州的特色农业、耗牛加工、水电工业的发展也扩大了对阿坝州交通运输需求的吸引。总之,阿坝州的交通运输与经济的关系相互制约、相互促进,两者之间形成了很好的互动发展,从另一角度也表明交通运输的发展滞后也会成为经济发展的主要"瓶颈"。因此,广大藏族聚居区应该加大交通运输的投资,提高交通运输质量,充分发挥对区域经济发展的推动作用。

4.4.2.2 阿坝州交通运输与区域产业结构优化相关性分析

交通运输作为国民经济体系中一个具有基础特性和服务特性的子产业,其交通运输的发展与区域产业结构密切相关。一方面,交通运输作为第三产业,其自身的不断发展就能推动第三产业产值的不断增加,进而改变第三产业的比重。2000～2013 年间,阿坝州的第一产业的比重逐步下降,第二、第三产业的比重以不同的速度逐步增加,其产业结构不断优化升级,至 2012 年交通运输、仓储和邮政业增加值占到第三产业比重的 10.22%,如图 4-2 所示。

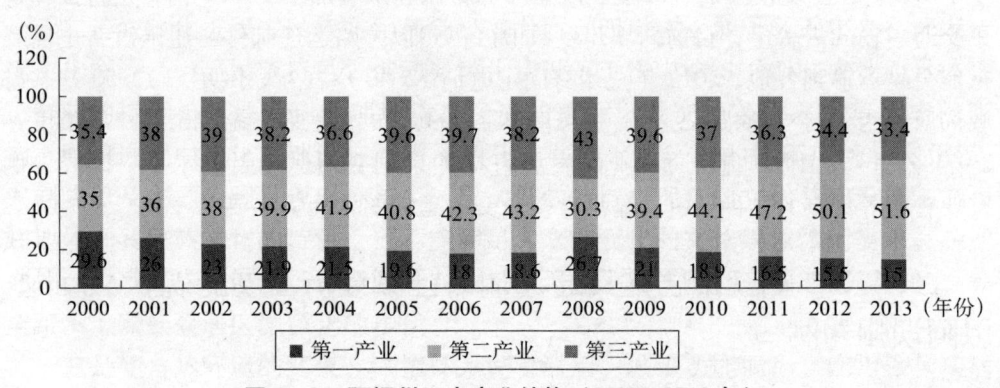

图 4-2 阿坝州三大产业结构 (2000～2013 年)

资料来源:阿坝州统计公报 (2000～2013 年)。

另一方面,阿坝州主导产业的发展影响着交通运输的需求,并且区域产业结构的调整和协调发展可以为交通运输的发展提供原动力。具体而言,可以在三大产业发展变化中得以体现。

首先,第一产业发展情况。改革开放初期,阿坝州以传统的农业为主,农业在产业结构中所占的比例比较大,第一产业产值占 GDP40% 多,而由于生产水平落后,所带来的交通运输量却与产值比例不成正比,但是,近十年来,阿坝州运用技术改变传统的农业种植方式,2013 年末,全州有效灌溉面积 20 460 公顷,其中,农村耕地面积达 15 230 公顷,新增农作物播种面积 1 879 公顷,至年末总量达 7.81 万公顷,全年农业机械总动力增加 0.48 万千瓦,总数达 73.05 万千瓦。[①] 这些农业产量提高和生产模式的改变不仅依赖交通运输业的发展,也带来了更多的交通需求量。

其次,第二产业发展情况。阿坝州的工业起步晚,工业基础比较差,其轻工业的发展比重工业发展要好,由于产值低,大部分商品在区域内消费,进而产生的运输量也不大。然而,阿坝州抓住国家产业向西部转移的机遇,利用州内优势资源,其工业得到了快速发展,以工业的主导产业水电为例,2013 年全州装机容量达到 506 万千瓦,全年变电容量增加 45 万千伏安、输电线路增加 121 公里,全年规模以上发电企业实现工业增加值 46.2 亿元,占到了规模以上工业增加值的一半以上,从而运入阿坝州的工业生产物料也逐步增多,产生了相当大的运输量[②]。

最后,第三产业发展情况。阿坝州的第三产业产值目前在三大产业产值中所占的比例处于第二位,其发展水平仍然不高。由服务业、邮电通讯业、批发零售、商贸、餐饮业以及文体等构成的第三产业中,旅游业和邮电通讯业对公路运输量的影响比较明显。截至 2013 年,阿坝州的全年接待游客 2 289.6 万人次,十四年间增加了 1 092 倍,实现收入 195.67 亿元,和 2 000 比起来增加了 11 938 倍,这直接增加了交通运输的需求量;目前阿坝州多数地区仍然以公路运送邮件,通讯设备也需要依靠公路运输到各地。2013 年全州有固定电话 12.40 户,互联网用户 13.50 户,邮政局所网店 71 个,油路 29 条,总长度达 2 693,农村投递路线 146 条,总长度达 2 971 公里[③]。因此,邮政通讯业的发展直接关系到交通运输量的水平。同样,商贸、餐饮等带来的各种物资运输都直接对交通运输的发展提出要求。

4.4.3 藏族聚居区交通运输与区域经济发展的现状及问题:以阿坝州为例

改革开放以来,阿坝州交通运输发展无论是总体水平还是需求量都取得了跨越式发展。截至 2013 年,公路总里程数达 13 185 公里,其中,等级公路 12 369

---

①②③ 阿坝州人民政府. 阿坝州统计公报 2013 [EB/OL]. www.abazhou.gov.cn.

公里，客运量达321 302万人，货运量达665 155万吨，近十年来，公路里程数增长了近2倍，客运量增加了13倍，货运量增加了2.1倍[①]。但是，由于主客观条件的限制，公路运输发展落后的现状仍存在较多问题，具体如下。

4.4.3.1 公路总里程数逐步增加，但里程数偏少，技术等级低

从表4-5可知，阿坝州的公路总里程数基本上保持以3%~6%的速度呈现增长趋势，然而由于资金、技术条件的限制，自然灾害等原因，阿坝州的公路里程数仍显偏少。尽管2000~2012年十年间阿坝州与甘孜州、凉山州的公路总里程数的增长速度差不多，但是，阿坝州的公路里程绝对量明显低于同期的甘孜州和凉山州，排在四川省三大藏族聚居区的最后。

表4-5　　　四川省主要藏族聚居区公路总里程数（2000~2012年）　　　单位：公里

年份	2000	2002	2004	2006	2008	2010	2012
四川省	90 857	111 898	113 043	164 688	224 482	266 082	293 499
阿坝州	4 925	5 924	5 913	5 601	8 179	11 832	12 864
甘孜州	7 001	9 758	9 758	10 619	18 191	23 905	27 141
凉山州	8 882	14 595	146 699	11 669	16 818	21 422	22 665

数据来源：阿坝州统计局统计公报（2000~2012）；四川省统计年鉴（2000~2012）。

同时，从公路等级上来看，技术等级偏低，阿坝州公路里程中近90%是三级以下公路，高速公路所占比例不足1%，如图4-3所示。特别是由于公路分路段技术等级差别达，一条路中存在很多低等级的瓶颈路，这制约着整条路线的通行能力以及行车速度。目前，阿坝州道路等级低、路况差，严重制约着农村经济发展、农业进步以及农民生活水平的提高。

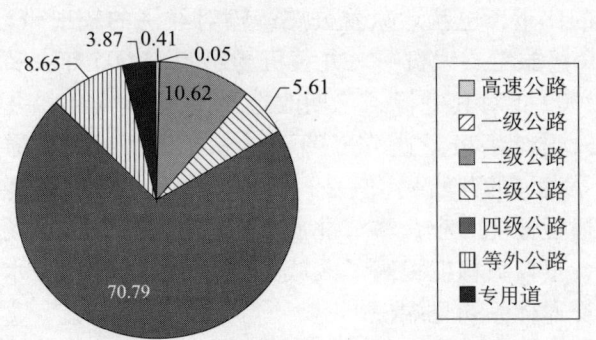

图4-3　阿坝州2012年公路等级结构

资料来源：阿坝州统计年鉴（2013）。

---

① 阿坝州人民政府. 阿坝州统计公报2013 [EB/OL]. www.abazhou.gov.cn

4.4.3.2 公路网密度低,难以满足州内需求

经过多年的发展阿坝州公路运输网已经形成了一定规模,但是相对于其快速发展的经济,公路网规模仍显不足。境内现有的国省干线公路网密度仅为2.83公里/百平方公里。州内尚未形成能够与县城、周边市州及相邻省份顺畅衔接的干线公路网。县城出口及出州出省通道数量少,部分县城只有一条出口通道,缺乏迂回替代路线,不能满足应对灾害和紧急事件的需要。并且和四川省以及省内个广大藏族聚居区的公路网密度,以面积为基础的公路网密度阿坝州最低,低于四川省的近3倍,凉山州近2倍;阿坝州以人口为基础的公路网密度高于四川省,而低于与其人口相近的甘孜州,则说明阿坝州以人口为基础的公路网密度较高可能是由于的人口基数少造成的。如表4-6所示。

表4-6　　　　　　　四川省主要民族区域公路网密度

项目	面积（平方公里）	以面积为基础的公路网密度（公里/百平方公里）	人口（万人）	以人口为基础的公路网密度（公里/万人）
四川省	486 052	62.10	9 132.6	33.5
阿坝州	83 016	15.88	92.0	143.5
甘孜州	149 599	18.99	110.2	257.2
凉山州	60 294	38.16	506.4	45.44

资料来源:根据四川省统计年鉴(2014)计算得出。

4.4.3.3 州内以公路运输为主,多样交通运输体系初见端倪

阿坝州的交通运输一直以公路运输为主,其公路建设承担物流、人流起90%,甚至更高的比重,也就意味着公路运输对经济的辐射带动起决定性影响。2003年,国内4C级旅游支线机——九黄机场通航,2005年九黄机场旅客突出量破100万人次,2009年对其进行了三期改造,截至2013年,九黄机场进出港航班为14 356架次,旅客吞吐量达145.99万人次,九黄机场的通航标志着阿坝州多样交通运输体系发展的开始①。但是,目前,九黄机舱的游客承载量已接近饱和,加上区域交通运输能力小,季节性强、通达性差,红原机场的通航和成都至兰州铁路的建设,不仅大幅度提高了区域交通运输能力和服务水平,还意味着阿坝州州内多样化交通体系初见端倪。

4.4.3.4 公路建养资金短缺,自我发展能力不足

阿坝州海拔高、地质条件差、公路建设工程艰巨、造价高于全省的平均水

---

① 阿坝州统计局统计公报(2000~2012)。

平。同时公路病害多发且相对严重，公路养护任务重、难度大、资金需求量大。由于阿坝州经济基础薄弱，对其公路建设、养护投入能力不足，加上市场发育程度低，融资能力差，公路建养资金长期匮乏。阿坝州公路建养资金多半来自国家预算和企事业单位自有资金以及少部分的国内贷款，其外商直接投资和债券筹资基本为零，农村交通基础设施的建养情况更为严重。然而，随着公路基础设施总量的逐年增大，路网改造和公路养护需求不断增加，资金不足的矛盾日益突出。

在交通运输网络不断完善的推动下，阿坝州经济取得了长足的进步，总量持续增长，产业日趋完善，但在交通运输业发展相关问题的制约下，其区域经济的持续发展也面临着诸多困难和问题。一方面，经济总量偏小，发展水平较低，阿坝州行政面积84 242平方公里，相当于四川省的17.33%，即使由于人口基数比较少使人均固定资产投资超过四川省平均水平，但其GDP仅占四川省的0.89%，产值密度仅为5.14%[①]。另一方面，产业结构仍不合理，虽然第二产业和第三产业对阿坝州经济发展的带动比较明显，产业结构基本实现了"二、三、一"趋势，但是由于生态环境承载能力低，全州13县的土地承载率几乎接近极限，超过50%的县城已经没有发展空间，这些因素的制约使得阿坝州的工业不具有大规模化、产业化发展的基本条件，依托交通运输业的完善来支撑第三产业的发展。此外，州内经济发展不平衡，在区位条件、自然条件、开发历史以及社会经济条件的综合作用下，阿坝州具有文化向西、经济向东的发展趋势，其区内社会经济发展表现出明显的差异性，未来的发展中应重视区域内的差异性，实现差异化的共同发展，差异发展的同时缩小经济发展差距[②]。

4.4.4 促进藏族聚居区交通运输与区域经济互动发展的政策建议

交通运输与区域经济发展之间具有显著的互动发展关系，两者之间形成了相对平稳的多层次反馈环，每一个环节功能的提高都会影响到下一个环节，促进其功能增强，并随着这种促进作用的传递，最终形成相互促进的系统网络。基于阿坝州的实证分析证明广大藏族聚居区的交通运输与区域经济的关系相互制约、相互促进，两者之间形成了很好的互动发展态势，但广大藏族聚居区交通运输建设中的困难和问题也会成为区域经济持续发展的主要"瓶颈"。经过多年发展，阿

---

① 四川省统计局. 四川统计年鉴2014 [M]. 北京：中国统计出版社，2014.
② 罗怀良，冉茂玉. 四川阿坝藏族羌族自治州社会经济发展区域差异研究 [J]. 四川师范大学学报（自然科学版），2004（5）.

坝州交通运输呈现出以公路运输为主，公路总里程数增加迅速，多样交通运输体系逐步完善的趋势，但由于里程数偏少、技术等级低、公路网密度低、建养资金短缺、自我发展能力不足等诸多因素的制约，导致了区域经济总量偏小、发展水平较低、产业结构不合理、州内经济发展不平衡等问题，因此，广大藏族聚居区应该加大交通运输的投资，提高交通运输质量，充分发挥对区域经济发展的推动作用。

4.4.4.1 营造宽松的投融资环境，多渠道筹措建设资金

对于经济欠发达的广大藏族聚居区，交通运输建设任务重，资金需求量大，资金的筹措是决定其交通运输能否顺利发展的重要因素，交通运输建设资金来源绝大多数为国家预算内投资以及少量的国内贷款，其交通运输融资结构不尽合理，资金来源渠道比较单一，这很难满足交通运输发展的需要，对于经济不发达的广大藏族聚居区需要构建一个宽松的投融资环境，以便拓宽投融资渠道。[①] 应结合当地实际情况建立一个以政府为主导、多元主体为补充的多元化投融资渠道。采取优惠政策，吸引各种资金投向其交通运输建设，实现多渠道投融资，与本省发达城市甚至东中部的发达省市开展横向联合投资，利用它们资金雄厚优势，联合开发当地的优势资源并进行交通运输建设，将资源开发与交通运输建设连为一体。引进、利用外商投资也是广大藏族聚居区交通运输建设的一种可以大力发展的资金来源。

4.4.4.2 加快智慧型交通运输管理体系建设

智慧型交通运输管理体系是交通运输管理与信息化融合发展的典型，是交通运输管理的未来趋势。大数据时代的到来为交通运输运营管理、突发事件应急管理、公路养护管理的智能化、信息化提供了很好的契机。由于广大藏族聚居区自然条件较为恶劣，滑坡、泥石流、地震等地质灾害时有发生，应急管理体系也是广大藏族聚居区交通管理体系不可缺少的一部分，由地质条件差所造成公路养护任务重，进而导致公路养护管理比其他地区更为困难。必须科学利用大数据时代的信息技术，通过交通运营、养护、灾害发生情况等内部数据的处理建立一个大区域运行监管平台。

4.4.4.3 实施交通运输与区域经济发展的一体化规划

现行的交通运输规划仅停留在相对单一的行业规划层面，这很难满足交通运

[①] 杨安华.连片特困地区区域发展与扶贫攻坚的几个关键问题 [J].吉首大学学报（社会科学版），2014（2）.

输规划与区域经济发展协调发展的需求，应从主体、政策、内容三个角度展开交通运输与区域经济发展一体化规划。一体化规划主体是指由中央政府、各级地方政府以及相关联产业部门等成员构建一个的多层次的组织机构，并参与、协调规划过程；一体化规划政策要求保持政策的弹性和连续性，减少规划调整次数，进而避免无序建设和资源浪费；一体化规划内容则要求考虑区域内交通运输与经济发展的拟合水平，即交通运输总量与区经济发展的适应水平以及交通运输空间布局与区域空间结构的合理配置。规划原则应保证交通运输与区域经济发展有机结合，形成互动发展态势。

4.4.4.4　优化交通运输网，促进区域经济发展

一方面，将广大藏族聚居区的交通运输网规划与其经济功能相匹配，根据广大藏族聚居区的生产力布局和主导产业的发展，形成县城之间、经济区之间的互联互通，还应该连接重要旅游景区，有效地促进区域内旅游产业的发展，在公路干线建设为主体的基础上，铁路和航空建设等配套网络的发展也不能忽视。另一方面，优化交通网等级结构，要充分发挥广大藏族聚居区交通运输的经济功能，提高公路等级是很有必要的，与区域经济实际状况和其地广人稀的人口分布，可以以改建为主导，修建为辅，对地质条件较复杂、交通量较小的部分线路可以采用低等级公路建设标准，而对于交通运输量大、地形条件较好的国省道按二级或高速公路的公路标准来修改建。

4.4.4.5　注重交通运输与区域经济可持续发展

交通运输与区域经济可持续性发展主要体现在交通运输建设规划时需要充分考虑交通运输建设发展过程中可能产生的环境问题和社会问题，广大藏族聚居区自然地理条件复杂、资源丰富多样、存在着生态脆弱区等诸多约束条件，交通运输发展必须考虑资源节约和环境的承载能力。首先，协调交通运输建设与环境保护的关系，在水土流失、空气污染以及旅游资源保护等方面力争将其环境影响降到最小化；其次，实施集约化、内涵式的绿色交通增长模式，在交通建设过程中鼓励采用循环经济理念的新材料、新技术，最大限度地实现资源节约化；最后，制定切实可行的交通运输用地管理政策，严格执行交通占地审批制度，防止土地资源浪费。

第5章

藏族聚居区文化资源开发利用及文化产业发展现状及问题

5.1 西藏民族文化旅游资源的保护性开发

在独特的地理位置、气候条件、资源环境和宗教习裕的约束下，西藏地区经济相对落后，但拥有丰富的自然旅游资源和民族文化旅游资源，尤其是藏民族灿烂辉煌的文化资源。由于地理环境因素使西藏地区的行为文化、宗教文化和艺术文化表现出相当的完整性和充分的独特性，这些独特的文化传统和行为方式形成了西藏旅游业快速发展的持续竞争优势。进入21世纪，西藏已成为全国乃至全世界的著名旅游目的地。西藏旅游业以其强劲的发展势头在六大支柱产业中的重要地位越来越突出，成为西藏经济跨越式发展的动力。2006年，随着青藏铁路的开通，进藏旅客首次突破250万人次，旅游业总收入突破27亿元人民币，全区共有2.9万名农牧民参与旅游服务，同比增长49%，人均增收5 318元，同比增长153%[①]。近年来，以西藏为目的地主题旅游持续升温，据统计数据显示，从2006~2009年，西藏旅游业总收入年均增长率超过40%。旅游开发促进了西藏经济的发展，提高了居民的生活水平。

但是，由于缺乏科学的开发模式，导致了对民族文化资源的破坏，促使民族传统文化日渐消亡，严重影响了西藏民族文化旅游业长期的可持续发展。本书在巴泽尔产权经济模型的基础上，把握产权的合理安排与旅游资源的有效配置和科学开发关系，并结合产业发展的三大维度原则，为西藏民族文化旅游资源保护性开发提供理论借鉴和政策建议。

---

① 兰金山，蒋静. 我区农牧民增收节节攀高 [N]. 西藏日报，2007-1-9 (1).

5.1.1 西藏民族文化旅游资源开发的现状及问题

5.1.1.1 主要的开发种类

由于突出的地方特色、民族风格和明显的历史性、地域性特点，西藏的民族文化旅游资源具有无可比拟的优势，主要体现在三个方面。

（1）古迹建筑遗址文化。此类旅游资源主要包括宫殿、园林、寺庙、楼阁、古人类遗址等，在西藏主要表现为宗教旅游资源。宫殿在藏语意为"颇章"，不同于中国内地的历代帝宫，在西藏，宫殿是藏传佛教的历代法王、宗教领袖居住的地方。除著名的布达拉宫和雍布拉康宫外，西藏的宫殿还有青瓦达孜宫，萨迦寺的卓玛颇章、平措颇章和哲蚌寺的噶丹颇章等。寺庙是西藏古建筑的主体，据统计，目前西藏有大小寺院2 700多座。受历史上西藏政教合一制度的影响，只要是规模较大的寺庙，往往既是宗教活动的场所，又是地区政治、经济和文化的中心，甚至是财富的集中地。① 又如：建于公元10世纪前后古格王朝遗址，也具有非常高的人文价值。

（2）民族风情文化。西藏地区各民族独特的风土人情、节日庆典、服饰装饰等具有浓郁的民族特色，这种特色鲜明的人文旅游资源为西藏旅游业的发展创造了不可替代的优势。藏族、门巴族、珞巴族和僜人的服饰各具特色成为当地民族风情的重要元素。藏民族的饮食文化、村寨文化、节日庆典和宗教仪式等为长期在都市生活中的现代游客提供了别致的休闲旅游体验。

（3）民族工艺文化。藏族聚居区工艺特产主要有地毯、服装、首饰、玉器、藏刀、藏香、木碗、工艺唐卡等许多种类，做工独特，工艺精湛，令人爱不释手。西藏的民间艺术和工艺产品种类繁多，具有深厚民族文化内涵和浓郁的地方特色，集使用价值和观赏价值于一体。

5.1.1.2 开发现状

当前，西藏民族文化旅游资源开发的现状是：景点多，但地区之间分布不平衡；雷同且内容单调、创新性不强；产品开发处于初级阶段，档次较低，品位较差，效益较低，总体呈现出粗放式的增长方式。更严重的是在开发过程中，由于多元文化的冲击，文化特征物及民风民俗受到"汉化"和"西化"影响的情况

---

① 代艳. 以旅游业作为重要支柱产业促进西藏经济跨越式发展问题研究［D］. 西藏民族学院硕士学位论文，2007：21 – 24.

严重。

5.1.1.3 主要问题

民族文化保护性开发遭受的破坏主要体现在：

首先，不合理地开发，导致藏民族文化的传统特质面临挑战。由于开发的不合理，使开发出来的旅游文化产品品位不高，民族文化的独特性和多样性受到冲击，另外，民族传统文化出现严重的异化现象，这种趋势将导致民族传统文化的消失。

其次，受到短期开发行为的影响，民风民俗受到功利主义干扰较多。藏民族淳朴的民风受到民族文化旅游业发展带来的商品意识、拜金思想所破坏，严重影响当地民风民俗持续、健康的发展。

再其次，受到多元文化和多元价值观的冲击，当地居民对本民族的文化自信心面临诸多挑战。由于开发的不合理，旅游业给当地居民带来的经济效益较低，这样就使广大藏族聚居区人民对本民族文化的自信心不同程度的下降，结果使本民族的风俗习惯与文化特征面临逐步被外来文化所同化的压力，从内部影响和延缓了民族文化旅游业的可持续发展。

最后，旅游地文化生态环境的破坏。一些游客在景观上乱涂、乱画、乱刻等行为，破坏了文化的生态环境，严重影响了当地民族文化旅游业的可持续性发展。

5.1.2 引入产权经济模型对西藏民族文化旅游资源开发的分析

巴泽尔产权经济模型对把握产权制度安排与旅游资源配置和开发利用效率的关系，认识民族文化旅游资源的特性，推动西藏民族文化旅游资源保护性开发具有重要的理论指导意义。

5.1.2.1 理论分析

首先，关于产权界定的问题。巴泽尔认为交易的实质是权利的互换，表现形式为物品的交换，他将资产权利的获得、出让和保护所需要的成本叫做"交易成本"。由于资产具有许多属性，彻底界定、完全保护和转让每种属性都要付出代价，导致交易成本的增加，因此从经济学层面来分析，产权从来没有被完全界定过。为了使得资产的净收益增加，节约交易成本，初始所有者往往只保留资产的部分所有权，将其他属性的产权分割给与之相关的利益主体。

其次，关于公共财富的问题。全面获得商品信息的成本很高，完全界定产权的困难也很大，因此每一个交易中都存在攫取财富的潜在机会，没有界定或不完全界定的财富溢出，作为"租"进入"公共领域"，不可避免地导致攫取公共财富的"追租"行为。受到主客观条件的限制，不同利益主体由于自身条件的制约，"追租"的成本和收益并不均等，拥有权力、资本、信息等方面的优势利益主体，在利益博弈过程中居于强势地位，有更多的机会以很低的成本获取甚至随意侵吞公共财富。一些财富进入公共领域难以避免，但可以采取加强监管、公开信息等相关措施加以避免或减少。

此外，关于所有权配置的原则问题。巴泽尔认为由于收入流是可变的并且不能完全预见，要准确断定在任何情况下的收入流，成本是很高的，因此接受资产产生的收入流的权利，只是资产产权的一部分。他指出所有权配置的原则有两个方面：一方面，当交易双方中只有一方能影响收入流时，就应该将产权界定给他，只有这样，收入才能实现最大化；另一方面，索取剩余份额的大小与对资产平均收入的影响正相关，对资产平均收入影响更大的一方，应该得到更多的剩余份额。为了完全清晰地界定产权，必须做到与收入最大化相一致的权利转让。

最后，关于资产的交换价值。巴泽尔认为资产的交换价值是它能产生的总收入以及测度与控制它的交易的成本的函数。由于收入流的多变性和不确定性会减少资产的价值，同时界定和控制成本昂贵，会出现在交易过程中，利益方有能力过高使用或过低提供未定价的资产属性等不合意行为，导致理性的交易双方彼此施加限制。所以，产权经常会受到约束，资产的交换价值也会受到约束，约束的性质与发生率会使资产的交换价值过高或过低。[①]

5.1.2.2 现实分析

在藏族聚居区民族文化旅游资源开发的过程中，由于文化资源特殊的产权属性，必然会出现利益相关者之间的产权博弈。在此，以地方政府、开发企业和社区居民为既定利益关联主体，引入巴泽尔的产权经济模型，分析藏族聚居区民族文化旅游资源开发中存在的主要问题。

（1）相对于社区居民而言，政府和开发企业具有更强的博弈力量，不利于文化资源产权收益的合理分配。由于交易成本和监督成本的存在，导致民族文化旅游资源的相关权利不可能完全界定，必然有部分有价值的资源进入"公共领域"，因此在"公共领域""寻租"也成为相关利益主体获得额外收益的目标。民族社区与利益相关者（如政府、开发商）之间的政治博弈和权力较量直接决定他们是否能够获得在"公共领域"索取和控制"租"的机会。现实中，受到

---

① 巴泽尔．产权的经济分析［M］．费方域，段毅才译．上海：上海三联书店，2006．

传统观念、地方经济建设要求、资金稀缺性和当地居民素质等各种因素的约束，资本所有者和权力使用者处于相对的强势地位，社区和村寨则在民族文化旅游资源开发过程中处于弱势地位①，因此，在民族文化旅游资源开发过程中，政府和投资商等强势群体可以通过不充分公布信息或采取强制性手段等方式侵蚀社区居民等相关弱势群体的文化资源产权。

（2）民族文化资源具有明显的公共产品特征，使社区居民内部在资源开发利用中相互侵权的问题客观存在。一方面，由于民族文化承载着物质文化遗产资源系统和非物质文化遗产资源系统的严密体系，尤其是非物质部分体现出明显的共有产权特性，不可能明确界定其具体归属，而是属于旅游文化资源所在地区的相关群体的共有资源，因此，民族文化资源在当地社区居民的开发过程中体现出明显的公共产权外部性特点。另一方面，虽然少数民族文化资源的物质遗产（如建筑遗址、村舍民房等）的产权归属能够全部或部分地界定，但处于同一社区内的物质文化遗产（如民居建筑）则是紧密联系、不可分割的整体吸引物，当其建筑风格受到相关所有者的擅自改动，将使景区整体面貌受到侵害。从总体上来看，民族文化资源明显的呈现出公共产品的一般特征②。当公共资源的外部性效应与"公共领域"的"寻租"效应交织在一起，利益关联主体在民族文化旅游资源开发过程中相互侵权的问题将不可避免而且可能会更加突出。

（3）正确界定民族文化资源的不同属性，在利益关联主体间科学配置其产权，是降低保护性开发的交易成本和专业化损失的有效路径。民族旅游业可持续发展的核心支柱来自于传统的民族文化资源，如果因为开发过程的失误，遭受破坏，轻则造成旅游资源质量下降，使游客不再关注当地的旅游价值；重则导致民族旅游资源遭受毁灭性的破坏，难以恢复，即使能进行表面形态的恢复，也无法再恢复原有文化内核，使民族旅游业失去了持续发展的内生性动因。由于民族文化资源是多重属性的集合体，如：旅游开发和资源保护的属性，旅游资源的长期拥有和短期经营等属性，因此，受到交易成本过高的影响，相关利益主体想要界定任何一项产权都相当困难。民族文化资源保护开发的相关要素都受到不同的利益主体的控制，不同的要素产权共同构成民族文化旅游资源的权利束。如果民族村寨或社区独占这一组权利束，会因为旅游人才匮乏、开发资金不足等原因，产生专业化损失，影响开发效率；如果企业或政府想完全占有这一组权利束，则需要与当地居民或社区进行交换，在信息不充分的条件下，全面获取、彻底转让和充分保护产权过程中会产生大量的"交易成本"。综上所述，受到民族文化旅游

---

① 孙诗靓，马波．旅游社区研究的若干基本问题［J］．旅游科学，2007（2）．
② 王汝辉，巴泽尔产权模型在少数民族村寨资源开发中的应用研究［J］．旅游学刊，2009（5）．

资源的多重属性约束，利益相关者完全界定其产权的可能性很小，为了降低保护性开发的交易成本和专业化损失，则需要分解产权，由不同的利益关联主体占有其最有效率的民族文化旅游资源的不同产权。

5.1.3 国内外经验总结

5.1.3.1 法国的特色文化资源开发经验

法国通过合理的制度设计，使政府、企业、民间协会和村寨居民在文化资源开发过程中相关权益有了较明确的界定。政府对文化事业及相关产业给予不同形式的财政支持或赞助，主要形式有三种：一是中央政府直接提供赞助、补助金和奖金，每一个从事文化活动的企业或民间协会，均可向文化部直接申请财政支持。二是来自地方财政支持，法国的大区、省、市、镇政府都有支持文化事业发展的财政预算。三是政府通过制定减税等规章鼓励企业为文化发展提供各类帮助，有关企业可享受3%左右的税收优惠。统计资料表明，法国企业为文化发展提供的赞助，多年来一直高于对其他行业诸如环保行业的赞助。

贝弗龙是一个坐落在法国北部下诺曼底地区的古镇。1972年，镇政府启动了拯救和修复古镇计划，在完整地保存村落原貌和鲜活、淳朴的原生态乡村生活特征的基础上，营造出了符合休闲和生态要求的旅游环境。

1981年，法国创设了"最美乡村"品牌，绿荫环抱和鲜花装点的贝弗龙成为第一批获此美誉的古镇。从此，这座有着1 000多年历史的农业小镇，成功实现了转型，开始了以旅游业为主的新生活。依托其悠久的传统文化和地方特色，通过同周边旅游空间和资源的重组与综合开发，走上一条可持续发展道路。

虽然贝弗龙只有村民235人，每年却要接待20万游客。建筑和苹果酒是其最富本土特色的旅游资源，也是延揽游客的金字招牌。为保持原生态，贝弗龙的村民达成共识，严格控制商业用房的开发数量。镇上只有一家面包店、一家小超市和为数不多的几家咖啡馆与餐馆，相比较而言，还是销售特色产品的小店多些。建于1928年的"理发师咖啡馆"，依旧保持着只提供饮料、允许顾客自带食物进店的传统。虽然保持原生态的开发方式使当地村民生活不太方便，但在政府、企业、民间协会和村寨居民达成共识，在相关权益有了较明确的界定的基础上，保护与开发的平衡发展及良性互动，为贝弗龙提供了生机，也给村民带来了实惠。

在法国被冠名"最美乡村"称号的古镇共有157个，全部列为法国文化遗产保护范围。对古镇的管理与保护，不仅在国家层面有法可依，各级地方政府也颁布了相关法规和条例，提出政策性指导，以加强对"最美乡村"这一品牌市场的规范与监督。法国文化部专门设立了文化遗产保护委员会，并制定出一整套标准和措施，定期进行重新评估，对不合格者做"摘牌"处理。

5.1.3.2 意大利的特色文化资源开发经验

意大利将特色村寨旅游业看作一项真正的公共服务事业，通过合理的开发模式推动其可持续发展。政府专门设立文化遗产部，在保护和管理文物古迹方面探索出独特的"意大利模式"，将政府部门、开发企业和当地居民的权利和义务进行了较明确的界定，由私人和企业来经营管理和利用当地的文化古迹，而公共部门则负责保护文化古迹，对于私人和企业的经营行为进行规范和督促，较好的界定了政府行为与市场行为的边界。

意大利古镇维罗纳因气候宜人且风景秀丽，早在古罗马时期就已成为度假胜地，古迹涵盖了从古罗马至哈布斯堡王朝的各个历史时期，罗密欧和朱丽叶的爱情故事更为其平添了浪漫色彩。维罗纳对古罗马圆形竞技场的利用极具创造性，将其与特色歌剧表演艺术相结合，政府通过定期举办歌剧节等形式，对露天歌剧这一古老艺术形式加以推广，每年都有超过 50 万人到此欣赏歌剧，使这座外表破落的古老建筑再次焕发生机。

每年来自全球的 300 多万游客，如何成功处理由旅游业带来的社会问题是维罗纳旅游持续发展的关键因素。面对因旅游业发展产生的交通问题，意大利众多历史文化古城都将市中心古城区设置为交通限行区，私人车辆未经允许擅自驶入，将面临高额罚款。这不仅减少了车流量大而产生的交通拥堵，还为古城游客的人身安全提供了可靠保障。以汽车为代表的工业社会符号大幅减少，也为以古城作为品牌的文化旅游创造了最佳的游览体验。结合维罗纳的中世纪城市风貌，使罗密欧和朱丽叶的经典故事得以持续演绎。

与通过特色文化资源的合理开发，为古镇居民带来了实惠，而城市服务水平的不断优化也使当地居民的生活质量大幅提升。虽然每年维罗纳都要接待超过自身人口 10 倍以上的游客来访，但在面对全年不休、蜂拥而至的全球游客时，由于管理科学、开发有序，维罗纳市民感受到更多的是喜悦而非困扰，各肤色、各民族游客给维罗纳增添了许多活力，让这座古城到处散发着生机。

5.1.3.3 云南省对特色村寨文化资源的保护性开发经验

云南省关于文化资源产权也没有系统的制度安排，其特色文化村寨的保护性开发主要制度依据在于《云南省民族民间传统传统文化保护条例》《云南省人民政府关于加快推进民族特色旅游村寨建设工作的意见》《关于进一步加强民族工作促进民族团结加快少数民族和广大藏族聚居区科学发展的决定》《关于建设民族团结进步边疆繁荣稳定示范区的意见》等地方性规定，虽然没有专门文化资源产权制度安排，但该省针对利益相关者的权益配置、调动文化资源主体积极性等方面进行了探索并取得了一定成效。

云南省特色文化村寨开发一大特色是文化资源保护与产业化发展相结合，由云南省民委牵头，同级政府相关部门，各级政府积极参与支持发展。以政策支持为主，编制发展规划，积极投入资金力促进特色村寨实现可持续发展。在特色村寨前要求每一个申报的村寨都编制建设规划，形成国家有宏观政策规划，省有总体发展规划，村有建设实施规划的格局。在特色村寨建设过程中，充分调动群众的积极性和主动性，发挥群众的主体性作用，动员群众为特色村寨建设出谋划策、投工投劳。积极探索可持续发展模式，做到保护与发展并重，在对传统民族文化进行保护。挖掘、整理的同保护中时，大力培植产业，改善民生，使特色村寨在保护中得到发展，群众在保护中得到收益，特色文化在发展中得到弘扬。

云南省德钦县雨崩村位于云南省梅里雪山缅茨姆峰之畔，占据梅里雪山景区所有村寨中的海拔最高点，也是通往当地藏传佛教"内转山"活动圣地的必经之路。村寨居民以藏族为主，藏传佛教是当地村民的共同信仰，村民们高度重视大自然的赐福，对神山圣湖都拥有虔诚的爱戴，在历史文化的熏陶下和自然因素的影响下，村民们形成了独特的生活方式和民风民俗。优越的自然禀赋、迤逦的田园风光、虔诚的宗教信仰、神秘的民族风情、特殊的生活样式，共同构成了雨崩村丰富的村寨文化旅游资源。20世纪90年代初中日联合登山队的到访使雨崩村进入国内外旅游探险者的视线，当地政府于2003年举办的"梅里雪山文化年"系列庆典使雨崩村的村寨文化旅游资源开发步入快车道。

经过20多年的历程，雨崩村在村寨文化旅游业的推动下，村民们在没有政府部门以及外部投资者进入的情况下，依托自身条件，自发地进行了村寨旅游业的发展，形成了较为合理的特色村寨文化旅游资源保护性开发模式。雨崩村的村寨文化旅游业发展主要包括4种基本方式，即：特色村寨客栈食宿服务、高原交通马匹租用服务、村寨及景点游览向导服务、环境保护及村寨卫生管理，村寨居民通过共同协商，在提供各种有偿服务的基础上形成了独特的服务管理约定、合理的定价收费秩序和有效的利益分配机制。在云南省政府的主导下，雨崩村于2005年划入梅里雪山管理局的管辖范围，使其有了官方备案的旅游景点身份。景点的门票收入归政府所有，同时政府承担村寨旅游设施开发、招商引资、布局规划、基础设施建设等综合职能，而广大村民们绝对拥有村寨内部旅游项目的经营权，依然是除门票收入之外其他旅游收费的受益者，虽然景点门票的收取使游客的旅游成本有所增加，但更加完善的配套服务使游客有了更真实更全面的村寨文化旅游体验。

雨崩村的成功经验在于政府的权益与民间权益的边界界定比较清晰。在该模式中少数民族群众成为村寨文化旅游资源开发中收入流的主要决定者，拥有资源的主要产权，开发和运营管理规则由村民们通过共同磋商而产生，虽然政府部门在后期介入了管理，但并没有破坏原来的规则，政府部门对原来的规则发挥了补充和规范的作用。与一般商品的产权属性相比，少数村寨文化资源的产权属性更加特殊，虽然有大量的物质承载物，但是其精神属性才是核心竞争力，不仅有大量的经济利益相关者，而且关系到少数民族群众的情感诉求和广大藏族聚居区的和谐稳定等问题。雨崩村村寨文化旅游资源开发模式的重要特点就在于在长期自发的开发、经营和管理过程中，村寨居民成为资源收入流的主要决定者，拥有资源的主要产权，从而成为主要的剩余索取者，在市场经济条件下大大增强了对本村寨文化的自信心和自豪感。在各利益相关者间合理界定并配置资源产权属性的基础上，雨崩村得到了有序发展，并形成了较为完善的村寨文化旅游资源保护性开发的长效机制。

5.1.4　西藏民族文化旅游资源保护性开发体系的构建

结合全球旅游行动策划委员会提出旅游业可持续发展的目标，本书提出西藏民族文化旅游资源保护性开发的目标体系为：一是增进人们对民族旅游所产生的环境效应和经济效应的理解，强化人文生态意识；二是促进民族旅游业公平发展；三是改善民族旅游接待地区人民的生活质量；四是向人们提供高质量的民族旅游经历；五是保证未来民族旅游开发赖以生存的人文环境质量。[①] 围绕此目标体系，主要开展以下工作。

5.1.4.1　基于关联博弈模型建立健全社会声誉机制，规范利益博弈强势方的开发行为

社会学家格兰诺维特（1985）提出"社会嵌入性"的概念，认为在市场经济中的交易是嵌入在参与人的"社会网络"中，社会网络中的社区规范和文化可以有效约束经济博弈中参与人的机会主义倾向，其作用机制是通过交易域和社会交换域[②]中关联博弈的声誉机制来实施的：一个参与人不仅参与交易域的经济

---

① ［英］伊恩·莫法特. 可持续发展：原则、分析和政策［M］. 北京：经济科学出版社，2002.
② 交易域和社会交换域是日本学者青木昌彦在《比较制度分析》一书中提出的概念。交易域由私人拥有可以自由交换或处置的物品的个人构成。社会交换域主要指交换以多边的形式发生在相互认识的一群固定的参与人间所形成的域。

博弈，同时还参与社会交换域的重复性的社区博弈。在社会交换域的社区重复博弈中，作为一个有社会声誉的社区成员，将会获得一定规模的社会资本和声誉价值。声誉价值体现在经济收益和非经济收益两个方面，后者包括尊重、赞赏、归属感等社会收益。[①] 利益关联者交易域博弈矩阵，如图 5-1 所示。

		主体Ⅱ	
		不履行	履行
主体Ⅰ	不履行	U　U	P　B
	履行	B　P	L　L

图 5-1　利益关联者交易域博弈支付矩阵

为了分析方便，对于利益关联者社会责任在交易域中的博弈假定如下：令 P>L>U>B，L=0，且时间贴现因子 1>δ>0。通过简单分析可知，在重复博弈中，如果利益主体采取履行社会责任的态度，获得的收益是 L/（1-δ），若利益主体偏离合作，在当期可获得的收益为 P，所以在交易域的违约所得为 R = P-L/（1-δ）。利益相关者的关联博弈矩阵，如图 5-2 所示。

		主体Ⅱ	
		合　作	不合作
主体Ⅰ	合　作	c　c	d　f
	不合作	f　d	e　e

图 5-2　利益相关者的关联博弈图示

注：此处的合作定义为文化资源的保护性开发，不合作定义为粗放式开发。

在文化资源交易与开发的博弈中，博弈是重复进行的。为了分析方便，对于参与主体在社会交换域中的博弈假定如下：令 f>c>e>d，e=0，且时间贴现因子 1>δ>0。通过简单分析可知，在重复博弈中，如果参与主体采取合作的态度，获得的收益是 c/（1-δ），若偏离合作，在当期可获得的收益为 f，所以合作博弈的激励约束条件是 c/（1-δ）>f，只要具有足够的耐心，即 δ 足够大，所有参与主体都将选择合作，如果用 M 代表合作的净收益（也即从社会关系中得到的合作剩余），则社会资本可表示为：M = c/（1-δ）-f。

因此，假定在社会交换域博弈中利益相关者选择合作，即 M>0，那么只要满足 M>R>0，关联博弈对于参与各方都是有利的，而且这时的社会福利达到了帕累托改进，同时，当条件满足时，社会资本博弈就成为一种可置信的威胁，保证了参与者自觉履行社会责任。只要参与主体的社会交换域中的合作收益大于交易域中的违约损失，关联博弈对参与主体就是有利的，关联博弈克服了交易域博

[①] 黄君慈，罗杰. 声誉、关联博弈与民间信用私人实施机制 [J]. 江淮论坛，2006（3）.

弈中的"搭便车"行为，减少了因契约不完备带来的交易成本的提高，使承担社会责任成为参与主体的一种共同信念，而这种共同信念一旦形成社会的惯性行为进而"进化"为非正式制度，就会自动地提供给利益相关者行为选择的硬约束，使交易域和社会交换域的双重惩罚机制的可置信度大大提高，从而使（合作，合作）成为嵌入社会交换域中的关联博弈的演化稳定策略，实现地方政府和开发企业承担社会责任的良性循环。

总之，正是因为社会嵌入性诱发的交易域与社会交换域的关联，使参与主体通过权衡交易域中不合作行为将引发的福利函数改变，使其不仅在交易域乐于遵守合作契约，而且也有足够的激励在社会交换域惩罚违约者。这种可置信的处罚威胁将大大减少机会主义行为的发生，提升不完全契约的自我执行能力，而且还会使参与主体通过声誉机制的构建共享社会福利提高带来的收益增加。以此建立起来的社会声誉机制将规范权利使用方和资本使用方在民族文化资源保护性开发过程中的短期行为。

5.1.4.2 基于产业发展的三大维度原则，构建西藏民族文化旅游资源保护性开发体系

西藏民族文化旅游产业要健康持续地发展，必须在合理界定产权性质的基础上，正确处理好保护与开发的关系，遵循产业发展的长远性、分布性、拓展性三大维度原则，建立民族文化资源保护性开发体系。如图 5-3 所示。

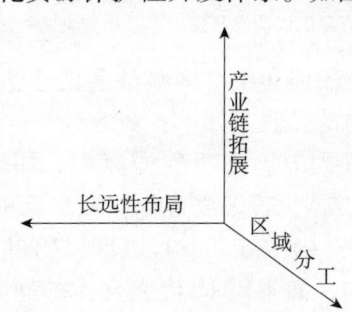

图 5-3　产业发展的三重维度

（1）从时间层面上考虑，协调好当前利益和长远利益的关系。

一方面，科学地利用"已开发"民族文化旅游资源，通过制度建设，合理分配区域利益，限制到访的游客数量，将到访密度较大地区的游客分散到其他相关区域。运用旅游信用机制，规范到访游客的素质，对高质素的游客给予如荣誉村民、荣誉市民等各种形式的精神和物质奖励。同时，在有条件的民族聚居区建立民族文化博物馆，为年轻人提供学习本民族传统文化的条件，对本民族文化进行发掘、抢救、整理和传习，通过合理的激励机制，促进本民族精神文化的深层

次保护与发展。

另一方面,分秩序、有选择地开发"待开发"的民族文化旅游资源。各地区在民族文化旅游资源开发过程中的比较优势来自于各地、各村寨生活方式、风俗习惯、语言等文化特征及区位特征的差异性,这种地区差异性使这就要求地区间的民族文化旅游产业应遵循产业的非协调发展规律,部分优势地区的民族旅游产业应优先发展,以此为基础再带动其他地区的发展[①]。

(2) 从空间层面上考虑,按各地区的民族文化资源禀赋合理分工。各区域的民族文化资源既是文化旅游业区域分工的前提,又是区际经济利益交换和产业协作的条件,因此,产业结构布局应在区域资源禀赋约束的前提下,进行有效的分工协作。由于各区域和各民族村寨都有自身的特色,在开发过程中应根据各地区和民族村寨的类型、优势、功能、接待能力和环境特征等各方面的条件深入发掘,明确其功能,协作开发,做到"大而全",而不是"小而全"。在民族文化资源的开发过程中,努力做到各区域市场旅游客源流动的关联性,防止个别地区的封闭式开发模式,杜绝文化资源的过度开发和过分利用,从而促进地方经济的发展与民族文化的保护相协调。

(3) 从纵深层面来考虑,不断拓展民族文化旅游资源产业链。通过深度开发,增强其发展动力,提高资源使用效率,把已开发出来的产品做精做细,推动民族文化旅游资源的可持续开发。具体可以从以下几方面拓展产业链:一是在全面研究和开发本民族历史沿革、民俗风情、民间歌舞、民族工艺、名人典故、建筑风格、宗教信仰等文化遗产的基础上,大力发展与民族文化相关的图书出版业,提高本民族传统文化的学术价值和研究地位;二是完善西藏的旅游信息服务系统,加大民族文化资源的宣传力度,加强品牌建设,打响本民族文化旅游产品的知名度;三是持续推进与南亚国家的交流合作,扩展和打造精品旅游线路,提供良好的投资环境,将西藏建成南亚地区的国际民族文化交流中心。

综上所述,西藏地区拥有灿烂的民族文化旅游资源,但由于民族文化资源特殊的产权属性,导致利益相关者到"公共领域"的"寻租"行为时有发生,使民族文化旅游资源在开发过程中受到破坏、冲击,甚至毁灭等严重的负外部性行为影响。因此,应该在科学理论的指导下,正确界定民族文化资源的相关产权属性,在利益关联主体间合理配置其产权,通过建立健全社会声誉机制,杜绝利益博弈强势方的短期开发行为,基于产业发展的三大维度原则,构建西藏民族文化旅游资源的保护性开发体系。

---

① 唐剑,江宗德. 贵州民族文化的保护开发与民族文化旅游业可持续发展研究 [J]. 特区经济,2010 (4).

5.2 藏族聚居区民族文化资源的保护利用与新型城镇化建设的协调发展

党的十八大以来"社会主义文化强国建设"和"中国特色新型城镇化建设"已成为新时期的两大重要战略支撑，多轮驱动的新型城镇化越来越成为一种趋势，不仅仅是工业发展，文化资源的开发利用也逐步成为新型城镇化的主要驱动因素。广大藏族聚居区由于缺少工业化的支撑，经济社会发展比较缓慢，难以通过工业化途径来完成城镇化进程，而当地的民族特色文化资源丰富，以文化资源的产业化推动就地城镇化，是广大藏族聚居区城镇化发展的理性选择。因此，依托传统文化资源，善用传统文化资源，推动农业经济向文化经济转型，是民族地区实现就地城镇化的重要途径。

四川藏族聚居区近年来在开发传统文化资源、彰显民族特色、推动城镇化建设等工作中取得了新的成效而且体现了鲜明的特色，本书以甘孜和阿坝藏族聚居区为典型研究对象，深入剖析民族地区文化资源开发利用与新型城镇化协调发展的路径和机制，加强定量分析与定性描述的结合，深化理论与实证的结合，积极探索四川藏族聚居区传统文化资源开发过程中所面临的问题，并且运用科学的方法对四川藏族聚居区文化资源的保护性开发策略进行全面分析，对于激发民族文化创造活力、丰富社会文化生活、保障人民基本文化权益，尤其是对于西部少数民族地区依托特色文化资源推进新型城镇化建设，具有重要意义。

自从我国实行改革开放政策以来，城镇化建设进程持续推进，年均增长率基本保持在1%以上，到2011年我国的城镇化率已经达到了全国一半以上的水平。之后，我国的城镇化水平一直保持在较高的水平，2015年我国的城镇化率已经达到56.1%，在这样的背景下，很多问题逐渐暴露出来，因此政府应该对相应的战略进行调整和重新安排。2012年，我国新型城镇化的战略任务在中共十八大报告中被明确提出来，并于次年的党的十八届三中全会中进一步强调了必须坚持走以人为本的具有中国特色的新型城镇化道路，2014年3月16日，中共中央、国务院联合印发《国家新型城镇化规划（2014—2020）》，在这个规划中再次提出我国城镇化发展需要由速度型过渡为质量型。

2012年中共十八大提出了两个一百年的奋斗目标，其中第一个即全面实现小康社会目标的关键，是要解决民族地区的发展问题，因为民族地区的发展问题解决不了，就存在贫困和落后的现象，那时的小康就不能说是全面的小康。四川藏族聚居区，一方面由于受自然环境和历史因素的影响，经济发展水平落后，且面临维稳的巨大压力,另一方面由于其在藏族聚居区中占有较大的比例,并且是向内地展示藏族聚居区的窗口,因此,四川藏族聚居区经济发展的难度大,面临的困难多,四川藏族聚居区的经济发展成功了,其经验对其他民族地区的经济发展具有一定的启迪和示范作用。但是,四川藏族聚居区由于历史和自然环境的原因,传统城镇化的工业基础薄弱,经济基础较差,唯有自然资源和文化资源禀赋突出,因此,四川藏族聚居区在奔向小康的过程中,应该大力发展文化产业和服务业,将文化产业作为新型城镇化的重要支撑,走将文化产业和新型城镇化协调发展的道路。

四川藏族聚居区包括阿坝州、甘孜州、木里县。截至2016年,三个地区的城镇化水平分别达到:35.7%、27%、25%,而四川全省的平均城镇化率以及全国城镇化建设平均水平分别为48%、56.1%,可见差距之大[①]。四川藏族聚居区的城镇化发展非常缓慢,而且存在不平衡的特征,这在一定程度上限制了自身的发展,并且还大大降低了辐射周边农村地区的作用。

在四川藏族聚居区,甘孜州是藏文化的发祥地之一,是康巴文化的诞生地。民族文化风格独特、底蕴深厚、博大精深、源远流长。在漫长的历史长河中,藏族、彝族、回族、汉族、蒙古族、古西夏等民族在这片热土上生息繁衍并创造了辉煌灿烂的文明,留下了极其丰富的文化遗产。这些文化遗产凝聚着全州各族人民自强不息的精神追求和历久弥新的精神财富,是建设各民族精神家园的重要支撑,在促进甘孜州文化大发展大繁荣和文化强州建设中发挥着不可替代的作用。在阿坝州,"格萨尔""雕版印刷技艺""藏戏"3个项目被列入了"人类非物质文化遗产代表性名录",同时,还成功申报了国家级非遗项目23个,省级非遗项目62个,州级非遗项目127个;有国家级代表性传承人9人,省级代表性传承人74人,州级代表性传承人242人[②]。此外,阿坝州拥有高密度、高品位的世界级旅游资源,有九寨沟、卧龙、四姑娘山和若尔盖湿地4个国家级自然保护区,生态环境优良,立体气候明显,地理环境独特。这些优越的文化资源经过转化,可以成为独特的文化产业。

四川藏族聚居区是中国第二大藏族聚居区,是康巴文化的核心区,亦是内地连接西藏的咽喉要道,自古就是"汉藏走廊",其经济、社会、文化发展在我国藏族聚居区中具有一定的代表性。目前,四川藏族聚居区城镇经济发展较为落后,工业化程度不高,城镇化率远低于平均水平,产业布局和人口的分布都比较松散。如何在四川藏族聚居区因地制宜,利用该地区的文化资源发展文化产业,

---

① 四川省统计局. 四川统计年鉴2016 [M]. 北京:中国统计出版社,2016.
② 中国日报网. http://www.chinadaily.com.cn,2014 - 06 - 06.

带动其他产业的发展，促进新型城镇化，无疑具有窗口示范效应，对全面小康社会的建设具有举足轻重的作用。

5.2.1 文化资源保护利用与新型城镇化协调发展机制

5.2.1.1 新型城镇化的特征

（1）传统城镇化的特征。传统型城镇化其实就是农村人口向城市不断集中的历程，主要表现为城市规模的不断扩大、城镇数量以及城市人口的增多。经济全球化是城镇化时空发展的经济空间支撑体系。一方面，经济全球化推动了产业结构的调整，进一步推动了作为第二、第三产业载体的城市的发展；另一方面，经济全球化推动了经济增长，为城市建设提供了大量资金，提高了人们的收入，引起生产结构进一步向第二产业和第三产业发展，推动城镇化进程持续加速。在城镇化的发展进程中，我们可以依据其产业布局、推动力量、发展理念等方面特征将其分为传统型城镇化和新型城镇化两种类型。

在历史上，传统城镇化具有以下的特征：

首先，在质量上，传统城镇化片面追求城市规模的扩大和城市空间扩张，其手段是通过牺牲农业和生态环境为代价的。

其次，在出发点上，传统城镇化侧重城镇化率快速提升，城市数量增加、人口增加、规模扩大。

再其次，在内容上，传统城镇化以经济和城市的发展为目标，以土地和人口的城镇化为内容。

最后，在动力上，传统城镇化是以外向型的工业来带动的，导致广大的农村地区长期发展缓慢，拉大了城乡差距。在传统城镇建设中，政府过度干预城镇化进程，致使半城镇化、土地城镇化快于人口城镇化这样的问题产生。

（2）传统城镇化带来的问题。鉴于传统城镇化具有以上的特征，导致其产生诸多问题的出现：

第一，城镇化水平差异大。统计资料显示，2013年我国的城镇化平均水平达到了53.73%，同比增长了1.16%，而同时期东部、西部、中部三个地区的城镇化水平依此呈现递减状态，分别为60.43%、55.3%、40.53%，东西部差距达到5.13个百分点；城镇化水平最高的城市为上海市，城镇化率为88%，而城镇化水平最低的城市为西藏自治区，只有22.75%，差值达到了65.25%。2013年，城镇居民人均可支配收入东西部相差9 762元，相比2010年，差距提高了2 295.66

第5章 藏族聚居区文化资源开发利用及文化产业发展现状及问题

元,相比2005年,差距提高了5 170.29元,见表5-1所示。[①]

表5-1　　　　　　　我国城镇化率区域对比　　　　　　　单位:%

区域	省份	城镇化率(2012年)	总和(2012年)	城镇化率(2013年)	总和(2013年)
东部	河北	46.8	61.17	46.51	60.43
	上海	89		88	
	北京	90		86.3	
	天津	82		78.28	
	山东	52		52.17	
	江苏	63.4		62.85	
	浙江	63.2		62.96	
	福建	59.6		60.76	
	辽宁	65.7		66.45	
中部	吉林	57	40.10	54.2	40.53
	山西	51.2		52.56	
	河南	42.2		42.4	
	江西	47.5		48.87	
	湖北	53.49		54.51	
	湖南	46.6		47.96	
	安徽	46.5		47.86	
	黑龙江	56.5		56.9	
西部	四川	50.02	54.18	44.9	55.30
	贵州	35		37.83	
	云南	39.3		39.31	
	西藏	28		22.75	
	陕西	50.02		51.31	
	甘肃	38.75		40.13	
	青海	47.44		48.51	
	宁夏	50.67		52.02	
	新疆	44.5		44.47	
	重庆	56.98		58.34	
	广西	43.6		44.82	
	内蒙古	57.5		68.71	

资料来源:根据2014年中国统计年鉴整理计算。

第二,城镇化的发展水平和工业发展水平不相适应。其实二者本应是一个相辅相成、相互促进的关系,但是在我国,二者的发展却呈现出明显的不协调,尤其是在较为落后的西部地区,一些城市忽视了自身的实际情况,照搬硬套西方国家的发展模式,重视城市基础设施建设而轻视支柱产业的培育和发展,过于重视城市的形象化建设,而忽视自身传统产业的变革和新型特色产业的发展,从而进一步导致大量农村劳动力过剩,就业压力不断增加的现实问题。统计资料显示,

---

[①] 国家统计局.中国统计年鉴2014 [M].北京:中国统计出版社,2014.

2012年全国城镇化率和工业化率之比达到了137%,相比2010年提高了12%,相比2005年提高了34%,处于不断扩大的状态。全国城镇化率与工业化率的动态变化,如表5-2所示。

表5-2　　　　　　2012年全国城镇化率与工业化率之比

年度	1978	1995	2000	2005	2010	2012
比值	0.40	0.71	0.89	1.03	1.25	1.37

资料来源:根据2014年中国统计年鉴整理计算。

第三,城镇化布局结构失衡。核心城市缺乏辐射带动力,主导地位不明显,城市的经济实力和人口的总规模不相适应。总体而言,传统的城镇化建设进程导致我国城镇化存在一系列突出的特点:一方面,城市总数量多,但是中等城市少,规模普遍偏小。另一方面,市区人口虽多,但是中心人口不多,从而导致城市功能偏弱,缺乏经济带动力。统计数据显示,2011年,我国全部地级及以上的城市数量共有288个,但是400万人口以上的大型城市数量为13个,200万~400万人口之间的较大型城市数量也较少,只有31个,剩下的大多为100万人口以下的城市,50万~100万人口之间的城市达到了108个,20万~50万人口之间的城市也有49个,并且在2005年之后的6年间,这些数据几乎没什么太大的变化。[①] 此外,我国城市职能分工特点不明显,产业布局不科学,存在着重复的情况。

第四,城镇化发展方式粗放。改革开放以来,我国很多地方政府由于思想认识上的偏差,在开发建设的过程中过于注重GDP数量的增长,从而忽视城镇化建设需要同人口、资源和环境维持一种协调发展的关系,进一步造成环境破坏、资源利用率不高,能源消耗过大等不可持续的严重问题。虽然经济总量获得了高速增长,城市规模扩张迅速,但是土地资源的消耗却特别严重,2005年我国的城区面积大概有32 520.70km^2,而2010年的时候城区面积达到了40 058km^2,共增加了7 537.30km^2。同时,资源的消耗问题也极其严重,2005年能源消耗量为3.57tce/a,2010年扩大为4.55tce/a,共增加了将近1tce/a,2010年城市人均能源消耗量比全国水平提高了2.13tce/a,比2005年的1.77tce/a的差距提高了0.36tce/a。[②]

(3) 新型城镇化的特征。新型城镇化是相对于传统城镇化而言的,新型城镇化具有以下的特征:

其一,新型城镇化以"存量优先"为基本原则。政府突破了前期单一的依赖城镇化率的外延式增长,逐步转变了将已进入城市的农村转移人口市民化作为

[①②] 国家统计局. 中国统计年鉴2012 [M]. 北京:中国统计出版社,2012.

优先考虑的因素，更加注重城镇化的内在质量。在持续推进城镇化的进程中，立足于农业现代化的基础，保持工业化作为重要渠道，结合我国城乡分割严重的现实状况，重视城市带动农村、工业反哺农业，扩大城市公共服务的覆盖范围，将城市建设的文明成果惠及全体民众。

其二，新型城镇化的核心是"以人为本"。城镇化的实质是实现农民的非农化，是实现农民的城镇化，是通过采取一定的措施，消除城乡差别，农民能够与城镇居民同等地享有发达的物质文明和精神文明成果，进一步提高农民的素质，所以，城镇化必须遵循以人为本的基本原则，促进人的全面发展，实现依法治国，推动普遍的公平公正。

其三，新型城镇化建设的重要途径是"四化"同步，即工业化、农业现代化、信息化、城镇化相互协调，相互发展。新型城镇化必须有产业和市场支撑，否则，新型城镇化也就不可能真正实现，更不可能持续。如果农业和城镇化滞后，工业发展就缺乏市场和条件，工业化的高度发达就不能实现，如果城镇化超前，就会患"城市病"和"农村病"，农村就缺乏高度的物质基础；工业化和城镇化是信息化的前提，信息化更进一步推动工业化、城镇化和农业现代化的发展，信息化可以大幅度提高人类诸多活动的效率，如果缺乏了先进的信息技术来为传统产业服务，那么工业、农业、城镇的现代化目标就很难实现。

其四，新型城镇化是以质量为主导推进的城镇化。新型城镇化不是简单的城镇人口和面积的增加，而是需要依托人居环境改善、生活方式转变、产业优化支持、社会保障完善等方面不断推动由"乡"到"城"的重大改变。新型城镇化在实现过程中，强调节约和高效，注重科学规划和统筹安排，特别是在土地和资源上加以集约型利用，注重环保和低碳，强调基础设施的完善，提升城市管理水平，加强生态文明建设，注重绿色发展、低碳发展和循环发展模式，打造有历史风范、地域特色、文化气息、民族特质的美丽城镇。

5.2.1.2 文化资源保护利用与新型城镇化的协调发展机制

（1）新型城镇化建设为提高文化资源开发利用效率提供保障。新型城镇化的持续推进能够为文化资源的合理开发和有效利用提供更加有利的交通运输条件。我国民族地区绝大部分地处边疆，主要分布在山区、高原、牧区和森林地区，由于交通不便，很多不为外界所了解。新型城镇化建设给民族地区走向世界提供了契机，为民族地区带来了高水准的交通建设，这给民族地区的文化资源保护利用提供了便利的交通条件，为民族地区的文化产业融合缩短了空间距离。

新型城镇化过程中的城市人口规模效应保证文化资源的开发利用。新型城镇化有助于人口聚集效应的实现，从而有利于为民族文化资源的合理保护、有效开发、科学利用、持续传承和健康消费奠定良好的人口基础，为民族地区的文化产品的开发提供了主观条件。在民族地区，具有民族特色的文化资源，通过设计、创意、科技提升和市场运作，转换为文化产品和文化产业，期间关键的环节是消费群体的保证。新型城镇化的人口聚集效应正好满足这一需要。

新型城镇化建设能够为民族地区文化资源合理的保护利用创造齐全的公共设施基础。一般而言，特色文化聚集地的广大民族地区基础设施建设不是特别发达，但是随着民族特色文化开发力度的加大，相关的公共设施配套建设工作必须跟上步伐，才能更好地促进文化资源的保护与开发进程。例如，由文化资源而带动的文化旅游产业涉及食、住、行、游、购、娱六个方面，文化旅游产业要持续发展就需要相应的配套公共设施。新型城镇化的建设能够促进相关地区公共设施的建设，并进一步加大民族特色文化资源的保护和利用程度。

新型城镇化为制造业和民族文化产业的融合带来了机遇。新型城镇化为农业以外的产业发展提供了机会，特别是在广大的民族地区，文化旅游资源具有比较优势，是一种重要的增长要素，具有支撑、形成增长极的作用，在这些地区，工业基础相对而言比较薄弱，工业企业的发展程度不高，在新型城镇化的建设和发展过程中，应该突破原来的路径依赖，也不应该照搬硬套西方国家的经验，单纯依赖工业化，而应结合自身的实际情况，从实际出发，发展适合本区域的民族文化旅游业或者其他的特色产业，实现民族文化产业和制造业的相互融合。

（2）文化资源保护利用是顺利推进新型城镇化的重要支撑。文化资源有效的保护利用可以为新型城镇化的发展提供良好的产业支撑。保护和利用特色文化资源，比如藏族的唐卡和建筑，必然带来特色文化旅游和相关产业的发展，像保安族的腰刀，涉及制造业的一些行业的融合，这些产业涉及第一、第二和第三产业的综合交叉，引起产业结构的优化升级，给新型城镇化发展提供良好的产业支撑。

文化资源合理的保护利用可以进一步增强新型城镇化建设的软实力。新型城镇化具有软实力和硬实力，硬实力包括经济总量、财政收入、硬件设施等，软实力包括文化水平、人文环境、体制机制等。通过规划、设计和市场运作，特色文化资源转化为文化产业，从而成为区域经济的增长极，刺激城镇的聚集效应和扩散效应，带动城市群发展，进一步促进新型城镇化的发展，为新型城镇化提供强大的经济支撑。

特色文化资源保护利用能够大幅提升新型城镇化建设的差异化优势。传统城镇化的一个重要弊端就是"千城一面"，城市没有个性。新型城镇化下，特色文化资源就是区别各个城镇的标志，提升了城镇和城市的魅力，使新型城镇化的品质得到了提高。

（3）文化资源保护利用和新型城镇化协调发展机制。文化资源保护利用和新型城镇化建设之间主要体现为协同互补的辩证关系，一方面，新型城镇化建设能够为文化资源的有效开发和合理利用提供有力保障，其主要手段包括交通网络的不断完善、公共设施的持续改进、人口聚集的规模效应、产业结构的升级和产业基础的巩固。另一方面，文化资源合理的保护利用已成为顺利推动新型城镇化建设的重要支撑，其主要手段包括产业化支撑水平的提高、新型城镇化软实力的增强、新型城镇建设差异化优势和柔性竞争能力的提升。两者之间的协调发展机制，如图5-4所示。

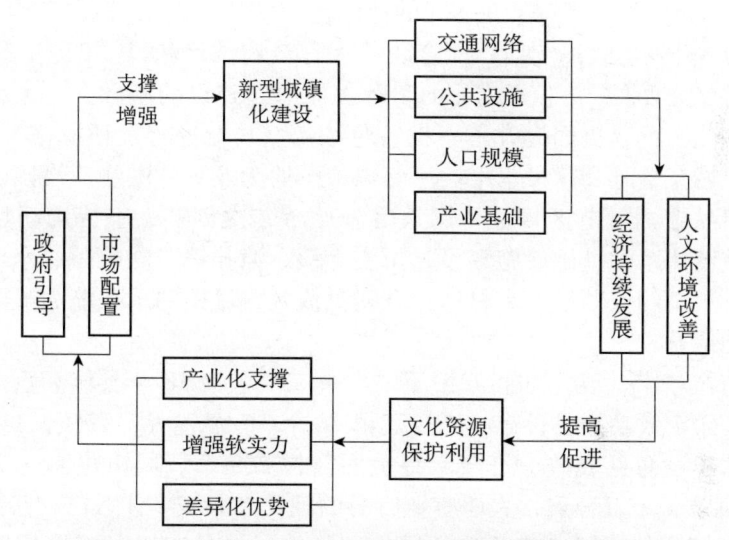

图5-4 文化资源保护利用和新型城镇化协调发展机制

由图5-4可知，新型城镇化建设依托以上四种方式，通过经济持续发展和人文环境不断改善两种途径，进一步强化了文化资源的有效保护力度，并提高了文化资源的合理利用水平。而文化资源保护利用水平的提高，又依托三种基本方式，通过政府的科学引导和市场对资源的有效配置两种途径相互补充，大大增强了新型城镇化建设的广度和深度，为新型城镇化建设提供有力的支撑。最终实现了两者的协同互补，良性循环。

5.2.2 四川藏族聚居区城镇化建设和民族文化资源开发的现状及成就

5.2.2.1 城镇化建设工作的现状及成就

（1）四川藏族聚居区城镇化成绩突出。四川藏族聚居区地理位置处于青藏高原的东部边缘，地域比较广阔，海拔较高，气候寒冷，空气稀薄，冬季严寒天气持续时间长,道路交通这类的基础设施较为落后,尽管地理环境比较恶劣,而且基础设施建设也不尽如人意,但在改革开放以后,尤其是国家西部大开发战略的推动下,四川藏族聚居区城镇化建设仍旧取得了较为显著的成绩。

阿坝州在进行城镇化的过程中,取得了很大的成绩,积累了丰富的经验。一是以规划为导向。在"十二五"期间,按照"十二五"规划提出的"四心多极两轴"新型城镇体系建设目标,加大马尔康县城、九寨沟县城、松潘县城和茂县四个中心城镇建设力度,围绕汶川—茂县—松潘—九寨沟和汶川—理县—马尔康—阿坝县两条轴线,打造内涵丰富、文化多元的特色魅力城镇。二是以民生工程为契机。在深入推进扶贫开发、牧民定居、综合防治大骨节病试点和以"四改、两建、调结构、强配套、促增收"为核心内容的幸福美丽家园建设的基础上,大力实施城镇的美化、亮化工程,巩固提升了一批特色浓郁、功能完善、环境优美的小集镇,有效提高了城乡统筹和建设水平。三是以旅游业为龙头。围绕建设国际旅游目的地、中国精品旅游示范区目标,深入实施旅游二次创业,坚持走新型城镇化道路,加快城镇体系和基础设施建设,川主寺镇、漳扎镇、映秀镇、水磨镇、卓克基镇等旅游集镇的城镇扩容和打造提升初见成效,城镇的承载能力显著增强,城镇品位得到提升。

甘孜州在"十二五"期间,按照"三去三加"对18个县城和重点集镇实施风貌改造。康定成功撤县设市,撤乡建镇28个。7个省级"百镇试点"和20个州级示范镇建设初见成效。打造幸福美丽新村209个。城镇化率达27.9%,比2010年提高7.4个百分点,宜居宜业宜游的现代高原城乡体系已初步建立[①]。

(2)城镇化与区域经济具有相同发展规律。一是四川藏族聚居区城镇化与经济发展在全国处于劣势。2013年,我国城镇化率为53.73%,人均GDP为4.2万元,四川藏族聚居区阿坝州城镇化率为34.59%,城镇居民人均可支配收入2.3万元,甘孜州城镇化率为25.81%,城镇居民人均可支配收入2.1万元,说明四川藏族聚居区的城镇化率和区域经济与全国平均水平相比都处于劣势,发展具有不平衡性[②]。二是四川藏族聚居区内部城镇化发展不平衡。通常情况下,城镇化水平是和经济发展水平成正相关的。在四川藏族聚居区,区域经济差异明显,与此相应,城镇化的水平差异很大,单从人均GDP来看,汶川、康定、理县和马尔康等县、市早已超过3万元,其中汶川县最高,达到了4.8万元,这四个县的城镇化水平也是藏族聚居区最高的四个县,其中马尔康县高达47.2%。而经济最为落后的当属石渠县,人均GDP仅为6 843元,而该县城镇化水平也才仅

[①] 中共甘孜州委政策研究室. 甘孜州领导干部学习与调研文集(2014年卷).
[②] 四川省统计局. 四川统计年鉴2014 [M]. 北京:中国统计出版社,2014.

仅 14.9%。① 参见表 5-3。

表 5-3　　　　　　　四川藏族聚居区城镇化率及经济水平差异

非农人口占比	县数（个）	总人口（万人）	占藏族聚居区人口比（%）	人均 GDP（元）
10%~15%	1	9.7	7.14	6 843
15%~20%	3	9.2	6.80	15 144
20%~25%	5	23.6	17.37	13 439
25%~30%	11	26.0	19.13	31 434
>30%	11	53.0	39.00	12 801
合计	31	121.5	91.27	8 695

资料来源：2013 年阿坝州统计年鉴、2013 四川省农业统计年鉴。

从表 5-3 可见，四川藏族聚居区的县、市总体而言经济发展水平相对滞后，而且城镇化水平也偏低，其中有 11 个县城镇化水平超过 30%，人均 GDP 达到 12 801 元；有 11 个县城镇化水平在 25%~30% 之间（不包括 30%），人均 GDP 达 31 434 元；有 5 个县的城镇化水平在 20%~25% 之间，人均 GDP 达到了 13 439 元；有 3 个县的城镇化水平在 15%~20% 之间（不包含 20%），人均 GDP 有 15 144 元；有一个县的城镇化水平仅在 10%~15% 之间，人均 GDP 仅为 6 843 元，四川藏族聚居区内部各区域之间差异也很明显。

三是人均 GDP 与非农产业尤其是第三产业发展对城镇化的影响显著。以四川藏族聚居区 31 个县 2013 年的截面数据为分析对象，我们得出四川藏族聚居区城镇化水平随人均 GDP 增长呈现正向多项式相关，相关系数为 0.376 6，呈现为弱相关关系，如图 5-5 所示。

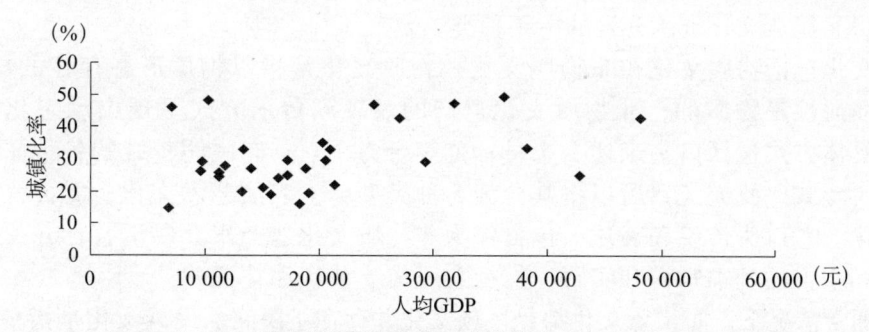

图 5-5　2013 年四川藏族聚居区城镇化水平与人均 GDP 关系

此外，2013 年四川藏族聚居区 31 个县的截面数据分析表明，人口城镇化与第一产业不相关，相关系数仅为 0.128 847，人口城镇化与第二产业低度相关，相关系数仅为 0.418 781，和工业的相关系数更小，仅为 0.371 799，但和第三产

---

① 阿坝州统计年鉴（2013），四川省农业统计年鉴（2013）。

业中度相关，相关系数为 0.679 721。这反映了四川藏族聚居区第二产业的发展对人口城镇化的贡献率较低，相对来说，第三产业吸纳农村的劳动力强。

（3）建制镇和城镇化之间呈正的相关性。在四川藏族聚居区，城镇化和建制镇之间呈正的相关性，两者呈正相关关系，相关系数为 0.466 28。如图 5-6 所示。

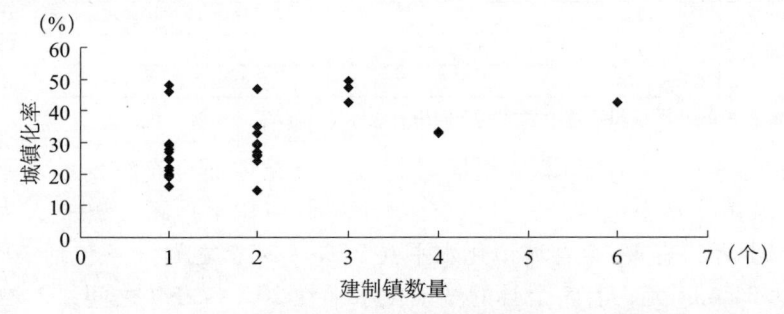

图 5-6　四川藏族聚居区建制镇和城镇化水平之间关系

这说明藏族聚居区人口城镇化水平随建制镇数量增加而增加。建制镇最多的是汶川县，一共有 6 个建制镇，非农业人口比例达到了 42.52%。而其中的 15 个藏族聚居区县都只有一个建制镇，即其县城，这些藏族聚居区县的城镇化水平较低，普通低于 20%。

5.2.2.2　民族文化资源开发种类、民族文化资源产业化发展现状

（1）民族文化资源开发的主要种类。

文化包括物质文化和非物质文化。物质文化是指以物质形态存在的文化，其本质属性是物质的；非物质文化遗产的表现和传承方式呈现出动态化的特征，具体方式包括口头亲述、亲身示范等行为，它具有民间传统的各种文化形态或者形式。我们大致可以将其分为 5 种类型：ⓐ表演艺术文化；ⓑ传统手工艺文化；ⓒ口头传说和表述，包含作为非物质文化遗产媒介的语言；ⓓ关于大自然和宇宙的基本知识和实践；ⓔ社会风俗、节庆和礼仪。[①]

通常情况下，非物质文化都是民族文化并存在于民间。民族文化是指在一定的历史发展阶段拥有共同地域、共同语言、共同经济生活及共同宗教信仰、共同习俗的特定民族创造和发展起来的具有本民族特点的文化[②]。然而，民族文化和民族文化资源并非同一种概念，后者是指将前者通过发掘、整理、去粗取精后，

---

① 邹启山. 文化延续之命运——略论非物质文化遗产及其保护 [J]. 中外文化交流，2004（7）.
② 胡敏中. 论全球文化和民族文化 [J]. 学习与探索，2003（1）.

便可以作为一种资源直接参与现代经济生活并带来效益的民族文化[1]。可以将民族文化资源分为物质文化资源和非物质文化资源，前者是长期历史积淀的产物，是民族传统文化的物质体现，主要包括服饰、工具、饮食和建筑等方面；而后者更多的是彰显了民族审美习惯、民族个性，主要包括民俗文化、民族艺术等，向人们呈现出了非常明显的民族文化特色和民族价值取向[2]。

（2）四川藏族聚居区民族文化资源产业化发展现状。一方面，四川藏族聚居区民族文化资源非常丰富，具有鲜明的特色。伴随着漫长的历史进程，四川藏族聚居区积累了大量丰富多彩的历史文化遗产，有藏族文化"活化石"之称的德格印经院，保存的藏族文化典籍大约占到所有藏族典籍的70%；著名的古建筑有藏传佛教寺庙、藏族碉楼村寨等；甘孜州是康巴文化的发祥地、是茶马古道的主线、是香格里拉的核心区、是格萨尔王的故乡、是嘉绒文化的中心、是世界名曲康定情歌的创造地；甘孜踢踏、舞蹈巴塘弦子、新龙锅庄享誉国内外，而且还有白玉戈巴父系文化，国内仅此一处，还存在道孚扎巴走婚习俗等特色地域文化。截至当前，甘孜州成功申报了127项非物质文化遗产，其中国家级的保护项目有23个，省级的保护项目有39个，洲际的保护项目有65个。除此之外，四川藏族聚居区还有羌年、藏年等传统的节日，宗教文化的活动也非常丰富，红军文化也很好的保存下来了，并具有一定的地域特色，民族的歌舞和民俗风情也时常让人感到耳目一新。

阿坝州拥有良好的生态环境，气候为显著的立体分布格局，地理位置特色明显，这里还有大熊猫和珙桐等珍稀物种，它们享有"动植物活化石"之美誉。阿坝州共拥有24处自然保护区，占当地面积的29%，国家级自然保护区有4个，分别是九寨沟、卧龙、四姑娘山和若尔盖湿地，其中九寨沟和黄龙都是世界自然遗产地、"绿色环球21"和人与生物圈保护区，阿坝州的卧龙、四姑娘山和夹金山脉是四川大熊猫的重要栖息地，其在2006年7月12日正式加入世界自然遗产，由此，我国的世界自然遗产达到5处，阿坝州就有3处。阿坝州的省级自然保护区高达11处，分别是黄龙、白河、白羊、勿角、铁布、草坡、宝顶、米亚罗、曼则塘、南莫且、三打古。3个国家级风景名胜区分别是九寨沟、四姑娘山和黄龙，5个省级风景名胜区分别是卡龙沟、米亚罗、三江、叠溪—松平沟和九顶山—文镇沟大峡谷[3]。这里的山脉连绵不绝，河流曲折蜿蜒，动植物多种多样

---

[1] 赵杨. 近年来我国民族文化资源保护问题研究综述 [J]. 中南民族大学学报（人文社会科学版），2005（3）.

[2] 谢正发. 民族文化资源开发与城镇化建设协调发展研究——以武陵山片区为例 [J]. 贵州民族研究，2014（6）.

[3] 阿坝州"十二五"期间文化产业发展态势良好，中国阿坝州门户网站，www.abazhou.gov.cn.

且珍贵稀有，在川西北高原这块美丽的土地上，不得不感叹世界的神奇，能创造出如此秀美诱人的山水景观。世界知名的旅游专家称阿坝州为世界生态旅游必到之处，最理想的生态旅游目的地。

阿坝州也是重要的红色文化基地，也是红军长征经过的重要阵地，革命先烈不畏艰险、艰苦奋斗的精神影响了一代又一代四川藏族聚居区民众。整个州被四川省人民政府划为革命老区县的就有13个，其中红原县就是由周恩来总理亲自命名的，红军长征纪念总碑碑园亦坐落于此。阿坝州这片热土将永远传承革命先烈的红色精神，也成为当代民众红色旅游和青少年爱国主义教育的重要目的地，红军革命精神也将在此永垂不朽。

另一方面，四川藏族聚居区文化产业成绩显著。四川藏族聚居区各级相关政府及党政领导都非常关注文化产业的发展，积极做好规划。阿坝州借灾后重建之机，致力于建设一系列独具藏羌文化特色的小镇，工作思路是形成"一线五片"文化产业总体布局。甘孜州也已出台建立"五个一"文化产业体系的战略规划，即：县县一特一品一台一队一中心。该地区文化品牌建设的效果已经有了初步的显现，比如"白玉河坡藏刀""阿西土陶""藏谜"和"色达藏戏"等文化品牌已经初具影响力。2014年阿坝州文化产业产值达5亿元，占全州GDP的2.3%。截至2012年11月，全州文化产业经营单位总资产达12亿元，实现经营性收入4.910 89亿元，上缴利税3 862.4万元，实现增加值2.95亿元，增长19.4%，占全州GDP的比重为1.96%[①]。

此外，民族文化产业实现了初步优化升级。甘孜州的康定情歌文化园区建设的脚步逐渐加快，致力于形成康东多元文化、康北格萨尔文化和康南香巴拉文化三位一体产业区；全面实施对新龙药泥面具和德格麦宿、白玉河坡手工艺品和炉霍唐卡等项目的开发；实现对红色文化资源规划、开发与保护；扩大对文化产业的宣传范围，并增加宣传力度，将"圣洁甘孜"文化旅游区的公用商标上报国家工商总局，促进文化产业的发展。

阿坝州当前的示范基地众多，比如有1个国家级文化产业示范基地，2个省级文化产业示范基地，列入藏羌彝文化产业走廊重点项目的有3个。国家对大禹文化产业园的建设项目投入的资金高达500万元，大型原生态歌舞乐《藏迷》通过央文化产业发展专项资金的审批并取得金融贴息；将旅游业与文化结合起来，举办各种民族节日、文物展览和文艺表演等丰富多彩的活动；加大对文艺表演的编排力度，《羌魂》和《九寨千古情》等歌舞表演外出各地进行表演，截至2014年底，九寨沟演艺团队共获得了近109万人次游客的观看，产值达到1.69亿元；

---

① 阿坝州"十二五"期间文化产业发展态势良好，中国阿坝州门户网站．www.abazhou.gov.cn．

非物质文化遗产成为了文化产业的中流砥柱,诸如藏羌织绣、唐卡、西路边茶和藏香等传统工艺品受到越来越多的游客的喜爱,是人们的新选择。2014年,阿坝州的文化产业的产值占当年GDP的2.3%,高达5亿元,正慢慢成为阿坝州的主导产业①。

5.2.3 四川藏族聚居区城镇化建设与民族文化资源保护利用面临的问题

一是城镇化建设中民族文化资源保护力度不够。随着新型城镇化建设步伐的不断加快,四川藏族聚居区的城镇、新农村、公路以及基础设施都得到了长足的发展。然而,由于未能准确平衡在现代化进程中文化资源利用与保护之间的关系,缺乏对城市历史文化特色维护,致使大量的文化资源毁坏、消失,也失去了城市的独特性。具体表现在:一方面,历史文化古迹被损毁、破坏。由于自然灾害频繁发生而人为的保护不力致使不少地区的都城楼、古塔以及寺庙等古建筑裂塌、破旧不堪,失去其艺术价值,同时在城市规划建设中对历史遗迹的文物价值和旅游价值的忽视,轻率地拆除,又或是超负荷的开发,加剧了文物古迹的非正常损毁和民族文化生态的破坏。另一方面,不合理的规划、开发,丧失了文化气氛。城镇化规划前期阶段缺乏对民族、地域文化的全面深入考察,不少村、镇的人造景观粗制滥造,历史古迹和遗址仅进行简单的仿制,民族风情商品化、庸俗化,未能考虑地域特色,致使景观毫无文化脉络,失去其原有的价值。

二是城镇化进程中民族文化基础设施滞后。四川藏族聚居区近年来在开发传统文化资源、彰显民族特色、推动城镇化建设等工作中取得了新的成效而且体现了鲜明的特色,但是受到地理环境、经济的落后以及交通条件恶劣等因素的影响,城镇进程中文化基础设施严重滞后化,藏族聚居区内的休闲广场、文化馆、大剧院以及主题公园呈现出分布少、层次低的特点,现有的文化基础设施不能很好地体现其民族文化的特色,更不能满足大众多元化的文化娱乐休闲需求。除此之外,大型酒店、停车场等设施既在数量上严重供给不足,又缺乏民族特色,完全跟不上藏族聚居区城镇化的步伐。

三是受自然环境的约束,城镇体系发育滞后,城镇功能弱小。四川藏族聚居区地处青藏高原向四川盆地的过渡带上,气候条件复杂多变,海拔多在3 500米以上,超过95%的地区处在高寒地带,且地质和自然灾害频繁发生。恶劣的自

---

① 阿坝州"十二五"期间文化产业发展态势良好,中国阿坝州门户网站,www.abazhou.gov.cn.

然环境无论是在城镇建设选址还是城市规模扩展等方面都严重制约着城市化的进程。目前，四川藏族聚居区城镇结构为县城、建制镇以及集镇三级，城镇体系滞后，藏族聚居区面积占全省面积的 51.5%，却无县级市设置，32 个县级行政区域中有 17 个仅有县城为建制镇，占到藏族聚居区面积 56% 和人口 47%；而超过 4 个建制镇的仅有 3 个县城，占藏族聚居区面积和人口分别为 4.2% 和 11.6%[①]。不健全的城镇体系，城镇数量少、规模小，聚集作用小，加之交通基础设施弱后和地理环境约束，四川藏族聚居区的城镇在其经济发展中很难发挥其作为增长极的作用，甚至有些城镇实现自身积累和自我发展都成问题，更别说发挥其对周围农村经济的带动、扩散效益了。

5.2.4 促进藏族聚居区民族文化资源保护利用与新型城镇化建设协调发展

藏族聚居区特殊的社会历史条件和资源、客观的地理环境状况以及后发的经济发展，在规划和建设新型城镇化时，应以继承保护优秀文化传统和特色为支点，在城镇化建设过程中更多地结合传统文化、区位优势、民风民俗等特色禀赋，深入探索当地民族文化资源的保护性开发与新型城镇化建设之间的协调互动发展路径。

其一，建立有效的政府引导机制。政府主导民族地区文化资源保护与城镇化协调发展的战略已在实践中逐步探索出来了一个重要的经验。考虑到四川藏族聚居区新型城镇化与文化资源保护利用协调发展的可持续性，政府的引导作用不能仅仅停留在直接的资金支持和加强宣传上，而这种引导更多地应该体现在担任一个组织者的角色。政府牵头创立一个包含旅游企业、旅游产品生产企业、民族文化资源培训基地以及科研、咨询机构的集旅游发展、生产、培训、研究四位一体的"民族文化资源利用保护基地"，可以集结整个藏族聚居区在各环节的优势资源，集中优势发挥各自的特色发展道路；再者，借助这一基地具备的民族文化资源的理论研究与应用研究相结合的功能，对政府在制定城镇发展规划体系中充分考虑城镇规划与产业布局规划以及民族文化资源保护规划一体化提供了很好地支持。

其二，依托差异化发展，走特色城镇化之路。四川藏族聚居区民族特色文化资源丰富，依托该区独特多样的历史、人文、地理、艺术等地域特色文化资源的积累实现差异化竞争优势的特色城镇化就成为一个理性的选择。藏族聚居区的差

---

① 四川省统计局. 四川统计年鉴 2016 [M]. 北京：中国统计出版社，2016.

异化特色城镇建设大致可以分为几种：人文型城镇，藏族聚居区虽然地理环境较差、地广人稀，但是汉藏人民也在这片区域上创造了辉煌而独特的藏文化。如人文小城镇——汶川县的绵虒镇，镇内有红军长征纪念馆、文星阁、禹王宫等人文遗迹和羌绣、西羌等文化遗留。而此外如历史文化名城汶川、松潘、康定等，一般都具有较深的文化积淀，因而，在城镇建设时，应突出各自的人文特性。旅游型城镇，藏族聚居区如九寨、黄龙、贡嘎山等自然资源相当丰富，旅游业发展迅速，因而在发展城镇建设时完全可将其定位为旅游型城镇；宗教型城镇，宗教在以藏民族为主体的社会扮演着极为重要的作用，重要的寺庙也成为藏族聚居区人、物流最为频繁的地方，例如：若尔盖县的达扎寺镇、松潘川主寺等，因而在城镇建设中客观发挥宗教特色。同时，特色的文化资源还具有形成文化产业的条件与优势，藏族聚居区各地根据其特色和优势找准自己的差异定位，培育产业集群。

其三，城镇化建设中民族文化资源的利用与保护并重。四川藏族聚居区独具特色的历史文化、自然人文景观以及民俗风情等文化资源的开发不仅带动了当地经济的发展，也有效推动了就地城镇化发展步伐。然而，再丰富的资源仅进行过度的破坏性开发，若不加以保护，就会损毁，不注重传承，也会消失。民族文化资源的保护与利用的关系必须是相辅相成，相互支持的，开发必须以保护为前提，资源保护也是为了更好地利用。在实现四川藏族聚居区新型城镇化建设中民族文化资源的保护与利用良性互动发展上，可以从民族文化资源的特殊产权属性入手，以降低保护性开发的交易成本和专业化损失为原则，合理界定地方政府、当地居民、投资者等利益相关者之间的产权利益关系，最终形成注重保护与利用并重的自动作用机制。

其四，注重旅游业与文化资源保护利用深度融合。城镇化建设离不开产业的支撑，必须因地制宜找准支柱产业，实现产业拉动城镇发展。独特的民族文化资源和丰富的自然资源作为四川藏族聚居区城镇建设的核心竞争元素，其以此为主体所形成的文化旅游业必将成为新型城镇建设的经济核心。目前，民族地区的旅游业发展不仅为文化资源的保护提供了直接的资金保障，也极大地促进了民族文化的传播与交流，同时民族文化资源的开发也提高了地区的知名度，促进了旅游业的发展，两者之间形成初步融合。然而，旅游业与文化资源更重要的是实现其深度融合，通过旅游商品的开发、旅游产业链的延伸，发挥以"一业带动百业"的作用，拉动民族地区文化产业以及其他产业的整体发展，实现民族文化自身产业化。

5.2.5 典型案例分析

甲居藏寨位于四川省甘孜州丹巴县境内，除了拥有迤逦的自然风光，还具有丰富的嘉绒藏族村寨文化资源，寨内共计 200 余幢风格独特、错落有致的传统民居依山傍水而建，村寨特有的风情文化、节日庆典、歌舞艺术、饮食习俗、景观作物、农牧风貌等民族文化资源与青藏高原自然禀赋融为一体，充分体现了人与自然和谐相处的境界，成为重要的旅游吸引物。经过近 20 年的民族文化旅游开发，已发展成为甘孜藏族自治州影响深远、评价较高的特色景区之一，2005 年甲居藏寨被《中国国家地理》杂志评选为"中国最美丽乡村古寨"。截至 2015 年 11 月，甲居藏寨 3 个村共 160 户人家，其中从事旅游民居接待的农户有近 90 户，挂牌经营的有 33 户，村民一年的家庭毛收入少则 5 000 元，多的能达到 70 万元。虽然甲居藏寨的特色文化村寨建设和开发取得了一定的成就，但从保护性开发的角度来分析，其村寨文化资源的目前还面临以下问题。

5.2.5.1 相对于政府和开发企业而言，村寨居民的博弈力量较弱，导致合理分配民族文化资源开发收益难以实现，从而阻碍民族文化资源的保护性开发

由于交易成本和监督成本的存在，导致村寨文化资源的相关权利不可能完全界定，必然有部分有价值的资源进入"公共领域"，因此在"公共领域""寻租"也成为相关利益主体获得额外收益的目标。村寨居民、文化传承人与利益相关者（如政府、开发企业）之间的政治博弈和权力较量直接决定他们是否能够获得在"公共领域"索取和控制"租"的机会[1]。现实中，受到传统观念的影响、地方经济建设要求、资金稀缺性以及当地居民管理能力等各种因素的约束，社区和村寨居民在村寨文化旅游资源开发过程中处于利益博弈的弱势地位，政府和开发企业等强势群体可以通过制定新规则、不充分公布信息或采取强制性手段等方式弱化村寨居民的文化资源权益。

根据调研资料的整理，可将甲居藏寨的村民与地方政府的利益博弈分为三个阶段：一是萌芽阶段；二是冲突阶段；三是相对缓和阶段。

第一阶段主要是 2003 年以前，由于甲居藏寨特有的民俗文化、建筑风格、民族风情文化与独特的自然风光相结合，展现出强大的旅游吸引力，开始有成都、重庆等大城市的游客到藏寨观光，不少藏族群众因为传统思想观念约束不愿

---

[1] 左冰，保继刚. 从"社区参与"走向"社区增权"——西方"旅游增权"理论研究述评[J]. 旅游学刊，2008（4）.

意接待游客住宿，在村干部的带头示范下，接待游客的当地藏族群众逐渐多起来，随着游客数量的不断增长，当地县、乡两级政府对村寨的民族文化旅游业进行了干预，开始对景区收取门票，价格为10元，并有专门的工作人员进行收取和控制，由于早期的门票价格较低且村寨居民缺少市场经济意识，广大村民对于门票收益的分配不大关注。

第二阶段为2004~2007年，进入到政府与村寨居民利益分配的冲突阶段，随着甲居藏寨的影响力不断扩大，地方政府先后对门票价格进行持续调整，2004年门票价格涨到20元，2005年评选为"中国最美丽的乡村"后，门票价格上涨为30元，伴随着客流量的持续增长，2005年门票收入同比增长近60%。在经济利益的推动下，村寨居民开始有了门票收入分红的愿望，并于2004~2006年期间通过村委会集体表决、书面申请等多种方式要求将门票收入分为三个部分进行合理分配，但当地政府强调门票收入用于偿还当地7公里道路的修建贷款，导致村寨居民的利益诉求无法实现，出现了一些冲突事件，甚至部分村民还有过激行为。"中国最美乡村"的利益冲突引起了社会各界的广泛关注，尤其是中央电视台、四川电视台、《华西都市报》等各级新闻媒体于2006年对其进行了大量报道，使当地政府面临多重压力，2007年县乡两级政府经多次协调，明确了将甲居藏寨旅游的门票收入的15%用于村民分红，再通过社区在村寨居民内部进行二次分配。

第三阶段为2008年至今，体现为政府与村寨居民利益博弈的相对缓和阶段，由于地方政府与村寨居民之间进行了收益的界定，门票收入都会在每年底按照约定的比例进行村寨和家庭的两次分配，再加上藏寨的品牌影响力越来越大，村寨居民收入广泛提高，使甲居藏寨的民族文化旅游业进入到平稳发展时期。2014年甲居藏寨的门票收入为200多万元，主体景区的一、二、三村每村分得10万元，平均每户家庭能够分配1800元左右。但从目前的情况来看，又有了一些新的变化，2015年当地政府将景点的门票价格上涨为50元，有部分村民（尤其是家庭旅舍经营规模不大的村民）有了新的利益诉求，希望能进一步提高门票分配额度，甚至有村民反映，为了获得更多的物质利益，他们有时也会收取游客一半或者更少的门票费用，通过其他路线将游客带入景区游览。

此外，村寨居民在与开发企业之间的利益博弈中也处于相对弱势的地位。目前在甲居藏寨从事村寨文化旅游开发规模最大的企业为某集团公司下属的投资公司，实力雄厚且在业界的影响力深远，虽然在开发景区发展业态、开拓旅游项目等方面创造了部分就业岗位，但由于企业市场行为更加关注成本收益问题，导致景区开发过程中规划失序、缺乏村社参与、实施协调难度大、甚至逾越属地管理规定等问题客观存在。甲居藏寨属于典型的社区型景区，应该充分重视原住居民的利益诉求，但公司和村寨居民之间没有形成合力和共识，村寨居民只能从门票返还中获得微薄的分成，体现村寨特色文化的有形或无形资产没有得到保障和体现，导致村民对开发公司产生抵触情绪，例如：部分村民不按规划要求在景区内进行藏房乱搭建、环境卫生维护不力、弃种当地特色的景观农作物，等等。这些问题不但阻碍景区创建进程，而且使广大村民对保护和传承民族文化失去动力。

通过甲居藏寨村民与地方政府、开发企业的利益博弈可以看出，广大村寨居民在世代的生产生活过程中创造了特有的村寨文化资源，因而他们应该享有村寨文化开发过程中带来的收益，可是当前的产权开发制度却损害了村寨的利益，不利于发展当地经济，同时也不利于保护特色村寨文化。尽管民族文化遗产带有共享色彩，可是共享范围应该只限于少数民族内部之间，而不是全体人民。从利益激励的角度上来看，村寨居民享有文化产权不但可以保护村寨居民的民事权益不受侵害，同时也能够鼓励村寨居民加强自身文化的保护，推动村寨文化产业向着健康的方向发展，能够有效避免出现过度开发的现象，也能避免文化资源陷入公共资源的境地。在合理的产权结构中，如果其他人或者组织需要使用村寨文化资源，最主要的是必须得到村寨文化产权主体的同意，同时还要合理使用村寨文化资源，不能做出任何有损村寨文化的事情，也不能做出伤害民族感情的事情。对于创造并传承文化资源的村寨居民来说，如果难以获得相应的经济收益，会导致文化主体失去参与保护和开发的积极性，村寨文化将失去发展的动力，村寨文化资源的产业化开发很难实现可持续发展。

5.2.5.2 村寨居民内部在文化资源开发过程中相互侵权，甚至发生利益冲突的事件，导致村寨文化旅游业产生大量负的外部效应

根据产权经济理论的分析框架，村寨文化资源明显的呈现出公共产品的一般特征。由于村寨文化承载着物质文化遗产资源系统和非物质文化遗产资源系统的严密体系，尤其是非物质部分体现出明显的共有产权特性，难以明确界定其具体归属，而是属于村寨文化资源所在地区的相关群体的共有资源，因此，村寨文化资源在当地居民的开发过程中体现出明显的公共产权外部性特点。当公共资源的外部性效应与寻租效应交织在一起，利益关联主体在村寨文化旅游资源开发过程中相互侵权的问题将不可避免而且可能会更加突出。

甲居藏寨通过多年村寨文化旅游业的发展，整体经济水平有很大提升，但在市场化开发背景下村寨居民之间的收入差距日益扩大，而且近几年有明显扩大的趋势，总结其原因，主要包括三方面：一是有的村寨民居所处地理位置占优势，或者处于村寨道路必经处，或者处于自然环境更优美的地点，构成相对完美的整体景观，因此在客源竞争过程中处于相对有利的地位。二是部分村民经营能力和经营水平较高,有的藏家客栈在携程网、赶集网、58同城等网络展开了"景点+住宿"的营销工作,相对于其他村民在获得市场信息和拓展经营范围中具有明显的优势。三是部分居民家庭在旅游接待工作中具有先动优势,由于从业时间较早,在创业、经营、科技、信用等方面奠定了前期经验,寨中有23户村民家庭被丹巴县旅游局授予"民居接待示范户"的荣誉称号,在当地的影响力较大,而且在游客中的口碑也较好,这23户藏家客栈几乎成为每一季大多数客源的主要选择,收入较低的一年也能达到10万元左右,而其他村民家庭因为从业时间短、经验不足、经营规模小等因素,接待客源较少,收入也相对较少。

由于主客观方面的原因导致村寨居民之间经济收入差距较大,直接引起旅游接待大户与小户之间、从事村寨旅游的接待农户与未做民居接待的村民家庭之间矛盾不断发生,甲居藏寨内部对于村寨文化资源的开发和旅游发展的管理也没有形成统一的管理机构或组织,收入失衡引起的心理落差,而且缺少相应的利益协调机构,导致村寨居民之间在食宿服务、工艺品销售等多方面经营的无序竞争,相互侵权的行为客观存在。田野调查显示,村寨居民之间相互侵权主要体现为:一方面,通过各种方式争抢客源,当外地游客刚到村寨门口时,当地小散经营户就会群拥上前,进行拉客大赛,竞相压价诱客,甚至有的直接与旅行社带团导游早有约定,以回扣的方式吸引导游到自己家庭客栈消费,部分游客反映,还没来得及领略锅庄表演、服饰表演,就先见识到了言语摩擦和彪悍民风。另一方面,有的村民在自家经营活动期间不自觉维护村寨环境,制造噪音扰民,使邻居的正常生活受到影响,破坏和谐的邻里关系。例如:甲居三村有一家规模较大的村民客栈因接待游客数量众多,经常进行大中型的锅庄表演和互动节目,深夜也不停止,使邻居正常的生活休息受到影响,双方矛盾激化,最后通过当地公安机关才得以妥善处理。又如:有两户相邻的村民一直是旅游接待中的竞争对手,由于其中一家接待的游客有观赏油菜花的需求,而该村民家因故没有种植油菜,便引导游客去邻居家观赏,由于事先没有达成权益的共识,从而引发了两家的矛盾冲突。

通过以上事件可以看出,虽然家庭客栈、油菜地、家庭设施等属于村寨居民的私有财产,但都只是甲居藏寨特色民族文化的物质承载物,需要依托当地所特有的民族文化资源和自然资源才能进一步增强其吸引力和开发价值,这些特有的民族文化资源和自然资源是广大村民约定俗成的公共资源,但目前在村寨开发过程中,村民并没有达成明确而一致的经营管理约定及收益分配机制,从而引发了为实现各自利益相互侵权的问题,难以形成合理的民族文化旅游资源保护性开发模式。

5.2.5.3 村寨文化资源的产权界定不清,增加保护性开发的交易成本和专业化损失,导致特色村寨失去可持续发展的内生动力

少数民族传统文化资源的有效延续和传承已成为广大民族村寨可持续发展的精髓,由于开发不当所引发的文化生态破坏,轻则导致整个村寨文化吸引力减弱,特色文化旅游资源品位下降,重则造成传统村寨文化资源被外来文化同化直至消失,虽然能够运用现代技术展开抢修,结果也只是修复部分表面形态,难以恢复其原有的文化内核,使特色村寨失去其可持续发展的内生动力。村寨文化资源本身承载着多重产权属性:对于村寨居民而言,民族文化资源具有共享的属性;对于政府机构而言,民族文化资源具有管理的属性;对于投资公司而言,则体现为开发和收益的属性;对于游客而言,则具有观赏和体验的属性。由于复杂的产权属性以及过高的交易成本约束了人们的行为,在各利益主体间清晰界定其中某项产权的难度都很大。村寨文化资源保护开发的相关要素都受到不同利益主体的控制,不同的要素产权共同构成村寨文化资源的权利束,如果村寨居民或社区独占这一组权利束,会因为人才匮乏、开发资金不足等原因,产生专业化损失,影响开发效率;如果企业或政府想完全占有这一组权利束,则需要与当地居民或社区进行交换,在信息不充分的条件下,全面获取、彻底转让和充分保护产权过程中会产生大量的"交易成本"。受到村寨文化资源的多重权益属性的限制,单个经济主体难以对其完全行使占有权和控制权,为了有效降低保护性过程中的交易成本以及专业化损失,则需要合理分解产权,但是由于不同的利益主体占有对其最有效率的村寨文化资源的不同权益缺乏有效的约束机制,导致侵权的现象普遍存在。

在甲居藏寨的经济运作过程中,随着经营规模的扩展,更多的利益主体介入到开发利用活动中,导致村寨文化资源属性越来越复杂,由于权益配置的边界不清晰,使保护性开发的交易成本和专业化损失进一步增加。例如:虽然同一村寨内的村舍民房、建筑遗址等物质文化遗产可以通过合理手段部分或全部划定其产权归属,但对于整体文化吸引力而言,它们又是不可分离的重要组成部分,如果部分村民私自改变部分村寨建筑的外观或风格,将使村寨文化资源的整个品质下降,也变相地侵犯了其他利益主体的收益权。据调查,目前甲居藏寨有部分村民,为了获得超额利润,不遵守景区统一规划,在规划范围之外私自修建超高超大的旅游客栈,与当地的山形地势不协调,使景区整体面貌受到影响;有的村民为了迎合城市观光游客的便捷要求,擅自改变建筑风格,不再采用片石、黏土等藏寨传统的建筑材料,放弃使用经典的结构设计、构造做法和立面装饰风格,使藏寨的嘉绒民居逐渐失去历史积淀的精神内含。又如:随着村寨旅游业的持续推进,村寨居民的市场经济意识大大增强,有的村民为了快速获得经济收益,不再

种植小麦、油菜等特色景观农作物，而将土地改建成为专门用于收费的停车场，虽然个人的收入有了暂时提高，但使村寨的整体景观风格受到负面影响；有的村民通过各种渠道为他人争夺客源和输送游客，从中提成或收取回扣，由于村寨内部缺少合理的利益共享机制和统一的定价标准，部分游客反映，到甲居藏寨旅游，除了门票和吃住的消费支付之外，其他方面的活动也基本围绕经济而展开，与想象中的纯朴民风相去甚远[①]。不断增长的以经济利益为中心的风气使游客亲身体验传统民族文化和原生态民族风情的权益受到侵害，增加了村寨文化资源保护性开发的交易成本和专业化损失，导致特色村寨可持续发展的内生动力逐渐弱化。

基于甲居藏寨的案例可以看出，依托藏族聚居区特色的村寨文化资源，村寨居民和当地政府的经济状况有了明显改善，加快了当地的城镇化建设步伐，但由于少数民族文化资源的公共品属性以及特殊的产权属性，难以在政府、开发企业、村寨居民之间进行相关权益的配置，再加上体制机制的不健全，引发了利益相关者之间的矛盾纠纷。为了有效杜绝少数民族文化资源在开发过程中由于主客观因素所导致的相关问题，推动四川藏族聚居区少数民族文化资源保护利用与新型城镇化建设的协调发展，需要在科学理论的指导下，探索少数民族文化资源保护性开发的一般性规律，进一步明确目标体系，进行相应的体制和机制创新。

---

① 钟洁，李如嘉，唐勇．四川民族村寨社区旅游社会冲突的调控机制研究［J］．开发研究，2013(3)．

第6章

藏族聚居区生态环境现状及问题

6.1 藏族聚居区草原生态的保护与建设

草原是我国面积最大的绿色生态屏障，也是干旱、高寒等自然环境严酷、生态环境脆弱区域的主体生态系统，我国拥有各类天然草原近4亿公顷，约占陆地国土面积的2/5。按照"十二五"时期中央关于加快建设环境友好型社会、提高生态文明水平的新要求，我国将继续加大草原生态保护和建设力度。继续加大草原保护建设力度是提高我国生态文明水平的新要求，四川藏族聚居区草原在省内和全国的战略地位和生态功能极为显著。加强四川藏族聚居区草原的保护建设是全国主体功能区规划的重要要求，也是进一步落实和践行社会主义生态文明观的具体体现。四川属草原大省，草原总面积达3.13亿亩，是全国五大草原及牧区之一，分属黄河中上游及长江上游草原区、青藏高原高寒草原区和南方草山草坡区；草原面积占全省面积的43%，构成了省域层面最大的陆地生态系统。21世纪初以来，在省委、省政府提出的"把四川建设成为西部经济强省和长江上游生态屏障"宏伟目标的指导下，草原保护和建设取得了显著的成就。在新时期，进一步加强对四川藏族聚居区草原的保护建设的研究，是全国主体功能区规划中的重要要求，更是进一步落实和践行社会主义生态文明观的具体体现。

6.1.1 四川藏族聚居区草原的基本特点

由于特殊的地理位置和气候条件，四川藏族聚居区草原具有"类型多、分布广和规模各异"的特点。从类型上看，主有高寒沼泽草地、高寒草甸草地、高寒灌丛草甸草地和山林稀疏草地、草山草坡以及山地疏林草地，等等。例如：阿坝藏族羌族自治州作为川西北牧区的重要组成部分，具有得天独厚的畜牧草地资源，全州现有天然草原面积6 783万亩，占全州幅员总面积的53.83%，可利用草原面积 5 784 万亩，占草原总面积的 85.28%[①]。根据野外实地考察和室内资料整理，全州草地划分为 9 类 29 组 119 型。如表 6-1 所示。

表 6-1　　　　　　　　　阿坝州草地类型划分及分布

序号	类型	面积（万亩）	比重（%）	分布区域
1	高寒草甸草地	2 486	36.65	高原丘陵、河谷平原、阶地、坡地山顶
2	高寒半沼泽类	254	3.73	宽谷低湿草甸低洼部、水沼泽边缘
3	高寒水沼泽类	393	5.78	半沼泽内侧、内陆溪沟下游
4	亚高山草甸类	2 097	30.9	阳坡、山顶、森林与草地接壤区
5	高寒灌丛草甸	1 154	17.00	高山、亚高山区
6	疏林草地类	173	2.54	海拔 2 800 米以下的中山、低山地带
7	山地灌丛草地	137	2.00	海拔 2 800 米以下的中山、低山地带
8	干旱河谷灌丛	87	1.28	干旱河谷地带
9	农隙地草地	1.5	0.02	农耕地之间的各种空隙地

从分布上看，全省草原有 2.45 亿亩分布在川西北的阿坝藏族羌族自治州、甘孜藏族自治州和凉山彝族自治州，占总面积的 78.3%，占三州面积的 55%。而且川西北的草地多集中连片分布，全区有连片草地 1 772 块，占全区草原总面积的 65%，其中 10 万~50 万亩的草地 247 块，50 万亩以上的草地 39 块。在连片草场中，以若尔盖县的热尔大坝为最，面积达 360 万亩，约占若尔盖草地面积的 30%，有利于草地集约化、规模化经营。草地类型具有显著的垂直分布规律，由低至高依次出现干旱河谷草地（1 300~2 000 米）、山地灌丛草地（1 500~3 000 米）、山地疏林草地（2 500~3 500 米）、高寒灌丛草地（3 000~3 800 米）、高寒草甸草地（3 500 米以上）[②]。

从规模上看，四川藏族聚居区草原布局呈东南部和低山丘陵区小、西北部和高山区大的状况。西北部高原地区以高寒草甸、高寒沼泽、高寒灌丛草地多，面积大，连片分布；东南部和低山丘陵地区为山地疏林草地、山地灌丛草地和干旱河谷草地，斑块分布，且相互交错。

6.1.2　四川藏族聚居区草原保护所取得的成就

"以法治草"，为草原保护建设提供了依据。坚持以法治草，从国家到地方层面完善了相关法律法规，对牧区的草原保护建设和促进社会经济的可持续发展起到了法律保障作用。一是 1985 年国家颁布的《草原法》，是指导我国草原保和

---

① 阿坝州统计年鉴（2015）。
② 杨汉兵，刘晓鹰. 四川省草原保护建设研究［J］. 西南民族大学学报（人文社会科学版），2013（11）.

建设的根本大法，使我国草原保护和建设有法可依。二是制定和完善地方性法规，以国家草原法为基础，分别颁布了《四川省〈中华人民共和国草原法〉实施细则》《四川省草原承包办法》和《四川省种草管理试行办法》等一系列省域层面的草原保护法律法规；州域层面，比如阿坝州在及时修订《阿坝藏族羌族自治州自治条例》的基础上，抓紧制订了《阿坝藏族羌族自治州湿地保护条例》《阿坝藏族羌族自治州施行〈四川省中华人民共和国草原法实施办法〉的变通规定》等系列配套法规。三是开展草原执法监理工作，到目前为止已经从省道所有草原区县设立了专门的监理机构，未有专门监理机构的地区也都由当地农林部门代行草原执法监理工作。

"立草为业"，为草原保护建设提供了内在动力。立草为业，把草原环境的保护与建设当从一项产业来抓，从省、州以及家庭三大层面扎实推进，是新时期推进草原保护建设的内在动力。一方面，进一步推进草原承包经营责任制，草原承包的大面积落实为保护建设草原恢复草原生态功能打下了良好基础。比如，2012年阿坝州落实承包到户3 100万亩、承包到联户1 077万亩、承包到村1 170万亩，占可利用草原面积的93.9%[①]。另一方面，通过一系列大型草原建设项目推动了草原的基本建设，带动了与草原保护的相关产业和行业的发展，真正实现了"立草为业"，对发展民族经济、畜牧经济和提高群众人们生活水平起到了重要的作用。

"人草畜"三配套建设及其深化升级奠定了坚实基础。近20年来的"人草畜"三配套的建设及其近10年来的深化升级建设，为新时期的草原保护提供了坚实的基础。"人草畜"三配套建设，其主要内容是"牧民有住房、牲畜有棚圈、草地有围栏、冬春有储草"，是1996年以来省委、省政府在牧区实施的重要建设工程。它从根本上改变了牧区"逐水草而居、靠天养畜"的传统游牧业生产方式。从2000以来逐步在开始了"三配套工程"的深化和升级工作，所要解决的是草畜矛盾、生产经营粗放与提高畜牧业经济效益的矛盾以及小生产、自给性与发展商品生产的市场经济之间的矛盾，内容涉及牧户其畜牧业生产的发展方向、政府如何发挥管理和服务功能、全面开展家庭牧场建设以及推动畜牧产业化经营[②]。

草原生态保护补助奖励机制政策实施。2010年国务院常务会议决定建立草原生态保护补助奖励机制，标志着我国生态补偿机制的建立。从2011年开始，在8个民族省区全面建立草原生态保护补助奖励机制，覆盖60亿亩草原、惠及

---

① 陈杰. 四川藏区特色经济发展途径研究 [J]. 贵州民族研究, 2012 (2).
② 董成寿. 阿坝州"人草畜"三配套建设深化升级探讨 [J]. 四川草原, 2004 (7).

近 200 万户牧民。四川则在 2011 年 7 月在成都召开草原生态保护补助奖励机制政策动员布置会议。2011 年财政部下达四川省草原生态保护补助奖励资金 9.45 亿元，惠及牧民 60 多万户[①]。四川藏族聚居区目前正全面建立草原生态保护补助奖励机制，包括实施禁牧补助、草畜平衡奖励、牧民生产资料综合补贴和牧草良种补贴等政策措施，等等。

草原"两化三害"治理效果明显。草原的退化、沙化以及病、虫、鼠害成为了威胁草原生态平衡和可持续发展的难题，四川藏族聚居区从 2010 年以来采取"防治一片、巩固一片、集中连片、综合治理"以及"灾害防治与草场建设相结合"的原则，切实加强了草原"两化三害"治理。2012 年完成草原鼠害防治 514 万亩、虫害防治 555 万亩，建设牲畜暖棚和标准化圈舍 2 120 户 17 万平方米，打贮草基地 60 余万亩[②]。

6.1.3 四川藏族聚居区草原保护建设所面临的"一大挑战"和"四大问题"

四川省积极开展了草原退化、沙化、鼠虫害治理工作，也取得了一定成绩，但由于多方面的制约，治理的速度远远跟不上生态恶化的速度，草原生态的日益恶化成为了草原保护和建设所面临的严峻挑战，曾经以每年 19 万亩的三化速度蔓延。这一方面是受人为因素的影响，即受到长期的超载放牧、滥垦滥挖、疏干沼泽、保护意识淡薄、投入不足等的影响；另一方面是受地质结构、区域气候、全球温室效应等自然因素以及病虫鼠害的影响。

由于上述生态功能退化的加剧这一挑战的客观存在以及在保护、利用和建设过程中存在薄弱环节和链条，衍生出了四大问题：

一是生态保护与利用矛盾突出。粗放式的养殖方式导致畜草比例失衡，草场沙化比较严重，分散、落后、低效的放牧生产仍然是偏远地区主要的生产方式，草原面临的压力越来越大。由于牧区人口压力和生产经营意识问题，导致草场超载率每年呈不断上升的趋势。牧区人口增长导致牲畜规模过大，是草场压力增大的重要原因。而牧区普遍存在的惜杀、惜售意识，导致牲畜出栏率低，生产周期长，老年牲畜、病弱残畜比例过大等生产不经济问题，也使草场负荷压力大大增加。

---

① 杨汉兵，刘晓鹰. 四川省草原保护建设研究 [J]. 西南民族大学学报（人文社会科学版），2013 (11).

② 四川省畜牧局. 四川省草原保护建设成效显著 [Z]. 四川畜牧食品信息网，2013（2），http：//www.moa.gov.cn/fwllm/qgxxlb/scxm/201302/t20130228_ 3228826.htm.

二是缺乏充足的资金支持及项目扶持。川西北地区是经济发展相对滞后的广大藏族聚居区，地方财政吃紧，当地收入水平较低，筹措草原保护治理的资金难度较大，各级政府对于草地的全面保护与建设还缺乏明确的政策和相应的资金扶持，一些国家或省级项目的影响力和覆盖面也有限。而且对于农牧产品产地的环境监测还停留在企业申报需要考察认证的范围内，政府主管机构没有形成自觉推动绿色环保农牧产品基地建设的有效机制，导致地区农牧产品企业品牌创造力弱化，使草原生态的保护工作在依托知名品牌和知名企业持续推进的难度进一步增加。

三是科技支撑力量薄弱。草地资源的保护性开发是一项复杂的系统工程，需要包括农学、生态学、环境科学、畜牧学、经济学以及加工技术学等诸多学科人才的协调和支撑。处于经济相对落后的川西北高原，由于基础教育较落后，在当地培养高水平的科技人才难度较大，而且生活条件十分艰苦、待遇较差，从外面引进人才、留住人才的难度更大，因此能全面熟练掌握湿地保护、草原沙化治理等技能的人员很少，专门从事湿地保护和草原沙化治理研究的人才更是缺乏。

四是"以法治草"力度有待加强。虽然设立了草原监理机构，但人员较少、设备落后以及执行难等原因，在实际操作中难以做到有法必依、执法必严和违法必究。由于各级监督机构受到传统体制、执法环境以及政策执行人的思想、作风等方面制约，各种政策规章难以相互补充、相互衔接，使政策执行人无力协调相关部门之间的关系，导致严重的行政低效率。因此，现有的草原保护制度和草原监理机构，还难以有效构建起四川藏族聚居区草原保护和建设的长效机制。

6.1.4 四川藏族聚居区草原保护建设的典范——若尔盖

若尔盖县是四川通往西北省区的北大门，面积 10 436 平方公里，平均海拔 3 500 米。若尔盖县地域辽阔，资源富集，优势突出，最具代表性的是若尔盖草原（湿地）。若尔盖草原（湿地）位于青藏高原东麓，地跨川、甘两省，四川省境内有若尔盖县、红原县、阿坝县，位于甘肃省的有玛曲县和碌曲县，是世界面积最大的高原沼泽湿地，被称为"地球之肾"（具有重要的生态支持功能和调节功能），也是红军长征经过的著名"水草地"，总面积约 16 000 平方公里，是中国特有的残存最大的高原泥炭沼泽型湿地。在长期生产经营过程中，若尔盖草原（湿地）的生态平衡也受到严重影响，畜牧业的可持续发展面临严重"瓶颈"，各级政府和牧区居民齐心协力，统筹兼顾，成功实施了一系列配套措施，使草原沙化、湿地萎缩等问题得到了有效的遏制和缓解，已成为四川藏族聚居区草原保护建设的典范，值得学习和借鉴。

6.1.4.1　现状及问题分析

在诸多因素的制约下，若尔盖草原正遭受着湿地萎缩、草原沙化等一系列生态问题。受到全球气候变化的影响，若尔盖县的年总降水量从1996年的677毫米下降到目前的657毫米，年蒸发量从20世纪80年代的1 120毫米增加到现在的1 250毫米，若尔盖湿地面积从解放初的1 700万亩，已退化1 000多万亩，只余下660万亩的典型湿地，300多个湖泊干涸了200多个；若尔盖湿地区的牧民群众收入主要以畜牧业为主，缺少其他生活来源，保护与放牧的矛盾日益突出，牛羊的混合数量从20世纪80年代的80多万头增加到目前的118万头；虽然若尔盖地区草原的沙化还处于初始阶段，但其发展速度不容忽视，据2004年全国第三次荒漠化监测结果显示，若尔盖县有各类沙漠化土地62 102.9公顷，与1999年沙漠化土地监测相比，沙漠化土地面积增加了36 524.4公顷，以年均11.65%的速度增加，若尔盖草原的保护与开发工作面临严峻的形势[①]。

6.1.4.2　保护及建设措施

如何科学地对这一世界级的草原（湿地）资源进行保护建设是党和国家各级政府近年来所关注的问题。在数十年来对草原（湿地）保护建设的基础上，目前诺尔盖正以"建设最大的高原湿地核心示范区"目标，为实现这一目标，诺尔盖以统筹保护与合理开发、实施综合治理以及探索湿地保护长效机制为指导思想，逐步构建起若尔盖草原（湿地）的综合配套机制。

首先，加强领导，建立机构，科学规划，由州领导干部牵头调研，典型引导，做到生态效益、经济效益和社会效益的综合提升。

其次，积极争取上级政策的补助和支持，从生态补偿机制、居民生计（产业）替代、生态还原与恢复等方面逐步建立起草原保护与开发的长效机制。

最后，充分调动牧区群众的积极性，通过社区共管的方式创新管理机制，加大保护和减载的宣传力度，丰富政策辅助以及强化法律保障等方面着力推进草原湿地的保护工作。

6.1.4.3　成效及影响分析

上述路径和方法，进一步巩固了若尔盖草原重要的生态屏障和国家主要水源

---

① 杨汉兵，刘晓鹰. 四川省草原保护建设研究［J］. 西南民族大学学报（人文社会科学版），2013（11）.

涵养区的地位，更加突出其作为世界最大高原泥炭湿地和世界高原湿地生态修复示范区的独特价值。以若尔盖湿地国家级自然保护区建设为重点，加快推进生态环境保护重点工程建设，天保工程、退耕还林、退牧还草取得了一系列的新成效。"十一五"期间，草地沙化和水土流失得到遏止，退牧还草 345 万亩、围栏封育草原 516 万亩、人工种草 16 万亩、牧草补播 139.5 万亩、鼠虫害治理 699.3 万亩次、防治沙漠化土地 19 万亩。全力保护国际重要湿地，实施扎堵填沟湿地保护工程 9.08 公里，恢复沼泽湿地 4.3 万亩，围栏封育湿地 4.5 万亩，建成湿地生态修复拦坝 908 个、保护区监测样地 100 个、微气象自动观测站和水文监测点 6 个以及花湖湿地修复生态堤坝 1 740 米，新建了湿地宣教培训中心和湿地野生动物保育中心等基础设施①。

牧区群众生产生活方式也发生了重大变革，逐步实现定居安居，2009 年以来累计投入牧民定居行动计划资金 19 亿元，完成了 71 个村场 9 493 户 50 319 人的牧民定居，9 493 户牧民群众户户拥有经久耐用、美观适用、遮阳保暖的新型帐篷，新建定居民房 83.03 万平方米，改造提升定居民房 17.76 万平方米，建成村民活动中心 71 个、村内道路 330 公里、输变电线路 385.55 公里、供水管网 280 公里，广播电视、电信移动网络、垃圾处理设施、卫生公厕和太阳能路灯、热水器、便携式电视机等公共服务设施进入了广大牧区村寨，建成了一批具有基础性、方向性、带动性、全局性的特色畜牧业、种植业和旅游业项目。建成了以优质"双低"油菜、马铃薯、蔬菜、食用菌和道地中药材为主的五大特色农业产业基地，面积达 3.36 万亩。实施藏族聚居区"一灶一炉"温暖工程，向农牧民发放太阳能灶 3 275 套、生物质节能炉 4 375 台，新建户用沼气 500 口、沼气后期服务网点 4 个②。

通过一系列配套措施，若尔盖地区的生态环保建设扎实推进，逐步打造起人与自然和谐发展的生态环境，国际重要湿地、高原生态家园的知名度逐年扩大，展现出更加独特、为世人瞩目的魅力。

6.1.5 藏族聚居区草原保护建设的对策措施

通过上述四川藏族聚居区草原保护建设的基本状况、取得的进展、面临的挑战和问题以及诺尔盖草原（湿地）在"建设最大的高原湿地核心示范区"中的路径和做法等方面的综合分析后，可以得出其草原保护建设中涉及的关键问题，

---

①② 若尔盖县十三届人大一次会议工作报告．若尔盖县政府网 http：//www.ruoergai.gov.cn.2011 - 12 - 22.

对这些问题提出相应的对策措施。

一是进一步转变观念，提高认识。跳出从"草原保护到草原保护""以点到点"的单向认识模式，把草原保护建设与新农村建设、产业结构调整以及特色经济发展联系起来，把草原保护建设纳入国民经济计划和国土整治规划进行重点建设，以加强新时期对草原保护建设工作的组织和领导[①]。此外，必须确立生态优先的草原发展战略定位，以强化草原的生态功能。

二是建立更加完善的草原保护制度。继续加强和完善地方性法规、规定以及相关保护建设规划的起草、制定，进一步加强草原执法力度，以达到合理利用草原的目的。上述具有完善的保护建设规划的地州其草原保护建设都做到了有法可依和有章可行，效果也很显著。

三是推动"人草畜"三配套建设的升级深化工作。2013 年中央一号文件《中共中央、国务院关于加快发展现代农业，进一步增强农村发展活力的若干意见》的正式公布，是 21 世纪以来第 10 个聚焦"三农"问题的中央一号文件，其一大亮点是创新农业生产经营体制，提出鼓励专业大户、家庭农场以及农民合作社的发展[②]。下一阶段的"人草畜"三配套建设的升级工作将在"创新农业生产经营体制"的背景下进一步深入开展。

四是推进传统畜牧业的集约化经营，积极培育替代产业。草地生态环境恶化的重要原因是草地长期超载放牧造成的，要解决超载的问题，一方面在草原保护规划下要坚持集约化经营，另一方面必须从培育替代产业和其他特色产业入手，这些替代产业和传统畜牧业比起来具有更低的资源消耗和环境影响，而且有利于继续分流富余的畜牧业人口。

五是继续做大做强草原生态工程。除了需要加大直接的投入力度以外，还要对草原重大生态工程项目给予特殊政策扶持、切实落实好草原生态补助奖励机制政策，并摸索其他多元化的投入保障机制。

六是加强草原的"监测、监管和监督"管理体系建设。草原监测体系在于结合应用定量的测量指标以及定性的相关方法，对草原环境的变化展开实施测量和观察，草原环境的监管在于对草原地区的生产、经营或保护活动进行法制化管理，监督体系主要保证草原执法过程中做到违法必究。

---

① 王彬彬. 论建设生态文明的生态基础 [J]. 西南民族大学学报（人文社科版），2012（3）：132 - 135.

② 中华人民共和国国务院. 中共中央、国务院关于加快发展现代农业，进一步增强农村发展活力的若干意见，2013.

6.2 藏族聚居区生态环境保护体系的构建：以西藏为例

受到特殊的气候条件和独特地理位置的影响，西藏地区拥有优美的生态环境和丰富的生态资源，是我国珍稀动植物资源和矿产资源的重要产地，也是全球闻名的旅游目的地。但随着市场经济的深入发展，城市化进程的不断加快，工业化步伐的持续推进，西藏的生态环境和生态资源正面临着严峻的挑战，如何建立健全完善的生态保护与约束机制，推动西藏地区经济、社会、生态的和谐发展，是一个重要的理论和现实性问题。

6.2.1 西藏地区生态环境的现状及问题分析

西藏常被比喻为"地球第三极"，是全球面积最广阔、海拔最高而且地质年龄最年轻的高原，海拔高度超过5 000米的区域，占西藏总面积的45.6%。西藏蕴藏有大量的淡水资源，其中冰川面积超过全国冰川总面积的1/2，湖泊总面积也超过我国境内湖泊总面积的1/3。西藏还拥有异常丰富的森林资源、野生动植物资源和矿产资源，其中：森林蓄积量与活立木蓄积量分别为22.66亿立方米和22.94亿立方米，处于全国五大著名林区之首；区内共有125种野生动物被列为国家重点保护的种类，超过全国总量的1/3；区内已查明储量的矿产资源中，储藏量位于全国前5名的共计12种，位于前10名的共计18种之多。由于特殊的地理位置和不可复制的生态条件，西藏族聚居区内的各种地质物均发挥着重要的生态屏障功能，对国家生态安全乃至世界生态安全都起到了不可替代的保障作用[1]。西藏旅游资源得天独厚，体现出与众不同的高原风光和民族文化底蕴，从而成为驰名中外的旅游目的地。相关统计资料表明，自青藏铁路通车以来，西藏旅游业总收入以年均40%以上的速度逐年递增，旅游业已成为带动西藏经济实现跨越式发展的新动力[2]。

虽然西藏拥有独特的生态环境和丰富的生态资源，但在市场经济的全面推进以及多元文化的不断冲击下，西藏地区在经济持续增长的过程中，使生态系统的保护出现了诸多问题。

---

[1] 李芳利. 关于加快发展西藏生态经济的几点思考 [J]. 西藏发展论坛，2010 (4).
[2] 唐剑，贾秀兰. 西藏民族文化旅游资源的保护性开发——基于产权经济理论和关联博弈理论双重视角 [J]. 财经科学，2011 (1).

6.2.1.1 草原生态系统面临的问题

西藏作为五大牧区之一而闻名全国,近年来却由于人口增长、气候恶化、病虫害严重和超载放牧等因素的使半数以上的草原不断退化,草原生态环境遭受严重破坏,根据自治区农牧厅的统计数据,西藏现有草原的总面积为12.3亿亩,可利用草原面积为9.9亿亩,而草原退化面积却达到了6.5亿亩,退化面积为草原总面积的一半以上。从退化的程度来看,严重退化的面积占可利用面积的15%以上,中度退化面积则超过可利用面积的20%,轻度退化的草原面积占可利用面积的近30%。[①] 而且畜牧业生产方式较落后,草畜矛盾日益凸显,区内各县草地普遍超载30%~50%[②]。

6.2.1.2 森林生态系统面临的问题

自新中国成立以来,西藏常住人口的增长速度逐年提高,尤其是近10年的增长率均比全国平均水平要高,都在10‰以上。统计资料显示,截至2009年底,西藏地区户籍登记的人口总数已达到290.03万人,全区的耕地总面积为330万亩,耕地的人均占有量少于1.5亩,与全国的人均水平基本持平。而且在一些人口相对集中的地区,由于缺少新型的替代燃料,居民已养成了砍伐林木、灌木作为基本燃料的习惯。砍伐加工的设备落后、高原缺氧导致燃烧不充分、高寒地区取暖期长等原因,使薪材过度消耗,资源受到严重浪费,结果导致森林覆盖面积持续减少,水土流失严重,土地沙化面积扩大,我国第三次沙化和荒漠化监测资料显示,西藏土壤侵蚀面积有102.52万平方公里,为全区国土总面积的83.46%;土地沙化面积已达2 170万公顷,为全区的18%[③]。

6.2.1.3 冰川生态系统面临的问题

在人口增长、城市扩大、工业化进程加快等因素影响下,青藏高原的气候已呈现出逐年变暖的趋势,引发高原地区的雪线上升、冰川后退,最终危及到大量区域的生态安全。由西藏自治区气象局等多个部门针对相关情况进行调查研究并颁布的《西藏应对气候变化方案》显示:与全球其他地方的冰川相比,近30年来,喜马拉雅山脉冰川消融和后退的速度是最快的,尤其是近几年的年均退缩速度已达到10~15米,由冰川消融所引发的冰湖溃决、洪水泛滥以及下游河流系

---

① 青藏铁路那曲段经济带建设研究课题组. 青藏铁路那曲段经济带发展规划 [Z]. 2005 (12).
② 段杰鑫,王云霞. 西藏经济发展中的生态安全问题 [J]. 深圳职业技术学院学报, 2009 (4).
③ 中国环境保护产业协会网. 西藏全面整治重点区域环境污染问题 [DB/OL]. http://www.caepi.org.cn/highlights/23188.shtml, 2010-06-11.

统失衡，必然会成为重大的自然灾害，影响到包括我国和印度、尼泊尔等在内的众多国家经济社会的稳定发展[1]。受到全球变暖、污染加剧、冰川退缩的影响，青藏高原的部分湖泊、湿地水位会降低，使水中的盐度增加，引发经过漫长地质年代形成的湿地生态系统失衡和传统物种的减少甚至灭绝。

6.2.1.4 铁路系统带来的生态影响

青藏铁路于2006年7月全线贯通并顺利运行，为沿线各地区尤其是西藏地区的经济、政治、文化等各领域的跨越式发展注入了新的活力，但是给高原脆弱的生态环境也带来了不同程度的破坏和威胁。火车运行过程中产生的噪声、振动、废水、废烟、废气，无疑成为了新的污染源，对沿线居民的传统的生活方式和动物既定的生活习性都会产生较大的干扰。铁路的通行必然会加强西藏地区资源开发的力度，加快工业化进程的步伐，从而对次生环境形成负的外部效应[2]。围绕青藏铁路周边所形成的经济带和沿线枢纽城镇的建设，在带动区域经济快速发展的同时，会使当地政府、村社和居民面临前所未有的复杂情况，导致新的环境问题的出现，人流、物流的持续增长，势必使当地的生态环境的负荷量和自然资源的承载力面临新的更大地挑战。

在经济、社会、人口等多重因素的影响下，必须在西藏生态资源的开发过程中和生态环境的保护体系中，健全经济、法律、文化等综合约束机制，保证可持续发展战略的有效实施。

6.2.2 约束机制在西藏生态环境保护体系中的作用机理

相对于知识、资本、技术等生产要素而言，生态环境在人们的经济活动和社会生活中充当着公共物品的角色，与生态环境紧密联系的利益相关者有政府、企业、社区居民、游客等众多经济主体。由于某个经济主体追求短期利益而对生态资源进行过度开发利用，对生态环境产生严重的破坏，从而导致其他相关者的利益受损和社会整体福利降低，因此有必要建立完善的约束机制，通过处罚措施或警示措施来实现对生态环境的有效保护。由于约束机制将对其他没有违反合约规定但又企图违规的经济主体发挥警示的作用，从而推动了利益相关者乃至社会整体福利水平的提高，对于实施破坏的短期功利主义行为来说，这也是约束机制存

---

[1] 章芬，闫峰. 浅析西藏的生态环境保护问题 [J]. 研究与探索，2010（11）.
[2] 朱玉福，唐文武. 青藏铁路通车对西藏生态环境的影响分析 [J]. 西藏民族学院学报（哲学社会科学版），2010（5）.

在的正当性。约束机制包括外部约束和内部约束两种类型，外部约束机制主要是通过经济、法律、行政等刚性的手段提高主体的行为成本，从而保护生态环境，内部约束机制则是通过柔性的自律机制来增强经济主体自觉的环保意识，两者在生态环境的保护体系中发挥着不同的作用。

6.2.2.1 外部约束机制的经济学分析

外部约束机制主要体现为市场经济环境中使用经济手段惩戒市场主体的背约行为，同时对经济主体守约的行为进行奖励的一系列机制，其主要特征包括：社会信息公开化、交易运作透明化、奖惩方式市场化、实现机制灵活化。市场联防体系是构成外部约束机制的重要组成部分，在科学成立征信数据库的基础上，减少由于信息不充分引发市场交易方的损失，从而使惩戒失信和激励守信得以保证。[1] 以物质利益的奖惩来强化约束机制，促使经济主体严守交易规则，需要在市场上广泛的形成失信惩戒和守信褒奖的主导理念。实现该目标的重要保证是建立起一种有效的参与机制，使生态资源开发的经济主体的破坏成本大于其破坏收益，以消除他破坏生态环境的经济动力，通过为保护性开发的经济主体获得生产性资源和战略性资源提供便利的方式对其进行合理的政策激励。从经济学的角度来看，经济主体破坏生态环境的动机主要来自于对成本收益问题进行合理比较的基础上所做出的理性选择。当他发现保护性开发所能带来的预期收益高于破坏可能产生的当期收益，并且对破坏付出的成本高于破坏产生的收益时，他将通过严格遵守规定来实现预期的目标利益；但是，当保护生态环境所能带来的预期收益等于或低于破坏行为在当期可能产生的收益时，并且破坏付出的成本低于破坏所带来的收益时，经济主体就会产生对生态资源进行破坏性开发的动机；此外，在外部条件的影响下，交易双方都无法在守信的基础上获得收益，他们将会选择调整契约内容或者违约，以至最终导致已经制定的生态环境保护条约不能落实。总之，从理性的角度来判断，经济主体的对环境保护条约的依存度与短期利益负相关，与长期利益正相关[2]。外部约束机制的重要意义在于，它将使经营生态环境行为的各经济主体在多次重复博弈过程中强化对未来长期经济利益的述求，从而使生态利益相关者之间的合作意愿进一步增强。

为方便研究，此处将生态环境的保护行为设定为遵守合约，将生态环境的破坏行为设定为违背合约。在某一主体失信时，不仅会受到具备法律强制力的第三方对其施加的惩戒，而且还会受到来自社会交换域中的其他利益相关者之间现有

---

[1] 崔彩周. 我国企业失信惩罚机制科学化问题研究 [J]. 南方经济, 2005 (5).
[2] 柯丽敏，朱建芳. 建立企业失信惩罚机制的探讨 [J]. 理论探讨, 2003 (4).

规制的惩罚。从此意义来看，惩罚机制的主要作用就是在市场重复博弈过程中，参与主体通过改变各自选择的策略空间以及收益支付方式来变更博弈均衡的结果，提高生态参与过程中背离者的违约成本，最终使主体破坏生态的行为受到惩治。

假定获取生态行为的信息完全准确，并且对违约行为的惩罚无成本，在囚徒困境博弈过程中一方选择的行动为 C（合作），而另一方为的行动为 D（不合作）时，对选择行动 D 的经济主体进行惩罚，从而其支付收益也产生变化，设惩罚值为 f，引入惩罚机制之后，囚徒困境博弈的支付矩阵也被改变。如图 6-1 所示。

	乙 Deny		乙 Cooperate	
甲 Deny	U	U	P-f	B
甲 Cooperate	B	P-f	L	L

图 6-1　引入惩罚的囚徒困境支付矩阵

注：此处将生态环境的保护行为设定为遵守合约，将生态环境的破坏行为设定为违背合约。

惩罚机制发挥作用的关键和基础就在于博弈过程中收益支付的改变，因此，惩罚值 f 必须满足式（6.1）和式（6.2）中的相关条件，博弈的性质才能维持不变。

$$P - f > L > U > B \tag{6.1}$$

$$2L > B + P - f \tag{6.2}$$

不等式（6.1）对惩罚值的范围为 $0 \leqslant f < P - L$；不等式（6.2）的赋值范围则自然满足。[①]

下面通过无限重复博弈模型来分析相关问题[②]，主体 i 在第 t 期进行理性选择的行为集合用 $A_i(t)$ 来表示，则他在 t 期可以得到的收益值为 $\pi_i(A_i(t), A_j(t))$，此处设定主体 i 获得收益的现值如式（6.3）：

$$V_i = \sum_{t=1}^{\infty} \delta^{t-1} \pi_i(A_i(t), A_j(t)) \tag{6.3}$$

在式（6.3）中：δ 表示收益支付的贴现因子，$\delta \in (0, 1)$，π_i^* 表示博弈主体 i 在与另一方进行交易时通过合作能得到的利润用，主体 i 单方面违约时所得到的收益用 π_i^z 表示。基于前期双方一直遵守环境保护合约的基础上，在此考查博弈主体 i 自 t 期开始违背前期合约，开始破坏生态环境的情形，当另一博弈主体 j 发现 i 违约之后，将以终止合作的方式对其实施惩戒，虽然主体 i 单方面希

[①] 廖博，王端民，张鹏涛，章胜．惩罚机制在社会合作中的价值研究 [J]．价值工程，2009 (1).
[②] 唐剑，袁蕴，李宝平．内外部惩罚机制在企业社会责任体系中的实现路径 [J]．经济体制改革，2011 (3).

望完成合作，但 j 所采取相应措施将导致 i 希望完成双方经济合作的目标最终不能实现。从而使 i 也只能选择冷酷战略来应对主体 j 的惩戒，主体 i 在这种情况下所获得的收益用 π_i^B 来表示。由于产业集群内各利益相关者都能获得交易过程中的完全信息，包括主体 j 的产业群内所有利益相关者 E_y（$y = 1, 2, \cdots, n, y \neq i$）将充分获得 i 违反合约的信息，大家会自 $\bar{t}$ 期开始共同通过冷酷战略来应对 i 的行为，最终导致的结局是：主体 i 自 $\bar{t}$ 期开始首先违约，虽然获得了超额的短期利润，但从此就会终止与集群内其他利益相关者进行顺利合作并难以取得长期收益。主体 i 的违约将造成自 $\bar{t}+1$ 期开始被排斥在利益相关者集群之外，合约终止后的大量沉淀资产将推动后期成本的持续增长，因此，从 $\bar{t}+1$ 期开始，博弈主体 i 能够获得的收益 π_i^B 的最大值只能为零。根据上述推理，可将主体 i 首先违约而在 $\bar{t}$ 期得到的收益现值表达为式（6.4）：

$$V_i^z = \pi_i^z + \sum_{t=\bar{t}+1}^{\infty} \delta^{t-\bar{t}} \times \pi_i^B \tag{6.4}$$

主体 i 在 $\bar{t}$ 期采取合作行为获得的现值可表达为式（6.5）：

$$V_i^* = \frac{\pi_i^*}{1 - \delta} \tag{6.5}$$

对比 V_i^* 和 V_i^z 的大小，当 $V_i^* = V_i^z$ 时，博弈主体 i 将在违约和守约的边界进行选择。当 $V_i^* \geq V_i^z$ 时，主体 i 违约会产生巨大的代价，因此遵守合约是理性的选择，主体 i 遵守合约的条件可表达为式（6.6）：

$$\left(\frac{\pi_i^*}{1 - \delta}\right) - \left(\pi_i^z + \sum_{t=1}^{\infty} \delta^{t-\bar{t}} \times \pi_i^B\right) \geq 0 \tag{6.6}$$

前面的推理表明，π_i^B 只能等于零或者小于零，如果取 π_i^B 的最大值为零，对收益情况进行分析考查，同样可得出式（6.6）的结论。此处可将式（6.6）改写如下：

$$\frac{\pi_i^*}{1 - \delta} - \pi_i^z \geq 0 \tag{6.7}$$

变换之后的式（6.7）等于：

$$\pi_i^z / \pi_i^* \leq \frac{1}{1 - \delta} \tag{6.8}$$

由 $\delta \in (0, 1)$ 可得，当 $\delta \to 1, \frac{1}{1-\delta} \to +\infty$；当 $\delta \to 0, \frac{1}{1-\delta} \to 1$，给定 δ 足够大的赋值，作为理性经济人的博弈主体 i 在生态合作中将没有违约的动机。以上的推论适用于所有利益相关之间的合作行为，在正常的经济合作中，当贴现因子的赋值较大，具备理性选择能力的经济主体均会失去违背合约的动力。而且集体惩罚机制产生的违约成本十分高昂，理性的经济主体在权衡破坏环境所带来的短期收益同与之带来相应的长期成本的前提下，最终会将有效进行生态资源的保护性开发作为唯一的合理选择，在外部约束机制的刚性作用下，博弈主体会实现经济效益和生态效益的双赢局面。

6.2.2.2 内部约束机制的伦理学分析

由于现实社会中正式制度的失灵、信息不对称等情况普遍存在，使以道德、价值观念等组成的非正式制度作为有益的补充发挥着重要调节作用。因此，通过伦理道德、文化传统、宗教信仰、价值观念等非正式制度来加强经济主体对生态环境保护的自律机制具有重要意义。

我国藏民族的灿烂的历史文化资源中传承了丰富的生态伦理思想，为保护生态环境，实现经济社会的可持续发展提供了重要的精神支柱和思想动力。悠久的藏传佛教中蕴涵着经典的众生平等、放生护生等生态伦理意识，而且藏族传统的民族文化生活习俗也传承了大量的生活禁忌、生态法则等生态伦理思想。这些思想和意识能够全面承认和极度尊重自然环境所蕴涵的价值与权利，做到以珍惜一切生命和善待自然为基本行为准则，已成为西藏地区人与自然和谐统一的精神支柱[①]。

藏民族所传承的生态伦理思想体现出东方民族经典文化的重要特征，在综合思维模式的引导和规范下，主张同一和合、中和顺从的系统论观点，充分体现出人与自然统一和谐的价值取向。所以，藏族传统的生态伦理思想是一个系统化的完整的文化体系，它通过将宇宙中的所有生物与非生物的环境纳入到整体的系统，形成宇宙中一切生物和非生物因素的因果关系网，从而建构了自成体系的人文生态系统。最终形成了藏族生态文化系统推崇的思想和行为境界，即：生命主体和生态环境之间体现出紧密的相依相融关系，人的身心小宇宙和自然大宇宙之间也体现出相融相通的紧密关系，这些紧密关系所带来的最终结局便是人类社会与生态环境的高度和谐状态。

处于脆弱的高原生态环境之中，受到自然资源稀缺性的制约，使藏族生态伦理思想总是围绕保护生态环境、珍惜生态资源而展开，其精神文化和物质文化的出发点均以保护生态平衡为前提，从而塑造了整个民族的传统思想观念与行为准则，并在实践的社会生活中得以延续。在强大的内部道德判断和价值取向的推动下，形成了保护生态环境，维持生态平衡的主观行为规范，最终弥补了仅仅通过法律制裁、经济处罚等外部约束机制在对不完备契约行为治理方面的不足。

---

① 贾秀兰．藏族生态伦理道德思想研究［J］．西南民族大学学报（哲学社会科学版），2008（4）．

6.2.3 藏族生态和谐思想与藏族聚居区生态环境保护

6.2.3.1 藏族聚居区传统生态和谐思想内涵及价值

广大藏族聚居区是藏族人民世代繁衍生息的地方，并以藏传佛教为其信仰，宗教氛围浓厚。在长期的历史发展中，居住在四川藏族聚居区的藏族形成了自己独特的社会与文化。形成了适应高原生态环境的行为规范、生存方式、价值观念，包括道德、风俗、法律、艺术、语言及其创造的物质成果。藏族传统文化内容博大丰富，形态多种多样，从生产方式、生活方式、规范制度、精神文化等不同的方面体现了其生态和谐思想文化的内涵与价值。

6.2.3.2 藏族生态和谐思想在社会现实中的体现

（1）藏族生态和谐思想在生产方式中的体现。藏族的生产文化首先起源于农业生产，农业生产有悠久的历史。早在4 000多年前，藏族先民在雅鲁藏布江、拉萨河、年楚河、尼洋河、雅隆河流域就形成了原始农业和畜牧业。苯教文献认为藏族聚居区最初的农业生产出现在雅隆河谷。据史籍记载，雅隆部落时期，已有牛耕、灌溉，并有了金属冶炼技术。到吐蕃时期，藏地农业进一步发展，历史上整个藏族聚居区农业地区并不是纯粹的精耕农业区，而多呈现农牧结合的经济特色。农牧结合是对自然环境的适应。高原藏族聚居区大多为山区，较高山区气候常年寒冷，只适应牧草生长而不能种植，较低河谷滩地气候温暖、地势平坦，可进行小面积的种植业。一个地区农业与畜牧业同时发展，既是对当地环境的适应，又能充分利用不同海拔高度的地理自然优势，顺其自然而动，使人类经济活动与自然环境相适应、相配合。

藏族在长期的发展中，创造了与自然环境和谐相处的高原游牧方式。四川藏族聚居区牧民的游牧方式在保护高原生态环境中发挥了积极作用，是因为它已具有了适应高原生态环境的机制。他们利用草原生态系统发展规律和平衡规律，确定放牧强度，控制草原载畜量，避免与草原生态环境中其他生物争食。奉行勤劳节俭的生活方式，尽量减少对草原生物资源的利用，实现草原生态系统内物质循环的平衡。在藏族聚居区，人顺从于生态环境，而不是与之为敌，传统草原畜牧业并非是一种单纯追求经济效益的经济活动，而只是藏民族游牧生存方式。

（2）生态和谐思想在生活方式中的体现。与高原自然生态系统相适应，藏族在生活方式上，主张和谐、中和、节制，注重精神文化发展。经济活动也以维持高原整体生态环境平衡为条件，并力求顺应生态环境的要求。对世俗物质利益没有强烈的猎取意识，人口的增长，对资源的消耗，对财富的追求，力求最少增长，最小消耗、最低奢求，其界限在自然界自然化的限度以内。在人与自然环境的关系上，坚持生命世界整体共生的原则。藏族人如同一切崇尚自然和自然神的民族一样，他们坚信生命世界的统一性。人类源于自然，以自然为父母。人应该尊重其他生物的生存权和生存领地。而且人与其他生物的灵魂可以转换，人是依赖其他生物而生存的。人与自然相互依存、相互融合为统一体。神灵与自然、人生与自然、灵魂与身体、活动与环境、必然与自由达到相互融合、互为一体的境界。人与自然界是共生共存的伙伴关系，自然界一切动物与植物作为有生命的主体，它们的生命尊严理应受到尊重。人并没有被赋予特殊的地位，人与动植物处于同样世界，它们相互依存，互为一体，共同构成生命世界。因此，人们在开发和利用自然时，要有一切生物的生命意识，尊重生物的生存权利与活动范围。必须从整体出发考虑和评价人类的实践活动，决不能从某一组成部分或者从某一自然资源的优势出发，孤立的、静止的、片面的作出评价。

（3）生态和谐思想在社会制度中的体现。在漫长的历史中，生活在高原的居民顺应高原环境特性，组织社会生产活动，从而创建了丰富多彩的制度文化，包括社会组织方面的氏族部落制度、封建农奴庄园制，维持社会生产和生活有序进行的各种政治、经济、军事制度和法律法规，以及对祖先的崇拜祭奠，对自然神灵的崇拜仪式或规范社会成员行为准则的礼仪道德、风俗习惯等。佛教的传入和上千年的广泛传播，更使得青藏高原的制度文化具有十分独特的内容，例如，政教合一制度、寺院组织制度、活佛转世制度等。这些社会制度规范不同于世界其他民族，是因为它有两个明显的特征：其一，它的产生形成受到了高原自然环境的制约；其二，它在很大程度受宗教支配，是宗教制度的延伸、扩大。严酷的自然环境和简单粗放的农牧业生产又决定了高原居民的生存，依赖社会的集体组织，单独的家庭个人在高原环境下难以生存。他们只能是某一个部落的成员，使用部落的草场，同时对部落尽成员的义务，接受部落首领的严格统治。部落禁止个人随意开垦私田，砍伐树木，以保护生态环境。农业生产的基础是耕地和水利灌溉设施，而耕地和水源亦为部落或寺院所有，农民耕种部落土地并对领主承担义务，同时也对保护公共草地承担义务。藏民族保存了完整的政教合一制度，它既维护了社会政治制度的权威性，也使宗教伦理与世俗人际规范相结合，培养了民众宗教伦理道德。此外是部落习惯法，它包括：维护部落利益，崇尚勇敢，懦弱不勇即犯罪、偷盗赔偿、保护草山。维护部落区域生物安全，农耕生产统一行动，保护农田和水源等。其基本伦理规范是保护私人权益、但更注重部落集体利益；保护俗人利益，但更注重佛教僧寺；保障人生，但是限制人对自然环境的过度开发，保护自然环境与生物。对经济生活的有意节制，激发了他们对精神生活的追求。藏族人的理想人生，是求和谐、平静、平和。他们的大半时间与精力，都投入到精神追求之中，执着追求的结果之一，便是创立了丰富的精神文化产品。

6.2.3.3 藏族传统文化在保护自然环境上的生态价值

藏族传统文化在保护高原自然环境方面，协调人与自然关系方面，具有非常重要的生态价值。

(1) 尊重生命，敬畏自然。敬畏自然、崇拜自然、珍爱生命、珍爱环境，珍惜一切生命是藏族生态文化和生态伦理的基本特征。维持原貌、注重保护，首先是对高原自然环境原貌的维护。人对周围的环境尽可能地维持它的原样。将高海拔地区的高山和江河湖水奉为圣山神湖，以严格的禁忌规范人们的行为，不得触动、侵犯。在这里，首先是高原艰难环境下，各种生物生存生长实在不易，愈发珍贵。其次是在高原，人们不宜做剧烈活动，诸如挖掘、奔跑、负重，甚至大声喊叫，都会加剧缺氧状态下不良反应。因此，到一定海拔高度，人们心态要平静，静心养神，心平气和。动作要缓慢稳健，不慌不忙，担负的任务要适度，不宜过于劳累紧张。尊重生命，不仅要尊重人类社会中一切人的生命，还应尊重自然界一切生物的生存权。藏族生态伦理文化强调人对一切生物生存权利具有尊重和保护的义务，自然界所有生物的生命都有其生命价值和生存权利，人类应该尊重它们的存在。

(2) 万物一体，同生共存。藏族生态文化注重与生态环境相平衡，和谐共存。由于人类在自然进化中已确定了在自然界的主人地位，因此，总是以自己为中心，是自然万物的征服者，对自然有无限的控制力。总认为自然界的资源取之不尽，用之不竭。但是，久居高原的藏族先民，却主张人在高原，要奉行一种平衡的哲学。人只是高原生物环境中的一个物种，受到环境和生态系统的制约。人在自己生存的同时要顾及周围生物的生存，在关注眼前的利益时，还要顾及子孙后代的持续生存。保护自然环境，保护一切生物，是藏族伦理文化和生活方式的出发点，所以牧人对不同野生动物的禁忌，表明人们尽可能创造人与其他生物共同和谐生存的环境。这种认识表现在藏族认识事物处理事物的各个方面，在人与自然的关系上，主张人应顺从自然，按自然规律行事，不可逆自然规律而动。人与自然和谐，就会吉祥平安。万物一体、同生共存的观念表现在对自然环境的态度上，是主张维持原貌、注重保护。首先是对高原自然环境原貌的保护，人对周围的环境尽可能地维持它的原样。农耕生产限制在较低海拔的河谷地带，不允许随意扩大开发。将高海拔地区的高山和江河湖水奉为圣山神湖、以严密的禁忌规范人们的行为不让触动侵犯，所以我们才拥有地球上这块未被现代文明污染的一方原始净土。

（3）追求信仰和理想主义。一个民族在高寒雪域生存发展下去，不能没有信仰和人生目标。一个民族从草原农区走向城镇，同样不能没有理想、信念。对神圣事物、神秘事物、理想人生、终极意义的追求，是一个人在喧闹的俗世安身立命的精神支柱。崇高的精神信仰与人生目标是生命的寄托，是人生的意义所在。理想、信念的追求，是一个民族文化兴旺发展的主要动力和源泉。也是凝聚一个民族的精神纽带。在藏族传统文化体系中，信仰是民族文化的灵魂，语言是文化的纽带，风俗是文化的外在表现形式，地域是民族文化赖以生长的环境。藏民族是一个有宗教信仰的民族。藏传佛教以统一的教义、教规和宗教道德影响着广大人民，使他们在共同信仰的基础上形成了统一的人生观、价值观、道德观、审美情趣、思维方式及风俗习惯等文化心理素质。藏族聚居区虔诚信教的广大民众，将接受宗教教义作为自己的义务，毫无功利之心，只是为了坚定信仰、完善道德、追寻人生意义。

（4）自觉行动，保护环境。藏族保护生态环境的思想随着世代延续，已成为整个民族大多数成员自觉的行动，成为他们的生活方式。东方许多民族传统文化中也有不少具有世界性价值的因素，这些因素主要还是体现在怎样看待人与人、人与自然、人与社会、人与宗教的关系上。比如，儒家提出了"天人合一"，即人与自然相统一的思想、"天人合一"是建立在"仁爱"的伦理基础上的，"仁"是关怀他人的一种人类之爱。而实现"天人合一"的途径是个人的道德修养，即修身上。道家提出了清静无为，佛家提出善世关怀、庄严国土的思想。这些思想曾经鼓舞过许多仁人志士。但是随着时代的推移，急功近利的功利主义和西方征服自然的人类中心主义思想蔓延，"天人合一"的思想也渐被人们所遗忘，人们为眼前利益不择手段，造成了环境污染、生态破坏。

近代以来，在人口剧增的压力下，人们不惜开垦草原，毁林填湖，污染环境。无论政界、学界还是下层民众，对儒家学说、道家无为、佛家处世观念都非常陌生了，人们只在文献中读到它，没有把它作为自己的生活准则。而藏族敬畏自然、和谐共存的思想不仅是一种思想观念和宗教意识，而且也是民众的一种生活方式，千百年来保护环境和谐共存的思想文化，在藏族牧民和僧人的日常生活中成为他们的自觉行动，故而保护了广大藏族聚居区千年来不受大的人为的破坏。

6.2.3.4　藏族传统文化对藏族聚居区生态和谐发展重要作用

在广大藏族聚居区，虽然展开了一系列保护生态环境的工作，在建设和谐社会、生态文明方面取得了十分可喜的成就。但保护生态环境任务仍然是艰巨的。

首先，广大藏族聚居区有着丰富的森林资源、水资源和稀有的野生动物、野生菌类资源。但是，由于近几十年来我们忽视了自然资源的保护，造成了森林锐减，野生动物种类减少，大规模的森林已经不多了，处于原始状态的古朴的自然地域更是越来越少。由于出现了森林和野生动物逐渐减少、草原逐渐退化、水土流失、洪水泛滥等情况，不仅影响到本地区藏族的生产和生活，还直接影响到长江、黄河中下游地区人民的生命财产安全。因此，保护广大藏族聚居区的生态平衡，使其社会、生态和谐发展，已是势在必行，迫在眉睫。

而藏族传统生态文化是以保护自然、维护生态平衡为基点的，它有益于人类和自然和谐相处，不使其自然环境恶化，危及人类的生存和发展。这样的生态伦理和价值观，对于广大藏族聚居区生态文明的建设，构建藏族聚居区和谐社会具有重要的现实意义和长远意义。其积极作用表现在：

第一，有利于广大藏族聚居区构筑长江上游绿色生态屏障。广大藏族聚居区从构筑"绿色高地"的战略出发，提出"绿色立州""绿色立县"的发展战略。这是从生态观上把自然界的各个存在物看成一个相互联系、相互作用的有机的生态系统的生动体现。

第二，有利于贯彻实施党和国家提出的"天然林保护工程"的重大决策。四川藏族聚居区的各级领导和藏族群众在实施"天保"工程中，自觉地以大局为重，一律禁伐天然森林，封山育林，关闭木材交易市场，加强对野生动植物的保护，等等。这是藏族生态文化尊重自然事物的价值和生存权利，对一切自然物包括动植物尽到保护的责任和义务的表现。

第三，有利于严格贯彻执行国务院颁布的"退耕还林，封山绿化"的政策措施，并在退耕还林的过程中，坚持生态优先的原则。遵循自然规律，因地制宜，宜林则林，宜草则草，通过退耕还林，恢复被人为破坏的森林生态，以维持森林生态系统的正常功能。退耕还林虽然是国家的政策，带有强制性，但是由于广大藏族民众意识到了保护生态环境的重要性，所以他们都能自觉地接受这一政策，并且变成了积极的行动。

第四，有利于大力发展生态农业。广大藏族聚居区的领导和群众已经认识到，发展生态农业对于保护和改善农业生态环境，减少自然灾害，增加农民收入等有着重要意义。广大藏族聚居区大力发展生态农业，以保护好土地资源和农民生产和生活环境，这就进一步扩充了他们生态伦理价值观的范围，即从自然存在的生物扩展到无生命属性的土地。

第五，有利于加强草原生态建设。广大藏族有辽阔的草原，且处于长江黄河的上游，其中还有湿地区和丰富的植被，其生态位置十分重要。广大藏族聚居区草原生态建设，使他们深切认识到草原生态建设既有利于建成真正的"绿色草原",维持草原生态平衡,又能真正解决好业已出现的草畜矛盾,促进畜牧业的发展,还有利于整个长江、黄河流域的生态平衡。

第六,有利于生态旅游建设。为了发展生态旅游,为游客提供更加优美的生态环境,广大藏族聚居区的藏族和其他民族的群众,一方面利用当地独特的自然风光,进一步开发旅游资源;另一方面又加强旅游点生态建设,加强旅游区的自然环境保护,让广大游客欣赏到藏族独具特色的自然风光。

由此可以看出,广大藏族聚居区对生态环境的保护既是构建和谐社会的实际行动,又是他们传统生态伦理文化的生动体现。在广大藏族聚居区,采取多种方式,继承和发扬藏族传统生态文化,把生态保护政策与生态伦理文化有机地结合起来,坚持自然环境与社会经济和谐发展的原则,坚持保护生态环境为首要任务的原则,通过加强天然林保护工程和退耕还林工程的实施、野生动植物保护及自然保护区的建设,使得广大藏族聚居区生态环境得到持续改善,为实现广大藏族聚居区生态和谐、区域和谐、民族和谐与社会和谐,进而实现各民族的共同繁荣和进步打下良好的基础。

6.3 双重约束机制在西藏生态环境保护体系中的实现路径

外部约束机制与内部约束机制在生态环境保护体系中体现为协同互补的辩证关系。从外部因素看,经济主体对生态环境的保护主要有三方面的动力:第一,国家的正式法律制度能有效的发挥激励约束作用;第二,外部利益相关者的集体约束机制是有效的外在推动力量;第三,伦理道德机制是刚性约束的必要补充,能够合理规范经济主体在政府调控失灵或市场调节失灵下的生态破坏行为。从经济主体的内部动力来看,保护生态的自律机制来自于三方面的动力:第一,长期追求最大化的利益是经济主体是否参与生态环境保护的内在动力;第二,逐渐增强的经济实力是经济主体保护生态环境的物质基础;第三,利益相关者之间的权力分配与制衡是影响他们采取生态环境保持行动的制度保障。

对于生态环境的保护,既是对人类未来发展提供保障的需要,更是人类从事经济活动中履行社会责任的体现。经济主体在其发展壮大的不同阶段具有的需求层次有较大差异,在成长的不同时期所承担的社会责任内容也会不同,外部约束机制的作用由于相对固定,因此较难有效激励和约束经济主体动态变化的社会责任,内部约束机制则相对灵活,能够通过满足不同时期的心理需求,从而有效填补外部约束机制的不足,两者体现为协同互补的关系。内外部约束机制对生态环境保护的实现路径,如图 6-2 所示。

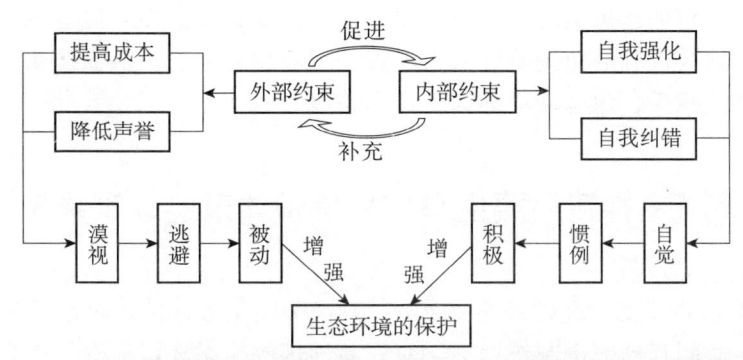

图 6-2 内外部约束机制的协同互补关系在生态环境保护体系中的实现路径

图 6-2 表明，保护生态环境的内外部约束机制之间是一种协同互补的关系，两者的作用相互促进，相互补充。一方面，外部约束机制的特性表现为刚性的他律机制，主要通过提高经济主体破坏环境的行为成本，同时降低其市场声誉等途径，促使经济主体在市场活动中对生态环境保护的态度从漠视到逃避，再到被动重视和弥补的转变；另一方面，内部约束机制的特性则体现为柔性的自律机制，主要通过经济主体强化自我责任意识，在经济活动中自我纠错等方式，能动地将生态环境的保护意识演化为内在的心理和行为惯例，最终自觉主动地参与生态环境的保护。两者内外结合，刚柔并济，共同完成了约束机制在生态环境保护体系中的实现路径，在生态环境保护体系中有着完全不同而又并行不悖的作用机理。

生态环境保护体系的自我约束需要通过自我强化和自我纠错两种机制的联动才能全面完成。自我强化机制发挥作用的原理与系统控制论中正向反馈机制的作用相似，其主要功能是促进经济主体自觉遵守处于共有社会交换域中其他利益相关者一致维护的环境保护的"惯例"。经济行为人的自觉行为将使生态环境的保护目标在自我实现机制的基础上得到有效实现，推动生态和谐思想内化为经济主体固有的价值判断和行为模式，并形成潜移默化的非正式制度安排，在这种安排的约束下，所有的利益相关者都拥有自觉履行保护环境的义务感。如此一来，经济主体就会从自觉从维护生态和谐的行为中获得满足，这种满足感又会反过来促进经济主体自觉履行环境保护的义务，这样就形成了一个互相促进的良性循环。关于自我纠错机制，主要针对经济主体因某种原因或者动机破坏了生态环境的情况。此时，由于生态伦理思想的作用，经济主体可能会通过对自身破坏行为的反省过程中形成某种过错感或者自责的情绪，这种自责情绪主要来自于社会责任引发的对其他利益相关者的歉意，在自我内心谴责的同时引发由于破坏生态而产生的后悔情绪，最终促使自己在今后的经济参与活动中不会采取"违约"行为，在此过程中使自身维护生态和谐的形象得以重塑并维持。自我约束机制涉及一系列情感反应，包括：负疚感、良心谴责、自我满足感等方面，这些内心的情感反应会使外部惩罚机制的作用效应大大增强，两者相互促进，从而使粗放式的资源开发行为持续减少，生态环境的保护体系得以自我实施。

6.4 构建西藏生态环境保护体系的政策建议

生态环境可持续发展的外部约束机制与内部约束机制之间是辩证统一的关系，两者在协同互补的机制作用下，对西藏地区的生态环境的保护发挥着双向联动的功能。因此，在西藏生态资源保护性开发体系的构建和完善过程中，要重视内外部约束机制的紧密结合。

一方面，健全生态保护的法律法规，强化环境执法力度，构建强有力的外部约束机制。合理制定并及时修订符合西藏自治区具体情况的生态保护法规体系，加大对破坏生态环境、过度开发生态资源等违法违规行为的查处力度，对于严重危害生态环境的相关责任人更应该通过法律、经济、行政等综合治理手段加大其破坏性开发的成本。同时，加强监督机制，对与生态开发相关的各产业的发展，要提高准入标准，并严格执行申报、审批制度。对于一些采取短期经济行为的地区和企业，对生态环境破坏严重或者消极推进生态恢复工作，甚至漠视生态资源的可持续开发利用的，应坚决查处并果断停止其相关建设项目的审批，完善开发建设项目生态水平的事前审批、事中监督和事后评估制度，从制度的层面为促进开发建设项目的生态效益提供保证。

另一方面，加强生态教育，发展生态文化，推进生态合作，形成有效的自我约束机制。运用合理的传播工具和科学的传播方式，将藏民族悠久的生态伦理思想在各市场主体中进行广泛宣传并切实确立，在政府、企业、社区、游客等利益相关者之间树立人与自然和谐发展的思想理念，在从事经济活动过程中主动坚持可持续发展的生态文明理念，并通过自我实现、自我纠错等内部约束机制不断发挥作用，将生态和谐思想逐步内化为自身的价值观念和行为规范。

此外，先进的科学技术也是有效维护西藏生态平衡的重要支撑和有力保障。西藏地区生态条件的脆弱性和保护监管任务的艰巨性，都决定了科技进步的重要意义和关键地位，要加大对科技进步的投入力度，强化生态科学的基础性研究，全面建立西藏地区综合生态资源本底资料的档案库，尽量全面掌握西藏生态环境的总体规律及其与社会发展、经济建设、人类活动等重要影响因素的合理关系，在生态资源开发和生态环境管理过程中，严格遵循本土的自然规律，并且在国际合作的基础上，切实提高西藏地区生态保护、环境监管、合理开发的科技水平。

总之，在内外部约束机制协同互补关系的有效推动下，参与西藏地区环境资源开发利用的经济主体和利益相关者将强化生态意识，逐步确立起生态和谐的价值取向，并改变自身的价值选择，将经济、社会、生态的可持续发展确立为终极追求目标，从而回归到对内生动因的分析，真正认识到生态环境的保护是经济主体长期收益函数的内生变量，两者呈正相关，最终达到环境保护的各参与方共同享有和谐发展的成果，实现经济效益、社会效益和生态效益的帕累托改进。

第7章

藏族聚居区的和谐社会建设

7.1 藏族聚居区社会发展与社会和谐问题分析

按照西方发达国家的社会发展经验来看,经济总是一个社会在改革和发展时,最先受到辐射的领域,只有在经济物质基础有了一定程度的丰富之后,才能实现其他领域的发展。在经济领域得到发展之后,国家的下一步发展重心通常聚焦于社会民生方面的改善,在人民的就业、教育以及医疗救助等方面,国家都应该从制度的层面提供可靠的保障机制。当经济领域和民生问题都得到一定的改善之后,国家的改革发展力量便可集中在政治领域。不难发现,一国的发展路径总是在各个阶段有其侧重的领域,而非在所有领域在各个阶段都得到相同的发展资源和重视力度,足见这是一个非均衡的发展模式。

一国在发展是首要任务是促进其经济的增长,然而受到各个地区资源禀赋的影响,经济发展呈现出地区性差异。一般情况下,具有资源禀赋优势的地区,往往经济发展速度也更快更好。而多民族的国家,在社会发展革新时,还需要同时兼顾民族大融合。国内多民族的融合,通常是指各个民族要在价值观念上实现统一,也就是说各个少数民族要像主流民族的文化看齐。从某种意义上,也可以看成少数民族文化在社会发展进程中不均衡的一个演变模式。

利益的不均衡常常是上述非均衡发展的产物。按照古典政治学派的理论观点,一个社会的理想均衡状态,需要各个集团的利益相对均衡才能达到。"一个牢不可破的社会,必须以和谐公平为前提,而各个集团利益均衡又是达成和谐社会的先决条件。"不均衡的利益分布,势必会引发受惠较少的集团的强烈不满,甚至会产生自己该得的利益被利益获取较多的集团侵占了的误解,随着利益差距的不断扩大,各个集团和群体之间的矛盾也日益激化,进而动摇整个社会的稳定[1]。

---

[1] 燕继荣. 诊断群体事件的政治学依据 [N]. 学习时报,2009-11-09.

7.1.1 藏族聚居区的社会公共事业建设

藏族是我国广大藏族聚居区生活的主要民族，因此藏族文化也是藏族聚居区的主流文化，同时还有少部分的回族、蒙古族、羌族以及汉族人民生活在藏族聚居区。受到恶劣自然环境的制约，我国藏族聚居区的经济发展水平远低全国平均值。受到全国各个地方自然资源的固有限制，加之国家人力物力资源的有限，因此在改革开放初期，并不能保证所有的区域按照相同的速度共同发展。故而，我国开始效仿在西方国家大获成功的非均衡发展模式。该发展模式，就藏族聚居区而言，即将社会文化的发展先搁置，而优先发展地区经济。

一方面，经济建设为中心是社会事业滞后的重要原因。国家在优先发展经济的战略中，始终坚持以经济建设为发展核心，优先实现发展中的"效率"原则，在保障了效率的前提下，才兼顾"公平"原则的实现。而不同地区的经济发展也因自然条件的不同，而存在着较大的差异。改革开放以来，我国的西部地区总体经济发展水平远落后于东部地区，而藏族聚居区又是西部地区中最为落后的区域，尽管国家近年来，已经加大了对藏族聚居区和西部地区的发展力度，可是各个地区发展不平衡的差距还在进一步扩大。这种非均衡的发展模式，却导致了国家在经济领域极大增长的同时，出现了其他领域的发展相对滞后。

在教育事业领域，很多农村偏远地区学校在数量和质量方面都远远低于国家的平均水平。我国藏族聚居区的教育水平，受到师资力量匮乏、教学设备短缺、人民教育意识较薄弱等方面的制约，而和其他地区存在着一定的差异。而在社会医疗救助方面，医疗保障机制在我国藏族聚居区还比较滞后，导致藏族聚居区成为了我国的疾病高发地区，甚至很多人由于生病而耗尽毕生资产，从此角度来看，完善藏族聚居区的社会保障工作还面临较大压力。

另一方面，现代文化的冲击导致传统文化发展失衡。价值观的个体化、理性化、世俗化是每一个社会在步入现代化进程时，都避免不了的。在全面深化市场经济改革的过程中，追求财富也逐渐成了许多当地群众的价值取向，传统文化日益受到市场经济价值观的冲击，然而受到藏族聚居区生产技术水平低、劳动力素质参差不齐以及生产力低等不良制约，生活在藏族聚居区的各族人民几乎无法实现文化保留和物质财富丰富的双重平衡。在学校教育中，藏族同学受到传统文化的影响，对汉语的理解和掌握与汉族同学差距较大，从而在对现代科技文化的理解能力方面也与汉族同学有差距。

7.1.2 藏族聚居区社会和谐的约束条件

尽管非均衡发展模式存在着种种弊端，然而就西方发达国家的经验以及我国的基本情况来看，当前非均衡发展无疑是最适合我国社会发展的最佳发展战略。尽管非均衡发展战略是当前可选择的最佳发展模式，然而我国藏族聚居区却因为受到自身自然条件恶劣、劳动力素质参差不齐、自然资源稀有以及经济基础脆弱等方面的显著，长期处在经济发展水平较低下的尴尬境地，并且还导致了社会文化事业和经济领域的长期矛盾冲突的存在。而受到这种不平衡的影响，我国藏族聚居区人民的收入水平也长期处于较为落后的地步。并且，受到地区性经济发展不平衡的影响，藏族聚居区人民的收入水平，存在着"先天不足，后天畸形"的特点，增长十分缓慢。2000年，我国藏族聚居区城镇居民拥有6 000元的可支配收入，而农村居民的收入为1 300元，经过近十年的增长，我国藏族聚居区人民的额收入水平只增长了2倍左右，到了2009年藏族聚居区城镇居民拥有了13 000元的可支配收入，而其农村居民的收入也涨到了2 700元，这是一个相对较低的水平。在相同的区间内国内增长的平均水平，无论是农村居民收入水平还是城镇居民收入水平增长幅度，都略高于藏族聚居区的收入增长水平①。

除此之外，尽管藏族聚居区人民的生活相较于从前，有了较大的改善，然而我国藏族聚居区仍然有大片的贫民区。如果藏族聚居区人民的收入水平相较于别地的收入水平长期处于落后的状态，势必会引发藏族聚居区人民的强烈不满，甚至会产生自己该等的利益被发达地区人民侵占了的误解，随着收入差距的不断扩大，藏族聚居区人民和发达地区群体之间的矛盾也日益激化，进而动摇整个社会的稳定。

藏族聚居区的低就业率就是经济发展不平衡最主要的体现。藏族聚居区农牧民人口的数量随着其高生育率，而出现了明显的增长，然而藏族聚居区的可耕地面积却是固定的，这就意味着人均获得的可耕地面积将会减少。而这部分没有耕地的青年群体就只能选择去城市打工。然而，受到藏族聚居区自然环境的制约，工业在藏族聚居区并不具备规模化发展的条件，因此，城镇的劳动力需求也不足。加之，藏族聚居区群体在教育阶段就远落后于全国平均水平，因此，在人才市场并具备竞争优势，故而出现了大量的藏族聚居区青年失业的现象。而面对大批藏族聚居区青年就业难的问题，藏族人民便会对进藏族聚居区务工的外来人员产生强烈的抵触情绪，认为外来人员抢走了其工作岗位，而这种不满情绪经过长

---

① 中国统计局. 中国统计年鉴2010 [M]. 北京：中国统计出版社，2010.

期的发酵，可能最终导致冲突事件的发生。

在文化层面的冲突主要体现在，社会日益凸显的种种问题无法仅凭主流文化的普及而化解。基于主流文化和藏族聚居区长期形成的固有文化之间的区别，这两种文化在融合的过程中，势必产生一定的抵触排异现象。藏族聚居区文化正在日益受到主流文化的侵蚀，然而，当前主流文化在藏族聚居区的普及率还不高，据调查，整个藏族聚居区在 2000 年拥有 32.5% 的文盲人口。在传统文化日益受到主流文化取代的过程中，追求财富也逐渐成了人们的普世价值观。然而受到藏族聚居区生产技术水平低、劳动力素质参差不齐，以及生产力低等不良制约，生活在藏族聚居区的各族人民几乎无法实现文化保留和物质财富丰富的双重平衡。而境外企图分裂我国的不法组织，则会利用藏族聚居区人民在经济发展和保留文化方面的心理冲突，而煽动我国藏族聚居区人民的情绪，并趁机破坏我国的社会稳定。在当前形势下要鼓励藏族聚居区人民学习主流文化，以提高人才竞争力，而藏族聚居区人民的收入水平会因此而出现更大的波动[①]。

7.1.3 藏族聚居区和谐社会建设的对策建议

7.1.3.1 加快经济建设，增强构建和谐藏族聚居区的物质保障

我国现下的民族关系出现的问题主要源自偏远地区的少数民族经济水平、生活水平、公共服务水平等方面远低于全国平均水平。如果少数民族地区的社会医疗救助，以及教育发展等得不到保障，则会导致社会发展失衡，以及人民不满情绪高涨。故而，政府应该所下述几个层面入手，解决当前的发展中存在的不足和缺陷。

其一，"三农"工作要协调抓。要实行农牧联盟战略，让牧区的饲料，源自农区的种植，通过互补模式，将农牧视为一体，以创造新的经济增长点。以县为经济发展细胞，现实县域内的资源的有效配置，以从整水平提高整个县的市场经营优势。要消除横亘在城镇和农村之间的区分界限，加快城镇一体化建设的进程。要侧重于区域第二产业，和第三产业的开发和发展，做好城镇发展的对接，尽快实现城镇工业反哺农村农牧业的目标。

其二，进一步巩固经济基础的建设。社会上层建筑的发展离不开经济基础而独立存在，因此当前藏族聚居区的种种问题产生的根源，就在于藏族聚居区经济基础的不稳固。始终以国家的政策方针为导向，充分把握我国的"十三五规

---

① 陈金龙，朱永梅．包容性增长视野中的藏区和谐社会建设 [J]．前沿，2011 (14)．

划",促进藏族聚居区各方面的发展,当地政府要积极争取国家的财政和制度支持,争取在短期内完成藏族聚居区基础设施的建设工程,将电网以及公路等基础设施普及范围进一步扩大,并为藏族聚居区创造其他产业发展的有利条件。

其三,充分把握区域的资源禀赋条件。藏药领域、旅游业、矿产资源、水利水电业以及畜牧业五个领域,是我国藏族聚居区特有的优势资源。在对这些优势领域进行开发时,应该始终以国家的政策方针为导向,积极扩大这些产业的发展;另外,要保持灵敏的市场嗅觉,准确把握市场机遇,加大招商引资的力度。要把握藏族聚居区的优势资源,进口开展藏药领域,以及矿产资源的开发的发展;要保持在藏族聚居区农牧业的优势,致力于提高其生产技术,并将农牧业发展成产业链,以带动当地经济发展,并解决就业难题。

7.1.3.2 大力发展文化教育事业,奠定构建和谐藏族聚居区的文化基础

其一,应该将教育事业放在发展的重要位置,致力于将文化教育普及到各个少数民族聚居区。我国藏族聚居区的青年受教育的比例远远小于全国其他地区。故而,国家应该把藏族聚居区的教育发展提上日程。大力推行国家的"两免一补"政策,让藏族聚居区贫困学生能够享受到读书的机会。要进一步扩大政府对教育的支持力度,将政府资源向教育领域倾斜。切实执行新课改,注重人民素质的提高。不但要增加学校的数量,让更多的适龄儿童有接受教育的渠道,更要提高学校的教学质量水平,真正实现教育兴邦。还要对人才市场中处于弱势地位的藏族聚居区青年提供职业培训,致力于提高他们从事社会某一类岗位的专业技能和综合素质。

其二,让主流文化普及到少数民族地区的速度加快,为社会的稳定和谐打好基石。在实现文化大融合的过程中,应该适度保留文化的多样性,让各种文化相互渗透和吸纳。让一种文化永续存在,并不断得到发展的最佳途径,从来不是把这种文化像文物一样保护起来,也不是把这种文化的传承人隔离起来,让这种文化免受外来文化的侵蚀和影响,文化本来就是人们在日常生活中长期形成的习惯、观念、和生活模式的总和,脱离生活而谈文化是不切实际的;文化和所有的其他事物一样,是在不断发展的,那么也和其他所有的事物一样,需要发展的动力源泉,创新就是文化不断发展进步的源头活水,因此我们应该始终坚持改革开放,和与时俱进的发展观念,在社会发展的过程中,对传统文化,也应该是弃其糟粕,保其精华,让文化在随着社会的不断进步和发展而呈现出现代化的特征。文化的灵魂是群体的集体记忆和集体精神,我们应该响应国家的政策号召,加大精神文明的建设力度,让社会形成和谐、宽容、友好、诚信的良好风尚。

其三,关注人力资源的培养,为藏族聚居区的长期发展储备人才资源。要培

育出具有专项技能又具备较高综合素质,可以从事多种岗位的复合型人才。在培养人才的过程中,要始终遵循尊重创造、人才、知识,以及劳动的战略方针,让所有有价值的劳动成果得到褒扬、所有的劳动技能得到施展、所有的创造活动得到实施、所有的创造想法得到鼓励,让所有的人民生活在一片可以勇敢说出想法、可以勇敢将想法实践、可以勇敢地承担实践结构的创造沃土上。

其四,关注藏族聚居区人民的身体素质,要普及运动健身意识,并加强医疗保健领域的发展力度。要强化藏族聚居区人民体育健身意识,并完善当地体育器材类公共服务设施的建设。要从国家制度层面推动藏族聚居区医疗体系的不断健全,让人藏族聚居区人民在生病时,有就医的途径,看完病有报销的渠道。加强藏族聚居区的医疗普及工作,让国家医疗保障体系在藏族聚居区的辐射面积进一步扩大,提高藏族聚居区医疗人员的专业技能和综合素质,并定期更新医疗设备和器械,不断健全藏族聚居区的医疗救治机制,并为农民提供可就医的渠道,加大药品购销和医疗收费等层面的监管力度,致力于构建健康有序、公平合理的医疗体系。

7.1.3.3 加强民族团结进步工作,维护藏族聚居区社会稳定和谐

要致力于将科学价值观普及到藏族聚居区的工作,要大力推广宣传党的正确战略思想和发展观,要升华藏族聚居区干部队伍的思想观念,让干部队伍具有远瞻性发展观和科学正确的思想,要加强马克思主义民族观在藏族聚居区人民思想中的渗透,要让藏族聚居区人民深刻地了解到,祖国的发展离不开各族人民的共同努力和团结一致,要让自由选择宗教的政策深入藏族聚居区人民的心,要始终保持藏人治藏的政策观念,并让藏族聚居区干部做好群众的疏导工作,让宗教信仰和国家发展政策和谐共存。要坚定藏族聚居区共产党员的思想、价值、意识观念,让党员干部疏导好群众的思想,并起到团结祖国的思想楷模作用,始终树立鲜明的旗帜,不参与不支持任何形成的宗教类活动、不说任何分裂祖国的话、不煽动藏族聚居区人民的情绪、不做任何破坏国家统一的事,坚决抵制达赖的破坏煽动活动。藏族聚居区党员干部应该始终以团结祖国为己任。国家政府应该加大度一切反国、反党、破坏民族团结和统一活动的打击力度,并严惩贩毒邪教等犯罪分子,在保障人民安全的同时,震慑恶势力。我国共产党员应该始终以全民团结的国家稳定为第一要务,积极投身于分裂分子的打击活动中,为藏族聚居区人民创造健康、科学、和谐的生活环境和社会环境。

7.1.3.4 转变发展理念,推进包容发展与可持续发展

我国藏族聚居区受到自然环境的限制,在传统非均衡的发展模式中,其文化

事业领域以及经济领域的发展都远落后于国家平均水平,因此当地的文化事业失落、经济发展滞后、失业比例居高不下,在这种情况下,现代文化想要在藏族聚居区普及,还需要克服重重困难。我国藏族聚居区人民的生活水平远低于全国平均水平,加之,社会医疗救助,以及教育发展等得不到保障,则会导致社会发展失衡,以及人民不满情绪高涨。想要消除藏族聚居区人民的不满情绪,进而化解社会的冲突矛盾,则必须适当地采取各个地区各个领域,均衡发展的模式。而均衡发展的主要在于,实现各个地区人民在发展中获得平等的机会,这种发展模式的关键内容便是包容性增长。2007年亚洲开发银行,首次提出了新的包容性增长发展模式的理念,在亚洲开发银行提出的概念中,机会均等是包容性增长模式的核心内容。包容性增长,也称之为机会均等,该经济增长模式的主旨是,要让世界上的每一个人、每一个地区、每一个国家都能平等的享受到经济增长的成果[①]。

各个地区和各个领域携手发展进步,是包容性增长的主要目标,此种发展方式不但要实现经济的增长,更要兼顾经济增长的质量;要在让每一个人都能平等的享受到经济发展的成果,"以人为本"的理念要贯穿经济发展的各个环节,方方面面。各个领域的均衡发展,以及主流文化和藏族聚居区传统文化的和谐共存,是包容性经济发展模式在藏族聚居区实行的两大战略目标。

包容性经济增长模式不但应该在藏族聚居区实行,还应该从整个国家的层面切实落实下去,让各个领域在全国范围内实现均等的发展。我国藏族聚居区长期以来的经济发展滞后,以及恶劣的自然环境,决定了我国藏族聚居区的发展肯定是一个长期性的过程,而非朝夕之功。让社会民生问题和经济领域均衡发展是实现我国藏族聚居区社会稳定和谐的必由之路,经济发展的利益是短期可见的,而改善社会民生问题,则是长期性的人民福利,故而我们在推动藏族聚居区综合协调发展时,应该兼顾长短期的利益,真正实现藏族聚居区的长期可持续性发展。

在主流文化为主的发展过程中,还要同时兼顾国家文化的多元性保留。我国多民族国家的性质,决定了只有各个民族的传统文化在以汉民族文化为主导的发展过程中,得到保留和传承,才能真正实现国家的安定和繁荣富强。包容性发展战略,体现在藏族聚居区的文化建设中,就是让主流的汉族文化在渗透向藏族聚居区的过程中同时,为藏族聚居区的传统文化保留和传承提供保障机制和措施。只有当藏族聚居区人民的传统文化的传承和发展得到了保障,才能有效消除藏族聚居区人民的排外心理,进而使得藏族聚居区发展进程更加顺畅。

---

① 中国新闻网. 胡锦涛:实现包容性增长解决经济发展中的社会问题[EB/OL]. http://www.chinanews.com.cn/gn/2010/09-16/2536884.shtml,2010-09-16.

在发展过程中,不能只顾眼前利益,要有长远的发展战略规划,要为藏族聚居区的可持续发展奠定必要的资源和环境基础。我国藏族聚居区分布于我国长江支流,以及黄河流域等地区,既有强大的生态系统,故而我国的长期发展还需依赖于其生态环境。然而,受到人为的破坏和自然灾害等双重作用,近年来,我国藏族聚居区的生态植被遭到了不可修复性的破坏。我国藏族聚居区的森林遭到了人为的过度开采,造成山体光秃,并引发了各种自然灾害的发生,近年来我国开始实行退耕还林,虽然在一定程度上缓解了森林覆盖面积逐年减少的问题,但比起日益恶劣的生态环境,此乃杯水车薪。

我国藏族聚居区的工业化水平不高,农牧业是广大藏族聚居区人民赖以生存的根本,一旦农牧业受到环境状况恶化的影响,而出现歉收的问题,那么势必造成藏族聚居区的社会动荡。因此,在发展过程中,应该始终兼顾长短期利益的满足。一是要大力开发环保生产模式,在产业发展的同时,将对自然的危害降到最低。二是要从整体层面加强对生态环境的保护力度,现实经济领域、生态环境,以及人文环境等多领域的协调均衡发展进步。三是要积极地争取国家财政支持,尽早完善藏族聚居区的环境保护机制。四是要成立监督森林开采的专项小组,切实监督治理河流污染、保护森林木材资源、退牧还草、退耕还林、治理草场等工作的执行。五是要防止藏族聚居区民众产生竭泽而渔的思想,要合理地开发采取矿产资源,要加大在矿产资源的勘测、开发申请、批准开发及具体采取等环节的政府监控力度,避免出现无证开采等现象。

7.1.3.5 坚持和完善民族区域自治制度,加强和谐藏族聚居区的政治保障

民族区域自治制度,是我国的一项基本政治制度,是发展社会主义民主、建设社会主义政治文明的重要内容,是党团结带领各族人民建设中国特色社会主义、实现中华民族伟大复兴的重要保证。民族区域自治制度满足了大多数少数民族国民或公民的自治意愿,并最大限度地压缩了分离势力。在一个多民族国家,给予具有"历史性的"的少数民族自治地位,是国际上解决民族问题普遍采用的方式,至今已证明其有效性[①]。民族区域自治制度为各民族共同团结奋斗、共同繁荣发展创造了条件,预留下了空间和时间。

我们在肯定民族区域自治制度总体有利于国家利益的同时,还应该看到在经济社会快速发展过程中,还需要在动态中进一步完善和充实其基本内容。坚持和完善民族区域自治制度,必须全面贯彻落实民族区域自治法,抓紧制定配套的法律法规、具体措施和办法,修订自治条例和单行条例,逐步建立比较完备的有藏

---

① 李红杰. 由自决到自治 [M]. 北京:中央民族出版社,2009.

族聚居区特色的民族法规体系，有针对性地研究解决存在的问题，充分行使好宪法和民族区域自治法赋予的各项自治权利[①]。

7.1.3.6 改善藏族聚居区寺庙管理，依托藏族高僧推进和谐社会构建

健全和完善机制保障，分级成立寺庙爱国主义教育领导小组及其办公室，深入开展寺庙爱国主义教育，为建立寺庙管理长效机制奠定良好基础。一是建立党委统一领导的寺庙管理工作机制。建立由主要领导亲自抓、分管领导具体抓、各有关部门分工抓的领导体制和工作机制。各地市建立和完善由统战部负责、各涉宗部门参与的寺庙管理工作协调机制，形成宗教部门为行政执法主体，各有关部门和人民团体各司其职的协调一致、互相配合的良好管理格局。二是把寺庙管理纳入当地党委、政府工作范围。根据寺庙规模、僧尼数量、社会影响，按照分级负责、属地管理的原则，确定了寺庙管理责任主体。建立地（市）、县（市、区）领导干部和乡村基层干部与寺庙定点联系制度，定期到寺庙宣传政策法规、了解情况、听取意见建议、解决实际问题。三是加强班子建设。通过民主测评、僧尼推选、政府委任等多种方式，对问题突出的寺管会进行了整顿和改组，对软弱涣散、工作不主动的寺管会进行了充实和调整，全区寺管会班子整体得到了加强。

针对寺庙不同实际，实行不同管理模式是寺庙管理的有效途径。坚持分类指导、区别对待，积极探索寺庙管理模式，促进寺庙的有效管理。第一种是突出寺庙自我管理功能，实行民主管理。如扎什伦布寺、强巴林寺积极探索寺庙自我教育、自我管理途径，形成了各具特色、富有成效的管理模式。第二种是突出政府管理功能，实行干部参与管理。如哲蚌寺、色拉寺、甘丹寺采取政府属地管理与寺庙自我管理相结合，选派干部参加寺庙管理组织，与僧人共同管理寺庙。第三种是突出组织管理功能，实行设立部门管理。此类寺庙特点是：历史文化价值巨大，社会影响极为重大。如大昭寺实行行政管理与传统教务管理相结合的寺庙管理方式，设立寺庙管理处，负责管理寺庙行政、人事、财务等事务，具体佛事活动由僧人自行管理。第四种是突出社区管理功能，实行基层组织参与管理。如拉萨市尼木县等地寺庙为代表，坚持把寺庙作为一个社会基层单位，由村级组织负责和参与寺庙管理工作。

积极引导藏族聚居区佛教高僧通过宗教力量来使得藏族聚居区人对政府的政策方针有更加客观和全面的认识，进而保证在国家发展藏族聚居区的过程中，主流文化和藏族聚居区长期形成的传统文化和谐共存。并为藏族聚居区的

---

① 陈建华. 对甘南藏区构建社会主义和谐社会的几点思考［J］. 人大研究，2005（10）.

经济发展、改善民生及生态环境的和谐均衡发展创造有利的条件。而佛教高僧利益宗教等特殊力量可以从思想层面，推进藏族聚居区的和谐发展。佛教高僧在藏族聚居区人心目中占据着神圣不可撼动的地位，使得我国政府在推进藏族聚居区和谐发展的过程中，完全可以准确把握藏族聚居区民众的此种心理，让藏族聚居区的佛教高僧参与到和谐藏族聚居区的建设战略中。一方面，佛教力量可以在一定程度上化解各个群体之间的矛盾冲突，有利于合理处理各项突发性群体事件。另一方面，在藏族聚居区人民和政府之间，有佛教高僧充当缓冲剂和调节剂，可以实现藏族聚居区的稳定。此外，藏族聚居区佛教高僧可以借助于特殊的宗教力量，来潜移默化地消除藏族聚居区少数群众的不适心理，进而调节不同群体之间的矛盾，并从精神层面改变藏族聚居区人民的认知偏差和误解。藏族聚居区民众通过佛教高僧从精神领域的指导牵引，会进一步强化国家统一稳定的思想观念。

藏族聚居区佛教高僧借助于宗教的特殊力量，积极充当政府和人民的缓冲剂，并为藏族聚居区的和谐社会建设贡献自己的力量。藏族聚居区佛教高僧将政府和藏族聚居区人民，有机地结合起来，使得人民和政府可以通过佛教高僧作为引导的渠道，而实现对接和交流，藏族聚居区高僧在这种人民和政府的沟通交流中起着上传下达的左右，他们及时地将政府的政策用人民可以理解的语言传递给藏族聚居区人民，再将藏族聚居区人民的反馈意见及时地上报给政府，以实现政府和人民之间有效及时的沟通。藏族的佛教文化，是在藏族人长期的生存发展中形成的，作为藏族主要文化的传承人，藏族聚居区佛教高僧应该肩负起实现主流文化和传统文化和谐共存的责任，在保留和传承传统藏族聚居区文化的同时，又将主流文化向藏族聚居区人民传递。以便缓解藏族聚居区和谐建设过程中，传统藏族聚居区文化和主流文化之间的冲突矛盾。藏族聚居区佛教高僧，将藏族聚居区传统文化和发展中的主流文化有效的结合在一起，不但可以促进藏族聚居区和谐发展的建设脚步，还可以更好地保留传统藏族聚居区文化，可谓一举多得。藏族聚居区佛教高僧通过开展宗教活动，还可以向藏族聚居区人民宣传宽容的佛家思想，进而让人们从思想层面改变排外的观点。

藏传佛教高僧通过对藏族聚居区各方面力量的整合，达到调动藏族群众的积极性，努力为社会主义建设、为和谐藏族聚居区的构建提供力量。充分发挥政府在构建和谐社会中的作用，同时运用藏传佛教高僧们的地位和作用来积极地建设和谐社会。发扬爱国爱教的精神，用实际行动展示藏传佛教的人文关怀和宗教关怀，为藏族聚居区建设出力，为藏族聚居区的稳定和团结贡献力量[①]。

---

① 切排，王兰. 藏传佛教高僧在和谐藏区构建中的地位和作用研究［J］. 青海社会科学，2013（1）.

7.2 藏族聚居区社会综合治理体系分析

习近平同志对于党的藏族聚居区工作曾做出过很多重要的指示，其中，在中央第六次西藏工作座谈会上，他就强调在开展西藏工作过程中，必须要坚持"依法治藏、富民兴藏、长期建藏、凝聚人心、夯实基础"的原则。此外，习近平同志还进一步指出，要保证西藏和四省藏族聚居区的长治久安，必须要从西藏的长远发展来考虑，要巩固西藏地区发展的根基和基础。在我国当前的社会发展大背景下，广大藏族聚居区的发展速度有了明显的提升，藏族聚居区人民群众已经由传统的部族宗教社会向现代社会过渡。在经济发展方面，广大藏族聚居区也开始转变了传统的农牧经济，开始走上市场化经济发展的道路。

当前，西藏和四省藏族聚居区经济社会的发展已经朝着全面现代化方向转型，尽管如此，西藏地区在发展过程中，依然受到了来自传统问题方面的限制，经济和社会转型还面临很多的问题，导致出现了一系列难以调和的矛盾。从根本上来分析，造成这一现象的主要原因是现有的治理体系与其经济社会发展不适应。具体体现在：一方面，整个地区的治理体系还不够完善；另一方面，治理水平还比较低；此外，治理手段比较单一。正因为没有建立完善的治理体系，导致在发展过程中，维护该地区的稳定工作面临不同程度的挑战。

从治理主体的角度进行分析，可以发现在藏族聚居区内的治理主体普遍存在发展滞后的问题。在西藏和四省藏族聚居区，基层单位和管理人员的治理意识还不够高。很多事情都是政府一手包办，抑或是使用高压管控的方式，甚至还有将本该由政府负责的事情转给宗教人士去办的情况，由此可见，提高依法管理的能力还任重道远。另外，藏族聚居区的社会组织发展也存在滞后的情况，不仅数量少、组织小，而且组织类型也不够丰富，导致了当地市场发展缺少活力。正是因为经济发展的滞后，藏族聚居区的文化教育事业发展也受到一定的制约，很难达到法治国家所要求的水平。

从治理手段的角度进行分析，可以发现，在藏族聚居区的社会事务处理过程中，宗教扮演了很重的角色。近几年，西藏地区的宗教势力不断地参与当地社会事务的处理，更有甚者，有的宗教势力甚至直接插手对民众生活进行管理。这种现象的发生，最主要的原因是当地法律体系不够完善，一些普通社会问题可能被过度解读为民族问题，依法治理的实际执行情况不够理想，很难完全做到依法治理。

从治理绩效来看，各级政府的治理绩效与最终目标差距明显。突出表现在制定的政策在落实上还有不衔接、不到位的现象，有的地方对中央政策选择性执行、象征性执行或者不执行等问题存在。在落实"四个全面"的历史新阶段，藏族聚居区治理迎来了新的契机。中央第六次西藏工作座谈会，总结中国共产党60多年的实践，形成了"六个必须"治藏方略，在治理理念、治理手段、治理目标等方面都体现了新思路，必将有力推进藏族聚居区治理体系和治理能力的现代化建设，提高西藏和四省藏族聚居区各级政府的治理能力。[1]

7.2.1 藏族聚居区治理体系和治理能力现代化的理论分析

2013年，中共中央在十八届三中全会上提到了"国家治理体系和治理能力的现代化"的理念。这个理念提出的背景，正值我国努力实现民族伟大复兴的时候，这个全新的理念，是将我国根据自身治国经验所总结出来的全新理论，它以马克思主义为基础，并对其进行了进一步改进。我国学者俞可平指出，国家的发展之道，需要理解马克思以共产主义为最终目标的那种状态，去理解国家的治理之道。在党的十八届五中全会上，又着重强调了要以全面深化改革为我国发展的主要目标。也就是说，在治理制度方面，要做到更加成熟，更加稳定；在国家治理体系等方面，要向现代化进发。这一目标，体现了马克思主义国家学说在我国治理体系发展过程中所具有的参考意义。

7.2.1.1 关于治理理念的理论意义

习近平同志在系列重要讲话中强调："治理和管理一字之差，体现的是系统治理、依法治理、源头治理、综合施策"。这一理念的提出，不仅是中国共产党为了适应时代潮流所制定的政策，也是我党通过总结以往的治理经验，所总结出来的伟大创新。这一理念不仅表明我党对执政规律及社会主义建设规律认识的提高，同时也表明我党对人类社会前进过程的一种全新理解，表明我国正式踏入现代化社会治理新里程。

回顾我国的社会治理发展的历史，可以总结出，中共中央所提出的"创新社会治理体制"，不单是根据现有国情所提出来的，其背后还有非常深厚的历史原因。自我国古代开始，就存在不少关于"治理"的说法。比如《荀子·君道》中就有记载："明分职，序事业，材技官能，莫不治理"，而在《孔子家语·贤君》中，也指出："吾欲使官府治理，为之奈何？"而在先秦时代，关于共同治理的概念就曾被提出。在《六韬》中就有以下记载："天下非一人之天

---

[1] 陈井安，刘福敏. 藏区治理体系现代化若干问题研究[J]. 中国藏学，2016（2）.

下，乃天下之天下也"，而在西汉时期的《礼记》中也曾提到："大道之行也，天下为公"。从这些史实中可以看出，共同治理的概念自古就有。在新中国成立之后，虽然使用的是单一主体的治理方式，但是在治理过程中，以群众为中心，以群众为基础，发动群众的共同管理路线一直没有改变。在改革开放之后，协同治理的观念越来越普及，并且大量实践与社会管理过程中，为社会管理的创新做出了重要的贡献。2006年，中共中央以一号文件的形式指出要建立"乡村治理新机制"，而在2011年颁发的《关于加强和创新社会管理的意见》一文中，又着重强调：要"引导社会各方面积极有效地参与社会管理服务，形成推动社会和谐发展、保障社会安定有序的合力。"这些文件的颁布，不仅体现了我国社会管理主体的丰富，同时也表明了我国社会治理的新思路。从国际范围来分析，西方早在20世纪70年代就提出了新的公共管理理论，并提出了多种管理模式。这些理论核心思想是"顾客至上"。在这些理论中，政府所扮演的角色是服务者，而不是管理者。到了20世纪末期，联合国对"治理"做了重新界定，在他们的界定结果中，治理的定义是："各种公共机构、私人机构和公民个人处理其共同事务的方式总和；是调和社会利益、协调社会行动、化解社会矛盾的持续过程"。其最主要的内容是：共识、共治以及共享；在该定义中，政府需要明确自身的角色位置，政府与市场、社会组织以及社会成员之间，需要达成一种相互协作的关系。

通过上面的阐述，可以看出，在当代中国，社会治理指的是：政府作为主导者，在党的领导之下，政府与社会组织、企业以及个人等主体通过相互协作，坚持"以人为本"的核心思想，坚持公平、正义、人道的基本原则，在顺应社会发展规律的基础之上，共同管理、协调、监控社会生活中的各个行业、领域及环节。单从治理主体的角度进行分析，社会治理是多方共同参与的一个过程，因此其治理主体不单单包括政府、社会组织，同时也包括了社会当中的企业及公民个体。站在治理对象的角度进行分析，所谓的社会，指的是和经济、政治等概念向并行的领域；从治理过程的角度分析，社会治理首先要对社会有深刻的认识，同时必须以大众的目标作为治理的目标，在此基础上在对社会的各个方面进行规划、组织、服务及监控；从治理目的出发，社会治理的主要目标是为人民的共同利益提供保障，维护社会和谐，提高社会发展的生机和活力，保证社会群体能够和谐共处，共同富裕。从治理的方式来看，社会治理一方面，要以系统治理为准绳，综合使用政府管理、社会自我调节体系、群众自治等方式，达到共同治理的目的。需要坚持"依法治理"不动摇，使用法律手段来解决问题，达到法治的目的。另一方面，需要坚持综合治理，使用道德社会自身所具有的功能来解决一些社会问题；需要坚持从源头治理的原则，时刻倾听社会各层民众的诉求。在治理手段的利用上，要综合利用法律法规、经济收缩、社会道德、社会舆论等方法，达到社会治理的目标。

社会治理相对于社会管理而言存在很大的差别，这些差别主要表现在四个方面：第一，社会治理更加注重共同治理过程中主体的多样性。在社会治理的体系中，参与的主体不仅包含政府、政党，同时也包含了社会组织、公民个体等主体，这些主体之间通过相互协作的方式，实现合作管理。第二，社会治理更加注重社会自治。也就是说，社会治理更加鼓励社会成员发挥自己所具有的权能，在社会治理过程中合理使用自己的发言权、选择权等权力，来参与社会治理；同时对于社会组织及社区，社会治理鼓励利用它们的自治能力，与政府管理体系结合起来，形成政府主导、社会组织参与的管理和服务体系。第三，社会治理注重综合手段的应用。比如，鼓励将心理疏导、依法治理、经济管理、市场调节、社会舆论等手段结合起来，综合运用。第四，社会治理更加注重相互协商和互动。要发挥多元主体合作治理的能力，需要主体之间积极沟通、互动和协商，这样才能够提升管理的质量和效率，以最简单、最高效的方式解决社会矛盾，提高服务质量。

通过多年的实践探索及理论创新，我国的管理理念从社会管理发展到社会治理，这一进步具有划时代的意义。通过社会治理的创新，不仅可以大幅度提升国家的现代化治理能力，为社会发展注入蓬勃的生机，同时也促进了政府职能的转变，提升了社会服务质量，为提升民众生活质量，社会的和谐发展带来了积极地推进作用。

实现"创新社会治理体制"的要求，关键在于正确处理好政府、市场、社会三者的关系。当前，我国政府正在转变职能，简政放权，建设服务型政府；市场在资源配置中逐步发挥决定性作用；与政府、市场的力量相比较而言，社会力量在社会治理中发挥作用的能力显得比较薄弱，因此要着力提高社会自治能力。一方面，要激发社会组织活力。社会组织是社会治理的重要载体和依托，在多元主体的社会治理体系中，它是政府、市场之外对资源进行配置的第三种力量。改革社会组织登记管理制度，既着力培育发展，又加强监管，提高社会组织的能力，激发社会组织活力，有利于发挥其在社会治理多元主体中的作用。另一方面，要发挥社区组织作用。基层群众自治组织和社区社会组织与人民群众联系最直接最紧密，是组织群众依法有序参与社会治理的重要力量。习近平总书记指出，"社会治理的重心必须落到城乡社区，社区服务和管理能力强了，社会治理的基础就实了"。要大力加强社区建设，充分发挥基层群众自治组织和社区社会组织联系群众、组织群众、发动群众的作用，鼓励和支持社会各方面积极参与社会治理，增强社会治理合力。[1]

7.2.1.2　国家治理现代化的实现路径旨在制度化

国家治理现代化的实现路径旨在制度化，与马克思主义国家本质理论一脉相承，习近平总书记指出，"国家治理体系和治理能力是一个国家的制度和制度执行能力的集中体现，二者相辅相成。具体的，国家治理体系和治理能力现代化主要强调一是国家制度体系更加完备、更加成熟、更加定型；二是在这一制度体系下，制度执行能够更加有效、更加透明、更加公平"[2]。也就是说，实现国家治理体系和治理能力现代化，就是要实现国家各个领域，包括政治、经济、社会、文化、生态环境的制度化。马克思主义认为，"在阶级社会，掌握国家管理权力的统治阶级，必然会通过一系列统治机制诸如法律、制度等来实现对社会经济的反作用。市民社会的所有要求，都必须上升为国家意志，才能以法律形式取得普遍效力"[3]。换言之，在社会主义国家，国家或人民群众要当家做主管理好国家事务，必然通过制度化的形式来实现。

其一，深入分析法律的本质，可以看出，法律代表的是拥有国家管理权力的统治阶层的意志。而所谓的意志主要依赖于与统治阶级所具有的物质基础，统治阶级为了表达其利益诉求，采用了法律的方式。这种方式一方面可以帮助统治阶级以合法的形式提出自身的诉求，另一方面可以将本阶层的诉求提升为整个社会的共同诉求。如此一来，便可以对社会各个领域的发展进行管理、引导和制约。法律的出现，对社会生活方式起到了制约和规范作用，使用法律为管家管理提供保障，可以对社会各方面产生本质上的影响。

其二，国家在制定制度的时候，主要是根据法律来制定的。也就是说，制度也是法律的一种具象化。但也有的制度不是由法律制定，而是根据国家政策所制定的。在国家发展的过程中，制度扮演中重要的作用，其主要包括政治、经济、社会、文化以及生态文明等方面的制度。这些制度的建立和执行，主要依赖国家相关法律体系是否健全，法律执行是否彻底，同时也依赖制度执行过程中的强制程度。在社会发展的过程中，法律从根本上制约着社会生活，而制度则是另一种制约形式，也是直接、有效的一种形式。恩格斯曾强调："把国家对自由竞争的每一种干涉、保护关税、同业公会、烟草专卖、个别工业部门的国有化、海外贸易公司、皇家陶瓷厂、都叫作社会主义，纯粹是曼彻斯特的资产者为了自己的利

---

[1] 窦玉沛．从社会管理到社会治理：理论和实践的重大创新［J］．行政管理改革，2014（4）．
[2] 胡鞍钢等．中国国家治理现代化［M］．北京：中国人民大学出版社，2014.
[3] 马克思恩格斯选集（第4卷）［M］．北京：人民出版社，2012.

益而在胡说"①。尽管恩格斯的这种说法主要是表明对资产阶级的抨击,但从中也进一步表明国家也能够利用经济手段达到社会治理的目的。

其三,在实现现代化治理的进程中,法治是其根本之道。恩格斯曾指出:"国家是以一种与全体固定成员相脱离的特殊的公共权力为前提的"②。这句话可理解为:要想达到保护共同利益、实现社会和谐统一,在社会管理时,肯定需要依赖某种强大的力量。正因为如此,国家管理权力便得以生根发芽。国家管理权力,其本质是一种比较特别的公共权力,在国家治理范畴中,"个人自由只是对那些在统治阶级范围内发展的个人来说是存在的"③。而在这种关系中,站在被统治阶级的角度看,国家不单单是虚幻的共同体,而且还是一种约束,一种限制。在公共利益和个人自由的差异性作用下,国家便以政治共同体的形式应运而生。

在党的十八届四中全会上,我们党提出了要全面推行依法治国的要求。这一要求的提出,明确了国家治理现代化过程中所要坚持的根本原则。也就是说,在国家治理现代化进程中,必须依法治理,依法制定现代化制度,这是评判国家治理是否达到现代化水平的核心标准之一。国家治理现代化,不仅要制定规范和制度来约束公共权力的执行,也要求必须坚持法律是国家治理最要权威的基本原则,要求做到依法治国,杜绝个人或组织凌驾于法律之上的现象发生。所以,依法治国一方面为国家治理现代化提供了评判标准,另一方面也促进了国家治理现代化的发展。

公共权力的行使过程指的代表社会全体的主体,行使社会治理职能、进行公共管理的过程。这些主体难免具有各类社会属性,不同社会属性的主体体现了不同利益团体的诉求。这些主体在行使公共权力、制动管理制度的时候,不可避免地会将自身价值观念介入其中,导致"公共权力在实际的运行中必然表现出一定的利益倾向和偏好,甚至变成一部分人实现其利益的特权和工具"④。所以,尽管公共权力的初衷是要代表社会整体的利益诉求,但因为执行权力的主体是具有自身主观意愿的,因此不能确保百分百按照规章制度和法律法规行事。如果这种主观意愿过多介入,公共权力也就失去了其公共性,从而变为"私人的私有权力"。也就是说,依法治理的核心目标,就是要对公共权力行使主体进行法律上的约束,也因此成为了限制国家权力的核心方式。所以,为了保证国家治理有序实行,必须形成制度,依法治理。

---

①② 马克思恩格斯选集(第4卷)[M].北京:人民出版社,2012.
③ 马克思恩格斯选集(第1卷)[M].北京:人民出版社,2012.
④ 周光辉.论公共权力的合法性[M].长春:吉林出版集团有限责任公司,2007.

通过上述分析可以看出，法治化的核心作用之一就是对公共权力的扩张性提供约束，同时也为现代社会公民的权益提供法律保障。在立法的过程中，通常遵循以下几个原则：第一，如果市场能够解决，就交于市场解决；第二，如果市场不能解决，那么就交给社会解决；第三，如果社会和个人都无法解决时，则交给政府解决。国家治理现代化的主要内容，其实就是要协调、管理好国家和社会组织、企业以及公民之间的关系。所以，法治化在国家治理现代化过程起到了不可替代的作用。公共权力来源于社会全体人民，其合法性来源于最高宪法。依法治国，不单是为了约束公共权力的扩张性，更是为了保护人民公共利益不受损失，为人民的根本利益提供有力的保障。

伴随着改革开发的步伐，我们党在指导各项制度建立的时候，最核心的原则是：建立的制度体系需具备根本性、全局性、稳定性以及长期性。只有制定这样的制度，才能够为国家治理的现代化提供长期稳定的保障。制度的建立，是为了建立一种运行规则和秩序，这种思想其实内在统一的，同时也是对马克思主义国家学进一步的发展。

7.2.1.3 国家治理现代化的目标是从国家治理走向社会治理

国家治理现代化的基本方向和核心目标就是促进国家治理转变为社会治理。这种转变，改变了国家公共权力的运行方向。利用法律法规及相关制度，可以达到国家权力自上而下实行的目的，为政府、社会组织以及公民个体等主体提供法律上的约束，使其在各自的轨道上运作，同时也促进主体间的沟通、互动与协作，最终达到共同治理的目的。另外，这种转变也使得国家治理现代化具有了新的内涵。国家治理现代化包括了治理体系的现代化，还包括了治理能力的现代化。而这种现代化，指的是要"不断提高运用中国特色社会主义制度有效治理国家的能力"[1]，从而使得社会各领域的制度化、规范化。党的十八届三中全会指出，完善和发展中国特色社会主义制度，是我国深化改革总的目标。而要实现国家治理现代化，必须实现以下几个目标：一是要实现治理体系和治理能力的现代化；二是要建立健全社会主义市场经济，大力发展先进的文化，建立生态文明，促进和谐社会的发展；三是在各个方面要形成科学、合理、完善及有效的制度，在重要领域获得重大成就。这种目标的设立，表明国家治理现代化范围是涉及全社会的，不仅包含经济、政治等方面的改革，同时还包括生态文明、社会体制等方面的改革。这些体制改革，为实现经济发展市场化、政治发展民主化等目标提供了必要的动力和保障。

---

[1] 习近平谈治国理政[M].北京：外文出版社有限责任公司，2014.

在马克思主义国家学理论中，国家和社会关系通常是研究的基础。恩格斯曾指出："国家是承认：这个社会陷入了不可解决的自我矛盾，分裂为不可调和的对立面而又无力摆脱这些对立面。"①

首先，马克思主义对国家和社会的关系展开了深入的分析。在马克思和恩格斯的理论中，以前的共有制社会，人的活动本身会产生一种具有排他性的力量，这种力量不是被人所控制，而是压迫着人。但是，通过自然分工所产生的社会关系，其本质不具有对抗性的，由此可看出，国家和社会的基本关系，应该也是非对立的。而在阶级社会，国家逐步成为某一阶级的政治共同体，它可以通过制度、法律等方式，对社会各行为主体进行法律范围内的约束和控制。这种看似合法的约束，其本质是以法律为外衣，强制社会其他阶层的人被迫接受特定阶层所制定的社会分工方式。"任何人都有自己一定的特殊的活动范围：他是一个猎人、渔夫或牧人，或者是一个批判的批判者，只要他不想失去生活资料，他就始终应该是这样的人"②。

其次，在资产阶级社会，强制性的分工导致一些人组成利益共同体，占有了非生产性劳动，进而对国家进行管理。在这种社会中，资产阶级一方面很难简化管理机制，另一方面又不许社会组织、公民创建独立与国家权利的组织。这种现象导致的后果就是政府机构不断膨胀，政府人员不断扩充，最后变成社会的寄生组织，使得国家与社会的关系变成了对立关系——这也是资本主义国家的本质。在马克思主义理论中，阶级的产生会导致国家的出现，而阶级的消失，也会导致国家的消亡。只是国家的消亡需要经历非常长的时间。在这个时间段中，国家权力会再次回到人民手中，国家与社会的基本关系又会逐步变为非对立。要想建立无产阶级社会，人民当家做主，民主专政制度是必经之路，只有这样，才能使国家与社会的基本关系变为非对立关系。在无产阶级国家，国家的功能主要是社会公共管理，其核心目的是将国家权力回归于社会和人民。所以，对于社会主义国家来讲，其最主要的职责之一也就是将国家权力逐步归还于社会和人民。从这一方面来说，马克思主义对我国国家治理现代化进程，起到了指导性作用。

总体而言，由于社会决定了国家，因此，从历史的角度来说，决定其发展的主要力量实际上是来源于社会，而并非是国家。从过去的模式来看，将社会所有权交给国家掌控，这是一种国家统治模式。社会决定国家，需要将国家治理的所有活动都纳入社会建设当中，使得国家治理能够更好地为社会发展服务。对于社会来说，在其没有发展到足够强大的程度时，是需要国家的，由国家来代理其相

---

① 马克思恩格斯选集（第4卷）[M]．北京：人民出版社，2012．
② 马克思恩格斯选集（第1卷）[M]．北京：人民出版社，2012．

关的职能,从而确保各方面能够有序运转。当社会发展到特定阶段之后,国家将所有权力都归还给社会。

马克思主义国家学说遵循着国家的经济政治结构等逐渐趋向并返归融合于社会的发展路径,最终归结于实现经济发展社会化、政治发展民主化、社会发展和谐化的价值目标,我国当前推进的经济体制改革、政治体制改革、社会体制改革等全面深化改革的过程,与马克思主义者所强调的经济发展社会化、政治发展民主化、社会发展和谐化的实现过程是一致的,这既是国家治理现代化的实现过程,同时也是国家治理现代化的重要表征[①]。

7.2.1.4 藏族聚居区治理体系和治理能力现代化是一个重要的理论命题

藏族聚居区治理体系存在其特殊性,主要是由其特殊的经济、文化、地理等因素所决定的。总的来说,藏族聚居区治理体系现代化过程中,必须要考虑藏族聚居区的实际情况,要在充分尊重藏族聚居区历史文化、宗教信仰等基础上,促进藏族聚居区的现代化发展。因为具有特殊性,使得藏族聚居区现代化和其他城市的现代化水平有着一定的差异。尽管如此,以现代治理理念构建实现治理范式转型,是处于不同经济社会发展阶段的政治共同体所追求的一般性目标。现代化的治理体系是人类政治文明的产物,在哪个区治理过程中,应当要以此为目标来开展各项工作。要实现治理理念现代化,实现治理主体的多元化。在促进藏族聚居区现代化建设的过程中,要既要考虑其特殊性,又要把握一般性,从而构建更加完善、科学的治理体系,进一步提高藏族聚居区治理能力。

推进藏族聚居区治理体系和治理能力现代化的过程中,应当要以国家治理体系和治理能力现代化的总目标作为指南。习近平同志曾指出:"推进国家治理体系和治理能力现代化,就是要适应时代变化,既改革不适应实践发展要求的体制机制、法律法规,又不断构建新的体制机制、法律法规,使各方面制度更加科学、更加完善,实现党、国家、社会各项事务治理制度化、规范化、程序化。要更加注重治理能力建设,增强按制度办事、依法办事意识,善于运用制度和法律治理国家,把各方面制度优势转化为管理国家的效能,提高党科学执政、民主执政、依法执政水平。""国家治理体系和治理能力是一个有机整体,相辅相成,有了好的国家治理体系才能提高治理能力,提高国家治理能力才能充分发挥国家治理体系的效能。"[②] 此后,习近平同志还进一步指出:"国家治理体系和治理能

[①] 张磊. 国家治理现代化的马克思主义理论渊源 [J]. 辽宁大学学报(哲学社会科学版),2016(9).

[②] 习近平. 切实把思想统一到党的十八届三中全会精神上来,新华社,2013年12月31日。

力是一个国家的制度和制度执行能力的集中体现,两者相辅相成。必须适应国家现代化总进程,提高党科学执政、民主执政、依法执政水平,提高国家机构履职能力,提高人民群众依法管理国家事务、经济社会文化事务、自身事务的能力,不断提高运用中国特色社会主义制度有效治理国家的能力。推进国家治理体系和治理能力现代化,要大力培育和弘扬社会主义核心价值体系和核心价值观,加快构建充分反映中国特色、民族特性、时代特征的价值体系。"① 党的十八届三中全会公报指出:"全面深化改革的总目标是完善和发展中国特色社会主义制度,推进国家治理体系和治理能力现代化。"在确定现代化的目标和路径时,应当要严格依据习近平同志提出的"四个全面"。实施航,推进藏族聚居区治理现代化和"四个全面"战略部署是统一的。推进现代化的过程也就是实现"四个全面"的过程。实现了"四个全面",那么现代化就没有任何的问题。俞正声同志指出:"依法治藏,长期建藏,争取人心,夯实基础。"部分学者认为:"所谓国家治理体系和治理能力的现代化,就是使国家治理体系制度化、科学化、规范化、程序化,使国家治理者善于运用法治思维和法律制度治理国家,从而把中国特色社会主义各方面的制度优势转化为治理国家的效能。推进国家治理体系和治理能力的现代化,要求我们及时更新治理理念、深入改革治理体制、丰富完善治理体系、努力提高治理能力。"②

推进藏族聚居区治理体系和治理能力现代化实际上就是推进藏族聚居区经济、政治、文化、社会、生态等诸多方面综合治理水平的现代化。换个视角来分析,推进藏族聚居区治理现代化,实际上就是要推进治理环境、治理方略等方面的现代化。从藏族聚居区治理目标方面来分析,其中一个重要的内容就是要实现秩序和谐,确保社会公平。在藏族聚居区治理过程中,必须要采取合理的方式和途径,要选择系统治理方式。藏族聚居区治理现代化最终要达到善治的目的。藏族聚居区现代化的发展对于各方面提出了非常高的要求,治理现代化是藏族聚居区实现全面现代化的基础。

采取有效措施,促进藏族聚居区治理环境现代化,实际上包含着诸多丰富的内容。第一,必须要确保藏族聚居区的社会环境实现现代化的目标要求,确保政治领域有序发展;第二,要确保藏族聚居区政治环境实现现代化的目标要求;第三,必须要确保藏族聚居区经济环境实现现代化的目标要求,确保经济高效发展;第四,必须要确保藏族聚居区宗教环境实现现代化的目标要求;第五,必须

---

① 习近平在省部级主要领导学习贯彻十八届三中全会精神全面深化改革专题研讨班开班仪式上的讲话,2014年2月17日,见《习近平:推进国家治理体系和治理能力现代化》,新华网,2014年2月17日。

② 江必新. 推进国家治理体系和治理能力现代化 [N]. 光明日报,2013 – 11 – 15.

要确保藏族聚居区文化环境实现现代化的目标要求；第六，必须要确保藏族聚居区生态环境实现现代化的目标要求，实现生态平衡。

治理者治理水平的高低对于藏族聚居区治理的现代化进程具有重要意义，总的来说，提高藏族聚居区治理者水平的目标包括：第一，进一步提升他们的知识水平，完善知识结构，让他们更加懂得国情、区情；第二，要提升党建工作水平，提升他们的履职能力，确保治理藏族聚居区的民主化、科学化；第三，提升治理者对政策和法律法规的理解能力，促使他们的执行力得到提升。

推进藏族聚居区治理方略和治理方式科学化，应当从以下途径着手：首先，要充分总结经验教训，要对藏族聚居区治理的历史有一个全面的把握，总结出以往治理工作中的优秀做法和不足等，对于优秀的做法，要加以继承，对于一些不利于藏族聚居区治理水平提升的做法，要及时加以去除，不能够重复犯错。特别是要对新中国成立以来的治藏工作进行总结分析，对以往的治藏政策有一个全面的梳理和把握，确保相关政策的延续性。其次，要不断调整治藏的方略，严格根据藏族聚居区发展实际来完善治理方式，进一步提升治理水平。最后，要充分发挥软、硬实力治藏，积极统筹协调，发挥各方面的力量来提升治藏水平。

7.2.1.5 推进藏族聚居区治理体系和治理能力现代化应处理好三个关系

第一，处理好藏族聚居区治理与国家治理的关系。藏族聚居区治理工作和国家治理工作是相互统一的，在藏族聚居区治理过程中，要实现治理的现代化，必须要结合藏族聚居区的实际情况来进行，确保符合中国特色的要求。在藏族聚居区治理过程中，必须要处理好和国家治理之间的关系，要确保符合国家治理要求，要能够促进国家治理。要进一步建立完善的藏族聚居区治理模式。此外，藏族聚居区治理还必须要处理好和其他民族地区治理的关系，要积极借鉴他们的优秀经验和做法。例如，可以与内蒙古、新疆等民族地区进行学习交流，通过分析他们的做法，并结合自身的实际，来进一步完善自身的治理体系。与此同时，还可以借鉴上海、深圳等发达地区的做法，这些地区发展水平好，他们在治理方面积累了大量的经验，因此，可以向他们多学习。当然，在学习其他地区先进经验的基础上，还必须要对自身的实际情况有一个全面的认知，要准确把握自己的实际情况，制定符合自身实际的治理模式，并且进一步完善治理目标。

第二，处理好民族治理与区域治理的关系。通过深入分析可以看出，藏族聚居区治理现代化不仅要符合民族治理现代化的要求，还应符合区域治理现代化的基本要求。总体而言，在设计整个治理现代化的目标以及路径的过程中，必须要对民族和区域等因素进行充分的考虑，要结合该地区的民族特点，发挥区域优势，不断提升和改进区域治理的水平，进一步推进藏族聚居区治理的现代化进程。

第三，处理好藏族聚居区治理的共性和个性的关系。藏族聚居区治理现代化是不同藏族聚居区现代化（个性）和整个藏族聚居区现代化（共性）的有机统一。因此，推进藏族聚居区治理现代化应充分体现藏族聚居区的地域特色，处理好藏族聚居区的一般特点和不同藏族聚居区的特点的关系：首先，应分清"卫藏""安多""康巴"在地理、社会、文化、经济、方言、宗教等方面的差异；其次，应分清不同行政区域即川、青、甘、滇 4 省藏族聚居区治理与西藏自治区治理的差异；最后，应分清藏族聚居区内部不同的自治州、地区和市治理的差异。总之，在设计和制定推进藏族聚居区治理现代化的目标和路径时，既要有体现整个藏族聚居区共性的整体治理蓝图，也要有体现不同藏族聚居区差异的个体和特殊治理蓝图。推进藏族聚居区治理现代化，最终目标是走向善治，善治的基本要素是合法性，法治，透明性，责任性，回应，有效，参与，稳定，廉洁，公正。实现权利公平、机会公平、规则公平。在藏族聚居区全面建成小康社会，全面深化改革，全面推进依法治藏，全面从严治党。到 2020 年同全国一道建成小康社会，最终实现藏族聚居区经济昌盛、社会和谐、人民幸福、文化繁荣、宗教和顺、生态平衡[①]。

7.2.2 藏族聚居区治理体系和治理能力现代化的现实分析

推进藏族聚居区治理体系现代化不可能一蹴而就，其是一个复杂的系统工程，需要长期坚持。在治理过程中，不仅要把握全局，而且还要把握住重点。具体来说，藏族聚居区治理体系的基本思路是：一方面，进一步完善藏族聚居区的政治治理水平，提升干部的政治定力和政治担当；另一方面，要进一步提升法治水平，要提升依法执政的能力，不断强化法治手段的运用，任何权力机构，任何被赋予权力的个人，都必须要在法律规范下开展工作。

第一，藏族聚居区治理体系现代化中的宗教作用。在藏族聚居区治理体系现代化建设中，宗教是最为独特、最为重要的因素。在现代社会，随着社会的转型，藏传佛教的传播表现出了功能的双重性[②]。在推进藏族聚居区治理体系现代化的过程中，必须要充分重视并合理运用宗教促进西藏和四省藏族聚居区经济社会等多方面健康发展的正向作用。现阶段，宗教信仰在广大藏族聚居区群众中普

---

① 杜永彬. 关于推进藏区治理体系和治理能力现代化的思考 [J]. 中国藏学，2015 (3).
② 袁爱中. 社会转型视野下的西藏宗教传播功能的双重性研究 [J]. 西藏民族学院学报（社科版），2012 (11).

遍存在，对藏族聚居区民众的意识形态起到了非常重要的影响，因此，充分发挥宗教的作用，能够在很大程度上提升国家治理的水平。通过对世界各国发展历史的研究可以看出，从欧洲文艺复兴开始，各国都开始讲政治和宗教分离开来，并且充分借鉴了宗教的有效经验，不断提升行政水平。不仅能够确保公民的宗教信仰得到保障，而且还能够发挥宗教的引导作用，使得人民更加向善。要进一步推进藏族聚居区治理体系现代化，必须要从各个方面来进行完善，要梳理藏族聚居区宗教在藏族聚居区治理方面的先进经验，要结合自身的特点对宗教推进治理体系现代化的有效路径等进行探讨。

第二，提高藏族聚居区基层政权的执政能力和执政水平。基层政权组织对于提升整个藏族聚居区治理水平将发挥重要作用。通过对藏族聚居区治理体系的分析可以看出，要进一步提升治理体系现代化程度，必须要充分重视基层政权的建设。可以说，基层政权是最基础的，是治理体系的关键和核心。基层政权组织和群众之间的关系非常的密切，加强基层政权组织的建设，能够使得这些组织服务群众的能力得到提升，从而能够更好的维护群众的利益。现阶段，藏族聚居区基层政权组织在执政过程中，面临很多新情况，它们的执政能力正在经历着非常严格的考验。从基层治理的实际情况来分析，部分基层组织甚至已经将政府职能工作交给寺庙来进行，一些宗教势力开始参与到执政工作中。在推进藏族聚居区治理体系现代化过程中，必须要严格认识到基层政权组织的重要性，要加强基层政权组织的建设，提高他们的执政能力。要采取有效措施，防止宗教势力介入到行政工作领域，不断提升基层政权的治理能力。

第三，加强藏族聚居区干部能力建设。强化干部队伍能力建设，是推进藏族聚居区治理体系现代化的主体基础。干部队伍是党和政府治理藏族聚居区的核心主体，是反分裂、促发展的直接组织者与关键力量，干部形象是增强藏族聚居区民众国家认同的基础。藏族聚居区干部能力建设在藏族聚居区发展与稳定中的基础地位与重要作用，是藏族聚居区治理体系现代化建设的核心问题。然而，在藏族聚居区干部队伍建设中，从录取、培训，到交流、激励等多个环节中，都存在一些特殊的问题和矛盾，如藏族聚居区干部录取条件较低、交流渠道少、安心工作难，等等[①]。从长远来看，都不利于激发藏族聚居区干部的主动性。在推进藏族聚居区治理体系现代化的总体视域下，应把握藏族聚居区干部能力建设的现状与存在的突出问题，分析推进藏族聚居区治理体系现代化对藏族聚居区干部能力建设提出的新目标、新要求，探讨加强干部能力建设的可行途径，为促进藏族聚居区经济社会跨越式发展与长治久安提供有益的参考。

---

① 杜江. 中国共产党西藏干部政策历史回顾 [J]. 西藏大学学报（社科版），2012（6）.

第四，完善藏族聚居区社会组织的培育、建设和管理体系。推进治理现代化过程中，要充分发挥其他社会组织的作用，要促进治理主体的多元化。充分发挥其他社会组织的作用，能够有效解决治理过程中资金不足等问题。大量研究表明，社会组织在治理体系中扮演的角色越来越重要，并且得到了国内外的一致认可。在发展过程中，必须要构建更加完善的社会组织体系，要充分认识到他们在社会治理方面的优势，将其作为政府治理的重要补充。要充分发挥社会组织在维护公民合法权益方面的作用，更好地协调好社会矛盾。从藏族聚居区的情况来看，其社会组织发育并不是非常好，相关工作还很滞后。总体来说，藏族聚居区社会组织数量少，规模小，并且类型非常的单一。随着藏族聚居区经济的不断发展，为社会组织的孕育提供了更好的外部条件，但市场活力还有待提升。要充分分析藏族聚居区社会组织的运作模式和规律，进一步重视藏族聚居区社会组织的孵化、增能和有效管理，充分发挥社会组织的功能。

第五，妥善解决藏族聚居区依法治理面临的问题和困境。在现代社会的治理过程中，法治都是必不可少的。事实上，实现治理体系现代化，必须要对治理结构等进行改造和完善。在这个过程中，必须要发挥法治的作用，要确保依法行政。要采取有效措施强化法治建设，建立更加完善的法律体制。从当前的情况来看，推行依法治藏过程中还存在很多的问题：一是当地民众在解决纠纷过程中，还是非常依赖习惯法，没有充分重视法院的作用，法院沦为的维稳的工具；二是民众和干部的法治意识都非常的淡薄，他们对法律知识不熟悉；三是普法工作难以推进，相关的法律人才十分紧缺。要确保治理体系实现现代化，应当要充分重视法治的重要性，要对依法治理有一个清晰的认识，不断提升依法治理的水平，借助于"法治"来促进藏族聚居区治理体系现代化建设工作的开展。

7.2.3　藏族聚居区社会治理长效机制的构建：以四川为例

四川藏族聚居区位于川西北高原，北接青海、甘肃，西连西藏，南邻云南，东南接四川盆地及川西南山地，面积24.97万平方公里，占四川省总面积的51.49%。包括甘孜藏族自治州18县、阿坝藏族羌族自治州13县和凉山彝族自治州木里藏族自治县，其中，甘孜州藏族人口占常住人口的81.9%，阿坝藏族羌族自治州藏族人口占常住人口的56.6%，是四川省第二大藏族聚居区和我国羌族的主要聚居区，凉山木里藏族自治县是全国仅有的两个藏族自治县之一，全县12万余人。四川藏族聚居区作为中国第二大藏族聚居区，也是康巴文化的核心区，其地理位置战略意义突出，被称为"汉藏走廊"。

四川藏族聚居区多为农牧区，地域广阔，资源富饶，天气常年严寒。由于藏族同胞全民信教，宗教具有一定的影响力，藏传佛教传入的历史悠久，影响深远，在藏族群众的思想情感、伦理道德、生活习俗、宗教文化等方面都打上了深深的烙印。寺庙成为藏传佛教传承的载体，在信教群众中占据极其重要的地位。而且，受到传统生产方式和生活习俗的影响，藏族群众受教育程度普遍偏低。藏族聚居区牧民家庭自古有着在外放牧的生活习惯，而放牧藏族群众离乡镇学校距离大多较远，所以牧民较少把孩子送到学校读书，在学校读书的多数都是农耕区的藏族群众子女，这就导致藏族群众科学文化素质参差不齐。

7.2.3.1 四川藏族聚居区社会治理的影响因素

在宗教传统和文化教育两方面的约束下，藏族聚居区的社会治理与其他地区相比，有很大的区别，对四川藏族聚居区社会稳定产生负面影响的诸多突发事件也有较多的特殊性，根据各种事件的不同表现，其影响因素大致可分为以下三种类型。

（1）经济因素。一方面，关于名贵土特产品开采引发的突发事件较多。由于藏族聚居区名贵中药材虫草和美食松茸都地处海拔较高、无人居住生活的高原，县与县、乡与乡以及户与户之间的权属边界无明确划分，每年当地居民都自发流动自由挖掘虫草和采摘松茸，居民每年的大部分收入来源于上山挖掘的虫草和采摘的松茸。因此，每年一到虫草挖掘和松茸采摘的黄金季节，因争挖虫草和采摘松茸引发的纠纷矛盾甚至发生流血冲突的事件时有发生。而这类事件，与群众利益密切相关，有的是历史遗留问题和新问题叠加在一起，有集体违法的行为，调查取证困难，给依法处理带来很大难度。

另一方面，关于水利资源开发引起的突发事件问题常发生。例如：丹巴县拥有丰富的水利资源，开发水利资源成为丹巴县经济发展的重要支柱，丹巴县境内的多条河流上都在拦水筑坝修建水电站。水电开发对河流及其周边环境的改造是大规模的，建设期间，河道水流减少、尘土飞扬，经常性的爆破使山体滑坡频发，造成交通堵塞、噪声污染和空气污染，加之建设周期长，给当地藏族村民的生产和生活造成了不便，藏族村民意见多，尤其涉及补偿问题的矛盾较为公开突出，陆续发生过多起纠纷。

（2）政治因素。四川藏族聚居区由于受地处偏远、自然条件恶劣和经济发展落后等先天不利因素的制约及宗教势力和境外达赖分裂集团的破坏活动，公安刑侦工作面临的形势不容乐观。大多数四川藏族聚居区地处青藏高原边缘，有丰富的旅游资源，吸引了大量不同国籍的人员前来旅游。境内外一些别有用心的民族分裂分子扮成记者、游客入藏族聚居区从事民族分裂活动，使藏族聚居区流动人口管理工作面临新的挑战。

（3）传统习俗因素。四川藏族聚居区因为特殊民族文化的影响，传统习惯在藏族群众头脑中根深蒂固，包括民族传统的自尊心理和随身佩刀、大量饮酒的习俗，以及原始的复仇心理等诸多方式表现。四川藏族聚居区社会各类突发事件中，有相当部分与其特殊的习俗有密切关系。少数边远地区因受传统习俗的影响，有上一代的"冤债"要下一代人来偿还的不成文规定，甚至还有"索赔命价"等。同时，藏族群众佩戴藏刀的习惯也产生了一定的副作用。当地公安机关按照相关法律、政策，认真开展了收缴管制刀具的各类专项行动，对预防违法犯罪起到了一定的作用，但由于警备力量不足、管理体系不健全、传统习俗等诸多因素的制约，没能从根本上杜绝携带藏刀等其他管制刀具的现象，各类突发事件、刑事案件仍未得到有效遏制。

7.2.3.2 四川藏族聚居区综合治理面临的困难及问题

（1）缺少专业化队伍，协同治理能力不强。由于环境条件艰苦，经济发展滞后，四川藏族聚居区的专业化人才流失严重，导致县一级的专业化管理人才队伍都很缺乏，在处理一些突发群体性事件时，临时组织的队伍难以在短时间内对局势进行有效控制，经常借助外援的力量来平息事态，从而错过最佳处置时间。外援队伍对于当地情况难以很快熟悉，导致对突发事件的处置失去主动权。尤其是越到基层困难地区，人才流失更加严重，导致乡镇以下队伍量少质弱，化解矛盾纠纷的方法更加缺乏科学性，对突发事件处理不及时，情报信息不畅通，更严重的问题是对于形势研判的偏差不仅不能有效处理突发事件，反而会使形势更严峻。例如：甘孜州白玉县的执法队伍力量较薄弱，由于编制少，特别是政法部门编制严重不足，全县只有 240 个编制，一名干警负责的治安管理面积平均达 44 平方公里，人均服务人数达 237 人，而且面临繁重的维稳任务，导致工作难以全面统筹，社会综合治理能力大打折扣，同时受到交通闭塞、条件艰苦、待遇不高等因素影响，专业执法人才流失严重，仅县公安干警中申请调动的人数就达到 40 多人，约占全县公安民警总数的 35%，队伍难以稳定导致对各类突发事件的应急处理面临很大压力[1]。

四川藏族聚居区的州县之间、部门之间、部门与乡镇之间的统筹协调能力较差，使群众工作与其他工作结合不紧密，活动多，上报材料多，有的乡镇需要建立 60 多个台账，让基层工作人员疲于应付，没有精力抓统筹协调，直接影响对各类突发事件的应急管理和综合治理水平。而且群众工作会商机制不健全，解决问题不平衡，即使制定了群众工作会商制度，但由于条件限制，也难以落实到

---

[1] 中共甘孜州委政策研究室. 甘孜州领导干部学习与调研文集（2014 年卷）.

位，有的部门掌握了优势资源整合能力，但本位思想较严重，主要考虑自身的利益，不愿意将有限的资金和资源用在关键问题上面，从而为突发事件种下了诱因。

（2）群团建设滞后，基层群防能力弱。群团工作是党的工作重要组成部分，是保持党同人民群众血肉联系、做好形势下群众工作的重要途径，也是对各类突发事件进行综合治理的主阵地和主渠道。虽然群团工作在社会治理中发挥了不可替代的基础作用，但四川藏族聚居区的群团建设相对滞后，群团工作力量薄弱。例如：藏族聚居区县级群团工作力量中，各县的工会、团委、妇联、残联、科协、红十字会的专职人员只有2~5名，与其他城市差距明显，而乡镇、村级单位均无专职工作人员，以兼职干部为主。虽然四川藏族聚居区的层级化群团组织体系基本健全，但越往基层，服务群众的最末端力量就越薄弱，由于缺少有效的激励措施，基层的兼职干部主要凭借各自的觉悟和政治热情开展工作。总体而言，四川藏族聚居区的群团组织建设目前还存在以下问题和不足。

其一，"两低""两少"问题明显。部分领导干部和群众不重视群团组织，认为群团组织可有可无，将群团组织放在临时替补的地位，同时各类群团组织也没有形成有效的协同工作机制，缺少凝聚力和整合力，从而使得社会各界对藏族聚居区群团组织的关注度低、认可度低。而且四川藏族聚居区本来财政经费也较少，导致各级群团组织的工作经费则更少，专职工作人员少也是四川藏族聚居区群团组织面临的重要困难之一。

其二，"两差""两无"情况较严重。"两差"主要是指四川藏族聚居区群团组织工作条件差，体现为人才队伍和经费物资缺乏、工作环境艰苦、办公条件简陋、工作任务较繁重，同时群团组织整体待遇差，由于财政投入不足，基层群团干部主要以兼职人员为主，且工作待遇难以兑现。"两无"主要指群团组织无阵地，活动组织难度较大，大量兼职干部无职级，工作缺少主动性和积极性。

其三，各类社会组织建设滞后，社会组织能力不足。在现代社会里，人们的经济、政治和社会需要，大部分是通过社会组织来满足的，人们无论从生理上还是智力上都无法以个人的形式满足自己的需要，只能以群体的形式来加强满足需要的能力。建立在社会分工基础上的专业化组织，将具有不同能力的人聚合在一起，以特定的目标和明确的规范协调人的活动和能力，从而更有效地满足人们的多种需要，同时也有助于社会的有效治理和规范发展。但四川藏族聚居区的社会组织的发展明显滞后于经济发展，例如：据统计，甘孜州每万人所拥有的社会组织的数量仅有2.1个，落后于全国和全省的平均水平，而且绝大部分的社会组织均处于初级发展阶段，自我封闭发展、自募资金发展，资金少，专职工作人员则更少。

(3) 传统思想影响深远，依法治理困难较大。由于历史原因，四川藏族聚居区有的地区受到旧思想、旧势力的影响根深蒂固，一些传统的土司头人、宗教民间人士或"戈巴组织"利用其民间影响力和控制力，非法干预司法、行政、教育，通过非法的民间调解活动，充当"地下法庭"，私下组织矛盾双方进行谈判，索赔命价等问题还在发生。藏族聚居区人民是全民信教，而且基本上都信藏传佛教，这是因为藏族聚居区的生活环境比较恶劣，大家要团结在一起才能生存下去，尤其是牧民们，他们往往几家相互团结帮忙才能度过困难的时候。所以，大家在一起会比较注重一致的方面，信教要一起信，即使是干部也是这样的，即使你知道是不合法的活动，但大家会或明或暗的拒绝你插手去管，因此，长久来看，难以在本地生存下去的。在调研过程中发现，相当一部分人在信与不信，以及信哪个教派之间，往往扮演骑墙派的角色，往往需要左右逢源、顾此即彼。受到旧的思想和传统习俗的影响，四川藏族聚居区在突发事件的应急管理和综合治理工作中必须要顾虑到各种关系的协调，使各类突发事件的处理效率和效果均受到诸多障碍。

(4) 乡镇、村社的综合治理能力有待提升。乡镇、村社既是各种社会利益的交汇点和各种社会矛盾的集聚点，又是党和政府的执政根基，由于受到传统管理模式的约束，四川藏族聚居区在乡镇、村社的社会综合管理方面还存在较多不足，需要进一步提升和改进。

一方面，乡镇、村社的治理理念、体制机制、方法手段不能满足现代治理的基本要求。理念思路依旧坚持传统自上而下的政府单向管理，广大干部群众头脑中对于现代治理理念不了解，不清楚，没有形成"人人参与、成果共享"的良好格局。由于体制机制不完善，对于社会综合治理的资源难以整合，基本以部门单打一的方式为主，没有充分发挥政府、市场、社会、居民等多元主体在突发事件综合治理中的协同互补的作用。而在方法手段方面，突发事件产生后，基本以刚性的行政管控为主，缺少社会自我调节的柔性约束，在事后处置方面很重视，但对事前预防和事中化解能力不强，更多的是权宜性安排以确保不出事，而在稳定的法治保障方面较薄弱。

另一方面，基层干部队伍的工作能力与突发事件的综合治理的要求有较大差距。近几年政府加大了四川藏族聚居区基层干部队伍的建设，乡镇干部队伍有了一定的充实，但主要以刚参加工作的年轻人为主，而且年轻女干部占的比例很高，工作经验不足，能掌握基层情况，又能熟练做好群众工作的基层年轻干部缺乏，尤其是懂双语的基层年轻干部则更少。在调研过程中发现，群众反映部分乡镇干部敬业精神和责任意识不强，有事发生时"推绕抹拖"来处理，尤其是部分维稳压力较大的重点乡镇，有的干部认为只要自己任内不出大事就谢天谢地，出现问题时"能捂则捂",导致群众的正常诉求难以及时解决,从而对基层部门和干部不信任。村级干部也存在着年龄结构偏大、文化水平不高、责任意识不强等问题,特别是在传统宗教势力和家族势力影响较大的牧区和重点维稳县,个别村干部对于突发事件处理不力,甚至无法判断形势,发挥反作用。部分大学生村干部难以发挥应有的作用,在传统宗教势力和家族势力影响较大的区域,甚至大学生村干部成为了当地的"编外干部"或"勤杂人员",不利于各类突发事件的早期发现、中期干预和后期管控。

此外,四川藏族聚居区的乡村经济落后,公共服务设施不足也是突发事件综合治理面临的一大问题。虽然近几年加大财政投入,使基层政权建设取得了明显成效,但乡村公共服务设施不足的问题依然突出。例如:甘孜州的 2 679 个行政村中,活动室面积达到 200 平方米以上的村有 1 145 个,仅占总数的 42.74%,活动室面积不足 90 平方米的村有 435 个,没有活动室或活动室不能使用的村达 253 个,几乎占总数的 10%。55 个城镇社区中,仅有 13 个社区办公用房有自主产权,9 个社区办公用房及活动场所面积达 200 平方米,13 个社区没有办公场所及活动场所[①]。

(5) 寺庙发展理念滞后,寺庙管理水平不高。四川藏族聚居区的寺庙管理问题也是影响突发事件有效处理和综合治理的客观因素之一,在加强和创新寺庙管理工作中还存在以下问题。

一是寺庙管理的物质基础较薄弱。许多寺院建设历史久远,房屋年久失修,导致寺管会缺少固定办公场所的情况较严重,对僧人进行宣传教育、交流座谈等互动管理活动缺少良好的环境,甚至许多寺庙只能在露天场所开展,不利于寺庙管理工作的稳步推进。同时,寺管会组成人员缺少正常的工作报酬,长期以来,几乎是依靠全寺僧人的信任和本人的诚实态度和敬业精神开展寺庙的管理和服务工作,不利于建立寺庙管理的长效机制。此外,四川藏族聚居区的寺院僧人,尤其是纯农牧区的寺院僧人,主要的生活来源包括家庭供养、信教群众施舍、诵经服务费用三个部分,而最稳定可靠的家庭供养,由于纯农牧区的经济条件落后,使其生活特别窘迫,尤其是部分老弱病残僧人基本生活都难以保障。部分位于边远区域和高寒地区的寺庙,由于交通不便、环境艰苦、经济落后,僧人的日常医疗保健存在较大困难。

二是寺庙管理的主体不够明确。四川藏族聚居区寺庙管理还存在党政混合管理、多头管理的复杂现象。各级党委政府、统战部门、民宗部门、驻寺工作组以及临时性工作组等都以不同层次直接参与寺庙管理,而且各管理主体之间还缺乏

---

① 中共甘孜州委政策研究室. 甘孜州领导干部学习与调研文集 (2014 年卷).

有机协调和统一管理，存在统而不合、合而不力的现象。这一状况导致的直接后果表现在两个方面：第一，对内而言，寺庙管理工作任务重复，需要多头负责报告，然而，当出现问题时却又互相推诿。显然，这既严重影响了民族宗教事务部门的合法管理主体地位，也加重了统战部门的工作任务。第二，对外而言，国际社会普遍对我国寺庙管理主体的多重性不是很理解。显然，这不仅严重影响了党和政府各项宗教政策执行形象，也不利于我国在国际舆论平台上赢得主动地位。

三是寺庙发展理念相对滞后。一方面，长期以来形成的行政管控意识在短时间内难以消除，对寺庙管理依然沿用传统的行政管理模式，还没有完全树立起社区管理理念，寺庙僧尼参与社区管理还普遍不足，驻寺干部的群众观念还有待进一步提高，在信任与依靠僧尼参加寺庙管理方面做得还不够，以上诸多因素，对四川藏族聚居区寺庙的长远发展、稳定发展、持续发展均有很大影响。另一方面，各级党政部门在"维稳"任务的现实压力下，习惯运用强制性的行政管理手段，对寺庙管理方式创新力度不够，习惯运用传统经验对寺庙进行管理，各项体制和机制都不够完善，导致四川藏族聚居区藏传佛教寺庙的建设和发展面临的困难较多。此外，四川藏族聚居区寺庙建设发展的经费主要依靠各级财政支持和各省市的对口援建项目经费，既没有能力也没有条件对与之相关的社会资源进行有效整合，缺乏可持续发展的内生动力机制。

四是寺管会工作人员的管理能力有待提高。寺管会工作人员对寺庙及僧尼的动态掌握还不够，尤其是对僧尼的思想动态了解程度还比较低，管理者与管理对象之间还普遍存在信息不对称的现象，从主观上来看，寺管会成员不愿做、不会做、不善做寺庙僧尼工作的问题还比较突出。另外，四川藏族聚居区藏传佛教寺庙僧尼作为被管理与服务对象，对于参与寺庙管理处于相对被动的状态，而且参与管理的程度也不够，同时由于寺庙及僧尼的利益诉求传达机制不健全、传达途径不通畅，导致其对于参与寺庙管理的主动性和积极性不高。

7.2.3.3 完善四川藏族聚居区社会综合治理体系的对策建议

完善四川藏族聚居区社会综合治理体系，应以广大藏族聚居区长治久安和综合协调发展为目标，制定和完善各项方针政策，主要包括以下几方面对策建议：

（1）完善藏族聚居区协同治理体系，提高藏族聚居区协同治理水平。

一是要转变合作治理理念，形成共同愿景。突破传统管理模式下各区域间的行政限制、各部门专业化分工导致的治理碎片化瓶颈，提升行政部门的公共责任感和服务精神，树立群众路线的理念、依法治理的理念、统战治理的理念。积极主动配合，形成各省藏族聚居区在党、政、军、警、民、媒体之间自上而下和自下而上的双向互动治理模式，将兴边富民、全面建成小康社会、全面深化改革作为各藏族聚居区治理主体和全体藏族同胞的共同愿景和美好希望。

二是健全协同治理的法制保障机制。可以通过人大立法保障，规范协同秩序，明确各协同主体在治理过程中的权限、职责和义务；对发生的越位、错位、不作为等现象，可以通过法院、检察院的司法介入来进行行政和司法问责；并通过人大、政协、社会组织、媒体和群众的监督等对藏族聚居区社会公共事务协同治理的执行力度、执行依据、执行方式进行法律监督。

三是完善信息化治理平台，提高协同治理现代化水平。综合运用各种治理手段和工具，加强"互联网+"的治理创新手段。应充分应用信息技术，开发、配置、整合、共享、利用好现有的各种信息资源，加强各合作主体之间的联系与动，提升整体的行动能力，形成协同办公、综合治理的局面。

（2）转变藏族聚居区乡村基层社会治理理念，增强藏族聚居区乡村基层社会治理能力。

一是要切实加强乡镇干部队伍培养特别是领导班子建设。坚持把配强"一把手"作为重点工作，提高乡镇干部政策理论水平和驾驭复杂局面、解决实际问题的能力。

二是要加强藏族聚居区村级基层党组织建设。采取灵活方式和多种渠道提高村（居）"两委"干部的素质和能力，注重在基层优秀人员中发展党员，增强农村基层党组织的凝聚力、战斗力和创造力，使之成为乡村社会治理的坚强堡垒。

三是要稳步推进乡村基层网格化服务管理体系建设。所有单位、院落、村组等归入网格，将党建、治安、卫生、反分裂、流动人口等纳入网格服务管理事务，明确网格责任人并切实提高其组织管理能力，建立科学的考评体系，促进居民自治规范化、社区服务精细化、矛盾调处多元化、公共事务信息化，不断提升乡村服务管理水平。

四是要推进基层群众自治的法治化、规范化、程序化。深入开展依法治村示范创建活动，精心筛选条件较好、基础较扎实的村寨分别开展省级、州级和县级示范创建活动，以先进示范的方式带动其他村寨推进依法治理工作。积极推动基层民主与社会治理的有机结合，构建由村党组织领导下的村民会议、村民代表会议决策、村委会执行、其他组织广泛参与的新型村级治理机制。

（3）培育藏族聚居区动态治理能力，提高藏族聚居区动态治理效率。

一是要完善藏族聚居区综合治理的组织体系。建立权威统一、全面协调的常设机构，明确其具体职能与权责体系、组织形式及运行模式，以便令行禁止、政令畅通、统一行动。在最高常设机构的统一领导下，构建平战结合、统分结合的权力配置体制和分级分类、条块结合的组织体制，使组织结构从高耸垂直的等级体系向扁平化、网络化的方向发展，缩短信息沟通链条。

二是要健全藏族聚居区动态治理合作联盟。通过各项制度的完善，在政府组织的各个层级形成包括政府各个部门和广大社会组织在内的全方位、立体化的突发事件治理合作联盟，形成"横向到边、纵向到底"的全覆盖治理格局。

三是要构建灵活、高效的动态治理模式。加强对藏族聚居区群众的走访交流工作，进行详细预案和仿真演练，形成外松内紧的氛围，在突发事件发生概率较高的年初和年末，则应对重点人群、重点区域进行全面监控和管理。

四是要进一步改善社会治理问责制度，不应以官员的政绩考核为中心，应该更加注重制度的完善、体制的健全、综合协调发展水平的提升等长效机制。

（4）创新管理模式，加强对宗教寺庙的管理力度。

一是积极创新对藏传佛教高僧大德的宣传教育和思想引导模式。坚持"走出去、引进来"的方针，划拨专项财政经费，定期组织藏传佛教高僧到我国改革开放的最前沿考察交流，全面了解我国社会主义现代化建设的伟大成就，深刻认识社会主义制度的优越性，拓展他们的视野，将开放的理念、发展的理念、包容的理念带入相对封闭的藏族聚居区，通过藏传佛教高僧的号召力，促进广大藏族聚居区的社会稳定、经济发展、民生改善。

二是优化寺管会的建设与管理。将寺管会纳入社会管理和公共管理范畴，加大财政支持力度，由政府出资为寺院修建集图书阅览、电视收看、无线上网、授课开会为一体的综合办公场所，活跃和丰富僧人生活，让更多的僧人接受新知识，受到现代化教育。同时，给寺管会成员提供一定的经济保障。

三是让普通僧人共享经济社会发展的成果。将寺庙僧人的养老、看病就医等问题纳入社保和医保范围；将生活困难的僧人，纳入基层最低生活保障范围；对于身体残疾的僧人，按政策给予重点扶持。

（5）拓展渠道，对不同年龄段的潜在人群进行相应的教育引导、发展帮扶和行为干预。

一是分类加强藏族聚居区青少年的教育引导工作。对于青少年学生，应以理想信念教育为重点，将藏族传统文化与学校思想政治课程相结合，提高理想信念教育的实效；对于藏族聚居区青年农牧民，应以扫盲普法为重点，大力倡导新风尚，破除各类封建思想的束缚；对于青年僧人，应以爱国主义教育为重点，引导青年僧人积极学习汉语，帮助青年僧人基本熟悉公民基本道德规范，真正了解掌握党和国家的民族宗教政策，正确认识和处理爱国与爱教的关系。

二是对于农牧区中年人，尤其是中年女性，应以发展帮扶和行为干预为主。立足于民生，通过政策倾斜、项目帮扶、金融支持等手段，切实解决藏族聚居区中年农牧民的生活困难，同时，充分发挥基层组织和领导干部的作用，努力提高农牧区女性的家庭地位、减轻她们的生活压力，对于部分有极端主义倾向的人，须加强心理引导和行为干预。

　　三是加强藏族聚居区群团组织建设力度。一方面，充分利用社会资源、社会手段、社会力量开展工作，鼓励和支持各种非营利组织、企业、社会组织和公众多渠道参与社会治理，形成"党政支持、社会协同、公众参与"的群团工作社会化模式。另一方面，探索建立专、兼职相结合的社区群团工作者队伍，完善培训机制，不断发挥社区在开展群团志愿服务、维权、社区矫治等方面的积极作用。此外，完善各群团组织之间的工作联动机制，制定联动工作规章制度，加强上下沟通联系，建立重大工作动态通报制度，推动信息、资源共享。

第 8 章

结论及展望

8.1 研究主要结论

(1) 藏族聚居区全面建成小康社会的特殊性就在于：一方面，虽然自然资源丰富，但是生态条件脆弱，难以通过一般意义的工业化模式实现全面小康社会建设的经济目标；另一方面，受到主客观因素的影响，社会发育相对滞后，实现藏族聚居区全面小康社会的政治、文化等目标也受到较多约束；此外，由于地缘政治特点突出，受到境外敌对势力和分裂分子的干扰破坏，维护藏族聚居区社会长治久安依然面临较多挑战。

(2) 广大藏族聚居区全面小康社会的实现是我国全面建成小康社会这一伟大战略的重要组成部分，由于特殊的自然条件、社会情况和文化习俗，藏族聚居区的全面小康社会既有一般性含义，更有其特殊含义，不仅涉及经济、政治、文化、社会、生态等诸多方面的建设和完善，而且需要选择符合广大藏族聚居区特色的科学实现路径，综合协调发展路径、新型城镇化建设路径、精准扶贫路径三者之间从宏观到中观，再从中观到微观的相互补充，相互促进，是藏族聚居区全面建成小康社会的必然选择，必须坚持这三大路径推动民主政治的稳步前进、区域经济持续发展、文化不断繁荣、生态环境日益改善、社会更加和谐，最终实现藏族聚居区全面小康社会的伟大战略目标。

(3) 由于主客观方面的原因，藏族聚居区各产业均衡发展存在很大范围的不合理性，产业结构的调整相对滞后，产业结构偏离度与全国的绝对差距在不断扩大等问题，必须根据自身的优势资源以及禀赋特色制定相应的产业经济发展目标和科学的开发战略。创新农牧业技术水平和运营模式，促进第一产业快速发展；培育并提升藏医药产业市场竞争力，带动第二产业稳步发展；强化旅游业规划能力和队伍建设，推动第三产业持续发展。最终实现产业结构优化升级，推动藏族聚居区经济又好又快发展。

（4）我国藏医药产业发展面临的困难及问题主要包括三个方面：企业缺乏规模竞争优势，整体经济效益差；经营方式粗放，资源环境破坏严重；藏药制剂和使用标准不规范，市场监管水平不高。需要从四个方面着手大力推动藏医药产业科学发展，即，构建企业战略联盟，强化产业竞争优势；建立藏药材培植基地，实现资源的规模化经营；构建现代营销模式，打造优秀藏药品牌；建立健全约束机制，实现藏药资源开发与生态环境保护的双赢。

（5）由于民族文化资源特殊的产权属性，导致利益相关者到"公共领域"的"寻租"行为时有发生，使民族文化旅游资源在开发过程中受到破坏、冲击，甚至毁灭等严重的负外部性行为影响。因此，应该在科学理论的指导下，正确界定民族文化资源的相关产权属性，在利益关联主体间合理配置其产权，通过建立健全社会声誉机制，杜绝利益博弈强势方的短期开发行为，基于产业发展的三大维度原则，构建藏族聚居区民族文化旅游资源的保护性开发体系。

（6）依托民族文化资源的保护性开发及产业化发展促进城镇化建设，克服工业化推进城镇化的传统路径依赖，是广大藏族聚居区新型城镇化建设的必由之路。藏族聚居区在城镇化进程中面临着民族文化资源保护力度不够、民族文化基础设施滞后、城镇体系发育不完善、城镇功能弱小等诸多问题，需要通过有效的政府引导机制、依托差异化发展模式、注重民族文化资源的开发与保护并重、加强旅游业与文化资源保护利用深度融合等途径进一步促进我国藏族聚居区民族文化资源保护利用与新型城镇化建设的协调互动发展。

（7）生态环境可持续发展的外部约束机制与内部约束机制之间是辩证统一的关系，两者在协同互补的机制作用下，对藏族聚居区的生态环境的保护发挥着双向联动的功能。因此，在西藏生态资源保护性开发体系的构建和完善过程中，要重视内外部约束机制的紧密结合。一方面，健全生态保护的法律法规，强化环境执法力度，构建强有力的外部约束机制。另一方面，加强生态教育，发展生态文化，推进生态合作，形成有效的自我约束机制。

（8）藏族聚居区突发事件综合治理，应该以提高藏族聚居区突发事件应急处理能力和完善藏族聚居区社会综合治理机制为路径，以广大藏族聚居区长治久安和综合协调发展为目标，制定和完善各项方针政策。一是完善藏族聚居区协同治理体系，提高藏族聚居区协同治理水平；二是转变藏族聚居区乡村基层社会治理理念，增强藏族聚居区乡村基层社会治理能力；三是培育藏族聚居区动态治理能力，提高藏族聚居区动态治理效率；四是创新管理模式，加强对宗教寺庙的管理力度；五是拓展渠道，对不同年龄段的潜在人群进行相应的教育引导、发展帮扶和行为干预。

8.2 研究的主要创新点

根据国内外相关学者对全面小康社会建设的研究成果，结合本书的研究目的和研究范围，本书研究的创新点主要体现为以下几个方面：

（1）从三重维度分析了藏族聚居区全面建成小康社会的实现路径及其辩证关系。立足于宏观、中观、微观三重维度，将我国藏族聚居区全面小康社会的实现概括为综合协调发展路径、新型城镇化建设路径、精准扶贫路径三个方面，并运用系统分析法分析了三者之间相互交融、协同互补的辩证关系，为深入研究藏族聚居区全面小康社会综合目标的实现构建了合理的理论分析框架。

（2）立足于产权经济理论和关联博弈理论双重视角对藏族聚居区民族文化旅游资源保护性开发进行了深入研究。以产权经济模型为理论基础，分析了藏族聚居区民族文化旅游资源的特殊产权属性，指出藏族聚居区民族文化旅游资源在开发中受到破坏的制度经济学根源，并提出以关联博弈为基础健全社会声誉机制，规范利益博弈强势方的开发行为，基于产业发展的三大维度原则，构建藏族聚居区民族文化旅游资源的保护性开发体系。

（3）从经济学与伦理学的角度分析了外部约束机制与内部约束机制在藏族聚居区生态环境保护系统中的作用机理和实现路径。通过系统分析法研究了内外部约束机制的协同互补关系，指出通过刚性的外部约束机制和柔性的内部约束机制共同作用来实现藏族聚居区生态环境的有效保护。

（4）整合运输经济学和区域经济学理论，通过分析综合交通运输系统对区域开发、区位改善的影响关系，提出民族地区交通运输系统发展战略具有与区域开发模式相适应的"非均衡—协调发展"原理，研究藏族聚居区交通运输促进区域经济发展的进程、效果以及其长效机制。

（5）从多学科交叉应用的角度，整合民族学、管理学、宗教学、行为科学等多学科理论体系，立足藏族聚居区面临的新形势、新特征，基于依法治理理念、动态治理能力、协同治理体系三大维度原则，提出藏族聚居区社会治理理念与治理能力现代化的理论框架，并对藏族聚居区综合治理长效机制的构建提出相应的对策建议。

8.3 研究展望

本书的研究工作只能算是对新形势下藏族聚居区全面小康社会的实现路径及

基本要素进行了一定的尝试性探索，受到主客观两方面条件的限制，还有诸多不完善不全面的地方，需要在今后的研究中深入展开。

首先，需要对理论框架作进一步的完善和调整。由于客观研究条件的限制和主观研究能力的不足，本书的研究框架主要集中在宏观层面的定性逻辑分析，而对于藏族聚居区全面小康社会实现路径的三重维度内部之间的相互作用机制，还缺少细致的分解和剖析，今后研究工作应该充分运用微观的分析工具，对藏族聚居区全面小康社会实现路径进行更加精细的量化分析，从而使本项研究的主线更加细腻，也更能够深入贯穿于各个部分。

其次，针对藏族聚居区内部不同区域的发展态势进行全面小康目标进行测算，分区区域预测藏族聚居区于2020年与全国同步达到小康的增长速度。由于藏族聚居区内部也客观存在着发展不平衡的问题，即使在国家精准扶贫战略推动下，许多区域也面临着实现全面小康的巨大压力。尤其是存在着双重二元经济结构的广大农牧区，即使在国家帮扶下完成了脱贫任务，但如何顺利实现小康，甚至于在脱贫之后，怎样才能保证不再返贫，均是研究工作面临的重大课题，因此，需要运用科学方法，对藏族聚居区内部不同发展区域的发展态势进行准确研判，为藏族聚居区实现全面小康的战略目标提供有效的理论支撑。

再其次，深入分析藏族聚居区的精准扶贫与社会精细化治理之间的对接机制。由于时间和精力的限制，本书的研究过程中虽然分别对于藏族聚居区精准扶贫和社会综合治理问题进行了一定程度的调研和分析，但缺少对精准扶贫与社会精细化治理之间的对接机制进行深入研究，而这也正是广大藏族聚居区通过综合协调发展实现全面小康所面临的一个关键问题，也是藏族聚居区走上内涵式发展道路的必然选择，今后需要进一步展开深入研究。

最后，对藏族聚居区教育水平和教育事业深入调查研究。可以说教育问题不仅是广大藏族聚居区，而且是全国，乃至全世界保持永续发展的内生动力，我国藏族聚居区许多地方政府也对此进行了高度关注，例如：青海省人民政府印发的《青海省"十三五"教育改革和发展规划纲要》，明确提出了青海教育要"探索西部地区教育发展新模式，教育现代化取得重要进展"的发展规划，把青海藏族聚居区教育跨越式发展从理论研究转化为实践目标。由于调研条件的限制，本书虽然对藏族聚居区文化进行了较多的分析研究，但主要集中在民族文化资源的保护性开发、文化产业的可持续发展等方面，今后需要进一步深入调研广大藏族聚居区教育事业的现状及问题，以期为增强广大藏族聚居区的内生发展动力提供智力支持。

参 考 文 献

1. 向德平,肖小霞. 小康社会研究综述 [J]. 经济与社会发展, 2003 (8).
2. 丁俊萍,李华. 全面建设小康社吕思想研究综述 [J]. 高校理论战线, 2005 (6).
3. 苏霞. 邓小平小康社会思想的形成及其发展 [J]. 西安教育学院学报, 2004 (9).
4. 郝潞霞,韩建新. 习近平全面建成小康社会思想探析 [J]. 思想理论教育导刊, 2015 (12).
5. 李抒望. 坚持以五大发展理念引领全面小康 [J]. 社科纵横, 2016 (1).
6. 杨超,毕岚. 论小康社会 [J]. 毛泽东思想研究, 2000 (5).
7. 吕书正. 全面建设小康社会 [M]. 北京:新华出版社, 2002.
8. 乌东峰. 论中国小康社会 [J]. 新华文摘, 2003 (3).
9. 向德平,陈琦. 小康社会:社会发展的目标整合与模式创新 [J]. 中南民族大学学报, 2003 (3).
10. 周运清,张蕾. 全面小康建设的新观念研究 [J]. 中南民族大学学报, 2003 (3).
11. 王梦魁. 全面建设小康社会的宏伟纲领 [J]. 新华文摘, 2003 (2).
12. 赵曜. 全面建设小康社会的理论思考 [J]. 中国特色社会主义研究, 2003 (1).
13. 张高臣. 解读全面建设小康社会 [J]. 山东经济, 2004 (1).
14. 十八大以来重要文献选编(上) [M]. 北京:中央文献出版社, 2014.
15. 中共中央关于全面推进依法治国若干重大问题的决定 [N]. 人民日报, 2014-10-29.
16. 习近平谈治国理政 [M]. 北京:外文出版社, 2014.
17. 习近平. 全面贯彻落实党的十八大精神要突出抓好六个方面工作 [J]. 求是, 2013 (1).
18. 习近平关于全面深化改革论述摘编 [M]. 北京:中央文献出版社, 2014.
19. 习近平总书记系列重要讲话读本 [M]. 北京:学习出版社,人民出版社，2014.

20. 高群. 纵论经济社会生态环境协调发展［J］. 长白论丛，1996（2）.

21. 李含琳. 中国藏区人口与经济协调发展的战略模式选择［J］. 柴达木开发研究，2009（5）.

22. 蒋彬. 广大藏区城镇化与全面小康社会建设［J］. 广西民族学院学报（哲学社会科学版），2004（3）.

23. 藏族简史编写委员会. 藏族简史［M］. 拉萨：西藏人民出版社，2006.

24. 赵萍，续文辉. 简明西藏地方史［M］. 北京：民族出版社，2000.

25. 赵新国. 西部民族地区政治文明建设研究［M］. 北京：中央民族大学出版社，2009.

26. 张维为. 中国震撼：一个"文明型国家"的崛起［M］. 上海：上海人民出版社，2011.

27. 王允武等. 中国自治制度研究［M］. 成都：四川人民出版社，2006.

28. 罗崇敏. 中国边政学新论［M］. 北京：人民出版社，2006.

29. 杨继瑞. 民族地区建设和谐社会的理论与实践探索——以阿坝藏族羌族自治州为例［M］. 成都：四川大学出版社，2008.

30. 胡联合胡鞍钢等. 当代中国社会稳定问题报告［M］. 北京：红旗出版社，2009.

31. 陈建樾，周竞红. 族际政治在多民族国家的理论与实践［M］. 北京：社会科学文献出版社，2010.

32. 李希光. 对话西藏神话与现实［M］. 北京：法律出版社，2010.

33. 吴国才. 关于加快广大藏区经济发展的对策思考［J］. 贵族民族研究，2012（2）.

34. 王兆峰，谢娟. 我国区域旅游产业竞争力对比实证分析［J］. 吉首大学学报（社会科学版），2012（3）.

35. 唐剑，贾秀兰. 中国藏医药产业发展问题研究［J］. 贵族民族研究，2012（2）.

36. 张心悦. 藏药市场营销策略探析［J］. 现代商贸工业，2010（16）.

37. 周兴维. 四川藏区的藏医药业［J］. 西南民族大学学报（人文社科版），2009（2）.

38. 刘忠. 甘南州藏药材生产现状与发展对策［J］. 甘肃农业，2007，5（9）.

39. 倪邦贵. 西藏特色经济与科技创新论［M］. 拉萨：西藏藏文古籍出版社，2009.

40. 张心悦. 藏药市场营销策略探析［J］. 现代商贸工业, 2010 (16).

41. 唐剑, 贾秀兰. 西藏民族文化旅游资源的保护性开发［J］. 财经科学, 2011 (1).

42. 陈祥碧, 刘晓鹰. 长江上游少数民族地区农业产业化发展问题研究［J］. 贵州民族研究, 2015 (10).

43. 杨汉兵, 刘晓鹰. 四川省草原保护建设研究［J］. 西南民族大学学报（人文社会科学版）, 2013 (11).

44. 肖湘愚. 湖南推进武陵山片区区域发展与扶贫攻坚战略研究［J］. 吉首大学学报（社会科学版）, 2013 (3).

45. 张镝, 吴利华. 我国交通基础设施建设与经济增长关系实证研究［J］. 工业技术经济, 2008 (8).

46. 关辉国, 王娟娟. 交通运输与广大藏区经济增长的相关性分析［J］. 西北民族研究, 2012 (1).

47. 赵艳. 甘孜藏族聚居区交通运输与经济发展的关系研究［D］. 北京：北京工业大学, 2012.

48. 姜丕军. 交通运输促进经济增长的机制探析［J］. 北京交通大学学报, 2010 (4).

49. 赵坚, 杨轶. 交通运输业与经济增长的关系［J］. 交通运输系统工程与信息, 2003 (2).

50. 杨安华. 连片特困地区区域发展与扶贫攻坚的几个关键问题［J］. 吉首大学学报（社会科学版）, 2014 (2).

51. 巴泽尔. 产权的经济分析［M］. 费方域, 段毅才译. 上海：上海三联书店, 2006.

52. 孙诗靓, 马波. 旅游社区研究的若干基本问题［J］. 旅游科学, 2007 (2).

53. 王汝辉. 巴泽尔产权模型在少数民族村寨资源开发中的应用研究［J］. 旅游学刊, 2009 (5).

54. ［英］伊恩·莫法特. 可持续发展：原则、分析和政策［M］. 北京：经济科学出版社, 2002.

55. 黄君慈, 罗杰. 声誉、关联博弈与民间信用私人实施机制［J］. 江淮论坛, 2006 (3).

56. 唐剑, 江宗德. 贵州民族文化的保护开发与民族文化旅游业可持续发展研究［J］. 特区经济, 2010 (4).

57. 胡敏中. 论全球文化和民族文化［J］. 学习与探索, 2003 (1).

58. 赵杨. 近年来我国民族文化资源保护问题研究综述 [J]. 中南民族大学学报（人文社会科学版），2005（3）.

59. 谢正发. 民族文化资源开发与城镇化建设协调发展研究——以武陵山片区为例 [J]. 贵州民族研究，2014（6）.

60. 左冰，保继刚. 从"社区参与"走向"社区增权"——西方"旅游增权"理论研究述评 [J]. 旅游学刊，2008（4）.

61. 钟洁，李如嘉，唐勇. 四川民族村寨社区旅游社会冲突的调控机制研究 [J]. 开发研究，2013（3）.

62. 陈杰. 四川藏区特色经济发展途径研究 [J]. 贵州民族研究，2012（2）.

63. 董成寿. 阿坝州"人草畜"三配套建设深化升级探讨 [J]. 四川草原，2004（7）.

64. 王彬彬. 论建设生态文明的生态基础 [J]. 西南民族大学学报（人文社科版），2012（3）.

65. 中华人民共和国国务院. 中共中央、国务院关于加快发展现代农业，进一步增强农村发展活力的若干意见 [M]. 2013.

66. 唐剑，贾秀兰. 西藏民族文化旅游资源的保护性开发——基于产权经济理论和关联博弈理论双重视角 [J]. 财经科学，2011（1）.

67. 青藏铁路那曲段经济带建设研究课题组. 青藏铁路那曲段经济带发展规划 [Z]. 2005（12）.

68. 段杰鑫，王云霞. 西藏经济发展中的生态安全问题 [J]. 深圳职业技术学院学报，2009（4）.

69. 朱玉福，唐文武. 青藏铁路通车对西藏生态环境的影响分析 [J]. 西藏民族学院学报（哲学社会科学版），2010（5）.

70. 唐剑，袁蕴，李宝平. 内外部惩罚机制在企业社会责任体系中的实现路径研究 [J]. 经济体制改革，2011（3）.

71. 贾秀兰. 藏族生态伦理道德思想研究 [J]. 西南民族大学学报（哲学社会科学版），2008（4）.

72. 燕继荣. 诊断群体事件的政治学依据 [N]. 学习时报，2009-11-09.

73. 陈金龙，朱永梅. 包容性增长视野中的藏区和谐社会建设 [J]. 前沿，2011（14）.

74. 李红杰. 由自决到自治 [M]. 北京：中央民族出版社，2009.

75. 陈建华. 对甘南藏区构建社会主义和谐社会的几点思考 [J]. 人大研究，2005（10）.

76. 切排,王兰. 藏传佛教高僧在和谐藏区构建中的地位和作用研究 [J]. 青海社会科学, 2013（1）.

77. [美] 塞缪尔·P·亨廷顿. 变动社会的政治秩序 [J]. 张岱云等译. 上海：上海译文出版社, 1989.

78. Oosterhaven Jan, Knaap Thijs. Spatial Economic Impacts of Transport Infrastructure Investment [J]. Trans Talk：Thematic Network, 2001（3）.

79. Rietveld, Piet. Infrastructure and spatial economic development [J]. the Annals of Regional Science, 1995（29）.

80. Coevering, P. V. D., Schwanen, T. Re‐evaluating the impact of urban form on travel patterns in Europe and North‐America [J]. Transport Police, 2006（13）.

后 记

古人云："力学如力耕，勤惰尔自知。但使书种多，会有岁稔时。"在漫长的求学、教学和科研生涯中，本人先后经过了文学、马克思主义理论、经济学等多学科理论的浸润和训练，尔后，兴趣使然，投身于西南民族大学民族学博士后流动站，在导师张明善教授的指导和帮助下，从事民族地区综合协调发展以及社会治理等方面的研究工作。张明善先生严谨的治学风格和朴实的处世作风，无疑是我们中青年学者的楷模，使我在博士后流动站工作期间获益良多，自忖各方面均有了长足的进步。同时，在西南财经大学刘灿教授、李萍教授、程民选教授以及西南民族大学刘晓鹰教授、赵心愚教授、万果教授、郎维伟教授、张友教授、杨翰卿教授、刘兴全教授、吴传一教授、余仕麟教授、段吉福教授、李元光教授、贾秀兰教授等众多良师益友的关心和指导下，使我从一个对中国少数民族问题有着懵懂爱好的青年教师，逐渐成长为具有一定积累的民族学研究工作者，本书的内容，则是对前期各项研究工作的总结和梳理。

首先，感谢我的合作伙伴——四川大学张埕老师的支持与合作，本书第4章、第5章的撰写工作由张埕老师承担完成，作为清华大学毕业的学子，从张埕博士身上，明显感受到清华人"自强不息、厚德载物"的精神风貌。

其次，第3章的相关资料由杨翰卿教授提供，本人根据研究主题和范围进行了增补和修改，在此，向杨翰卿教授致以由衷的谢意。

感谢西南民族大学西南民族研究院、马克思主义学院、管理学院、经济学院、科技处、民族学博士后流动站的各位领导、朋友和老师，在我多年的求学和工作经历中给予的大力帮助和支持。

此外，本书的撰写以及前期相关论文的写作过程中，我与课题组成员深入到藏族聚居区进行了大量的调研工作，得到了各级部门的大力协助，在此衷心感谢藏族聚居区各级相关部门、研究机构的领导和朋友给予的真诚帮助。本书撰写过程中引用了国内外相关学者的研究成果，在此一并致以谢意。

最后，与我朝夕相伴的父母、岳父母、妻子和女儿，是我人生历程中的坚实后盾，想起家人，心里也总是满满的爱，感恩、感动和感激之情由然而生。

"读书不觉已春深，一寸光阴一寸金"，随着中华民族伟大复兴步伐的稳健迈进，广大民族地区的跨越式发展获得了较多的契机，我们科研工作者必将投入到更加全面的学以致用的浪潮之中，学科的整合、知识的积累、研究范围的扩展，均是我们面临的艰巨任务。老师的指导、朋友的帮助、家人的关心，将鞭策我在今后的日子里，怀揣着梦想，在知识的海洋持续躬行，为民族地区的建设发展添砖加瓦！

唐　剑
2017 年仲夏于蓉城